黑龙江省生态旅游发展研究

崔玉波　张国发　郝毓业　著

哈爾濱工程大學出版社
Harbin Engineering University Press

内容简介

生态旅游是依托自然、人文景观资源发生的多种形式的旅游活动，它以其独有的资源优势满足了人们回归大自然、融入大自然的愿望，它作为旅游业发展的一朵奇葩而异军突起，发展势头方兴未艾。黑龙江省生态环境良好，蕴藏着丰富的旅游资源，是全国生态建设示范省，具有开发生态旅游得天独厚的优势，为发展生态旅游提供了可靠的资源基础。但是，生态旅游市场规模与资源现状并不匹配，资源潜力没有有效地发挥出来，生态旅游开发上也亟待以综合开发的模式和总体布局的方式进行研究。本书系统地研究了黑龙江省生态旅游发展，并在此基础上，对黑龙江省生态旅游如何有效地开发和应用进行研究。

图书在版编目（CIP）数据

黑龙江省生态旅游发展研究 / 崔玉波，张国发，郝毓业著. — 哈尔滨 : 哈尔滨工程大学出版社，2021.5

ISBN 978-7-5661-3031-0

Ⅰ. ①黑… Ⅱ. ①崔… ②张… ③郝… Ⅲ. ①生态旅游-旅游业发展-研究-黑龙江省 Ⅳ. ①F592.735

中国版本图书馆 CIP 数据核字（2021）第 060483 号

黑龙江省生态旅游发展研究

HEILONGJIANGSHENG SHENGTAI LÜYOU FAZHAN YANJIU

选题策划 夏飞洋
责任编辑 张　彦　田雨虹
封面设计 李海波

出版发行 哈尔滨工程大学出版社
社　　址 哈尔滨市南岗区南通大街 145 号
邮政编码 150001
发行电话 0451-82519328
传　　真 0451-82519699
经　　销 新华书店
印　　刷 北京中石油彩色印刷有限责任公司
开　　本 787 mm×960 mm　1/16
印　　张 15.5
字　　数 337 千字
版　　次 2021 年 5 月第 1 版
印　　次 2021 年 5 月第 1 次印刷
定　　价 48.00 元

http://www.hrbeupress.com
E-mail:heupress@hrbeu.edu.cn

前　言

作为现代文明标志之一的旅游业，在传统的旅游发展模式下，忽视了旅游活动对环境的影响，以及旅游业的可持续发展。20 世纪 80 年代以来，随着可持续发展理论不断深入研究和可持续发展理念逐渐被人们接受，现代旅游业进入可持续发展阶段，而生态旅游作为实现旅游业可持续发展的途径之一，引起了人们的高度重视。

生态旅游（ecotourism）这一术语，最早是世界自然保护联盟（Intenational Union for Conservation of Nature，简称 IUCN）特别顾问谢贝洛斯·拉斯喀瑞提出来的。"生态旅游"从提出至今已有 30 多年的时间，由于其将可持续发展理念引入旅游业，并带来了显著的经济和生态效益，因此在当今世界的旅游业中已成为一个热点，受到各国政府的重视。

我国对生态旅游的研究始于 20 世纪 90 年代，1993 年，在北京召开的第一届东亚地区国家公园与自然保护区会议首次以文件的形式提出了"生态旅游"的定义。此后，我国对生态旅游的研究开始活跃起来，研究者主要针对生态旅游的形成原因、内涵、规划、管理，以及区域生态旅游的开展等进行研究。综观现有的研究内容，研究重点主要集中在对生态旅游的概念界定、生态旅游的要素组成，以及区域生态旅游的区域规划管理理论与方法等。针对我国目前的情况，如果将生态旅游作为一个系统，对其在实战中所引发的问题和面临的挑战，即从生态旅游本身发展的可持续性角度进行的研究较少。

1999 年，黑龙江省提出了开发生态旅游的新思路，这也是黑龙江省实现老工业基地改造中一项重大的举措。然而，由于生态旅游是一种新兴旅游形式，因而无论在理论研究还是实践运作方面都暂处于探索阶段。生态旅游的发展虽然给黑龙江省带来了一定的经济效益，但也暴露出许多问题。要实现黑龙江省生态旅游快速发展，就必须正视这些问题，不仅要广泛借鉴中外的成功经验，还要根据黑龙江省生态旅游发展的实际，采取科学有效的开发策略。

黑龙江在发展旅游业时应一直坚持可持续发展的原则，以实现生态环境保护与开发利用相统一，保证旅游开发与管理相协调，实行宏观规划和微观详规相结合。黑龙江省旅游发展总体规划方面将借鉴国外旅游专家在生态旅游规划方面的经验，避开旅游业发达的国家在旅游开发建设中曾经走过的弯路，从而对保护生态环境进行详细的规划。使人们在享受千姿百态的大自然风光中，保护生态，使生态旅游可持续发展。随着世界旅游业的不断发展，边境跨国旅游成为各国旅游业发展的重要形式之一。加快国内外旅游经济产业的发展,促进黑龙江旅游服务的发展,实施可持续发展战略,有利于促进生态效益、经济效益和社会效益的统一;有利于促进经济增长方式由粗放型向集约型转变,使经济发展与人口、资源、环境相协调;有利于国民经济持续、稳定、健康发展,提高人民的生活水平和质量。由于我国人口多、自然资源短缺,因此应提高人口质量、节约不可再生资源、保护生态环境、努力实现社会和经济的良性循环,以实现各方面在稳定中可持续发展。

本书共分为七章。第一章为生态旅游的概述,介绍了生态旅游的内涵和生态旅游资源;第二章对国内外生态旅游的实践与借鉴做了相对详尽的介绍,阐述了国外生态旅游的实践和我国生态旅游的实践探索;第三章是黑龙江省生态旅游资源的调查与评价,主要介绍了生态旅游资源的调查与评价、黑龙江省的旅游环境及黑龙江省生态旅游资源现状;第四章是黑龙江省生态旅游规划,主要介绍生态旅游规划的含义和意义、黑龙江生态旅游的战略及黑龙江生态旅游规划等内容;第五章是黑龙江省典型自然保护区生态旅游的开发,分别介绍扎龙国家级自然保护区、南瓮河国家级自然保护区以及胜山国家级自然保护区生态旅游开发研究;第六章是黑龙江湿地生态旅游开发,重点介绍黑龙江省湿地生态旅游发展的现状问题及对策,同时介绍了大庆湿地的发展情况;第七章是黑龙江省生态旅游的可持续发展,重点介绍生态旅游可持续发展的概念与内涵、国内外生态旅游可持续发展的现状及黑龙江省生态旅游可持续发展的策略。本书由崔玉波、张国发、郝毓业三人撰写,其中崔玉波完成第三章、第四章的撰写工作,张国发完成第二章、第六章、第七章的撰写工作,郝毓业完成第一章、第五章的撰写工作。

在本书撰写过程中,参考和借鉴了大量著作与部分学者的理论研究成果,在此一一表示感谢。由于作者精力有限,加之行文仓促,书中难免存在不足之处,望各位专家学者与广大读者批评指正,以使本书更加完善。

目　　录

第一章　生态旅游的概述

第一节　生态旅游的内涵

生态旅游这一术语最早由世界自然保护联盟(International Union of Conservation Nature,IUCN)特别顾问、墨西哥生态学家 Lascurain 在 1983 年以西班牙语的形式——"ecoturismo"首先提出。英文"ecotourism"首次出现是在 Romeril 的一篇文章中,在文中,生态旅游一词以"eco-tourism"的形式出现。"生态旅游"一词的诞生虽然只有 30 多年,但其思想在 20 世纪 60 年代就有萌芽。Hetzer 在 1965 年曾提出一种更具责任感的旅游方式,这种旅游对当地环境和文化影响最小,尤其对文化给予的尊重,不仅使当地居民获取了较大的经济收益,还使参观的游客感到非常满意。显然,Hetzer 所描述的这种旅游方式已经非常接近于如今的生态旅游。另外,早在 1973 年,加拿大森林管理处就开始沿着横贯加拿大的高速公路推广"ecotour(生态旅行)"这一具有教育意义的概念,成为生态旅游实践的先行者。

生态旅游,目前仍是一个处于发展中的定义,看似简单却内容复杂,所以定义比较困难,且在不同的情形下,不同的人会有不同的理解。随着生态旅游研究的日益深入,许多学者开始意识到,生态旅游不只是一个单纯的概念、一个近乎理想的旅游模式,它还应该是一整套在实践中具有可操作性的原则或核心标准,是旅游市场中一个具体的产品分支。

一、生态旅游的概念

生态旅游概念的广泛传播在很大程度上应归功于 Boo,她的《生态旅游:潜力与陷阱》是一本重要的并被广泛传播的著作。该书包含了由 Lascurain 于 20 世纪 80 年代末提出的第一个生态旅游定义。10 多年来,具有不同学科背景的专家从各自的角度对"生态旅游"进行了定义,这些定义各有侧重。在 2000 年以前,最流行生态旅游的定义有两个,一个由国际生态旅游协会(The International Ecotourism Society,TES)在 1993 年提出,一个由世界自然保护联盟在 1996 年提出。

近年来,生态旅游概念的发展呈现出一些新的趋势。如 Weaver 认为,除生态可持续性之外,生态旅游还应"具有明显的环境、社会和文化可持续性",并且它在选择能够促进旅游目的地自然和文化资源基础发展的道路的同时,还能够"提高生态旅游经营机构的生存能力”。在2002年,世界生态旅游峰会的《魁北克声明》中关于生态旅游定义的说明,也特别指出生态旅游应是“一种适应市场机制的”旅游,还应该成为“国家政府机构用来实现可持续发展战略的有效工具”。我国学者杨开忠等也强调“旅游业经济发展原则”应成为生态旅游的三大基本原则之一。

此外,最能体现这种变化的是《昆士兰生态旅游规划》中生态旅游定义的变迁。澳大利亚的昆士兰州是世界著名的生态旅游目的地之一,也是世界生态旅游研究和实践最活跃的地区之一,其生态旅游规划通过网络向全世界发布。1997年,基于当时国际社会对生态旅游的认识(即生态旅游是:以自然为基础的;生态可持续的;有利于环境保护和当地社区;包含自然环境的教育和解说),在同年版的《昆士兰生态旅游规划》中,生态旅游被定义为:“一种包含了自然环境教育和解说的自然旅游,对其管理应以生态可持续性为目标。”

1997年的定义确实为昆士兰生态旅游规划的实施提供了有效的指导,但是在实施过程中获得的经验以及对生态旅游当事者的调查结果都表明生态旅游的定义需要更新。之后,昆士兰的生态旅游业得到了持续改善,这与生态旅游产业人员的努力密不可分。生态旅游影响最小化的操作需要更多以经营生态旅游和自然旅游为主的旅行社不断加入其中。为了反映逐渐成熟的昆士兰生态旅游业,在2003—2008年的规划中,将生态旅游的定义更新为:“生态旅游包含一系列基于自然的活动,使游客可以欣赏和理解自然与文化遗产,对这些活动应本着生态、经济、社会的可持续原则进行管理。”

新的定义不再强调生态旅游操作的尺度,而更加注重其应该遵循如下原则:依赖自然环境;使生态可持续;有利于自然环境的保护;包含自然环境教育和解释;对文化负责任;使当地社区可持续;商业上是可行的、有利润的。

即使抛开文字上的细微差异,各个定义在所强调的内容上也有很大不同,如有的强调应本着生态、经济、社会等多方面的可持续原则进行管理,而多数概念则更多强调生态的可持续性;有的认为“自然环境”之中包含了文化因素,而更多定义是强调生态旅游以自然为基础的一面。

人们对生态旅游定义难以达成一致的原因包括:①各自所处的环境不同,环境主要包括文化的、经济的、政治的和技术的环境,不同的环境使人们存在不同的需求,不同的需求又往往使人们赋予生态旅游不同的含义;②生态旅游定义是处于发展中的,不断变化的,人们对该词的理解也有一个演进的过程。而促使生态旅游定义演变的原因主要有:①生态旅游发展的不同阶段需要有不同的定义更准确地反映变化的环境;②人们对生态旅游内涵的理解日益深入。所以,不同的国家在生态旅游发展的不同时期会采取不同的定义,而这种看待生态旅游的动态的视角对于生态旅游实践是有意义的。

二、生态旅游的构成要素

除了语义上的界定以外，很多学者还从生态旅游的构成要素角度对生态旅游进行了分析。由于组成部分的说法不同，所以生态旅游的定义饱受争论。

Sirakaya、Sasidharan 和 Sonmez 在对以往的生态旅游定义进行分析的基础上指出，生态旅游的概念包含了以下几个方面：

①环境友好的旅游（从环境角度看是安全的旅游，对自然和野生生物的影响最小化，为环境保护做出贡献）；

②负责任的旅游（尊重文化、社会、生态和自然环境的旅游）；

③教育旅游（唤起环境保护意识，向旅游经营者、旅游者、当地人传授自然和文化知识）；

④低影响旅游（没有影响或者影响较小的旅游）；

⑤前往自然景区的娱乐活动；

⑥为当地福利做出贡献（即为当地人带来经济和社会收益的旅游）；

⑦生态文化旅游（到那些具有文化和历史的地方，了解自然区域的其他文化，集中于自然历史和当地文化）；

⑧可持续/非消耗性旅游（即有控制地利用文化、环境资源进行可持续保护）和负责任的旅游企业合作（因为旅游企业对环境问题比较敏感，以生态可持续的方式经营，增强对环境的正确认识，可以选择使用目的地国家的导游等）；

⑨鼓励当地人和旅游者参与保护（鼓励当地人和旅游者积极参与保护，同时促进其与自然环境的互动）；

⑩为保护做出贡献。

Honey 认为生态旅游必须具备以下基本要素：

①到自然目的地的旅游（这些目的地通常是偏远地区，且都是国际、国家或者社区、私人等级别的保护区）；

②影响最小化（生态旅游努力通过重复使用或者大量使用当地建筑材料、可更新能源、安全处理过的再生垃圾和废品，对环境、文化比较敏感的建筑设计和对旅游者的数量及行为进行规范，来确保将对生态体系的破坏控制在限定的范围内）；

③建立环境意识（生态旅游意味着对旅游者和周围社区居民进行教育，因此生态旅游的基本条件还包括训练有素、懂得多种语言、具备自然和文化历史知识、遵守道德原则、具有环境解说和有效沟通技能的导游）；

④为保护直接提供资金（生态旅游通过各种机制，包括公园门票收入、饭店、航空公司、旅游公司等旅游企业税、志愿者贡献等方式为环境保护、研究和教育提供资金）；

⑤为当地人带来资金收益，并赋予其权力（当地人必须参与进去，并且从中得到物质收入和其他无形收益，更重要的是，应将经济、政治控制权交给当地社会、村

庄或者企业）；

⑥尊重当地文化（要尊重文化，将对当地人口和自然环境的影响降至最低）；

⑦支持人权和民主运动。

Wearing 和 Neil 指出生态旅游必须具备以下要素：

①知识覆盖，鼓励人们了解旅游对于自然、文化和人类环境的影响；

②确保收益和成本的公平分配；

③解决就业，当地人员直接就业于旅游部门和其他相关部门；

④促进本国盈利产业——饭店及其他住宿设施、餐馆及其他餐饮服务、交通、手工艺品和导游服务等方面的发展；

⑤为国家创汇，为当地经济注入资本和新的资金；

⑥使当地经济多样化，尤其是农村地区；

⑦寻求社会所有部门（包括当地人）共同决策的途径，使生态旅游和其他自然资源使用方式能够共存，进行规划和分区，从而使旅游发展能够与生态系统的承受能力相匹配；

⑧促进当地交通、通信和其他社会基础设施的改善；

⑨建造当地社区、国内游客和国际游客使用的娱乐设施，同时为文物、历史建筑以及街区保护提供资金；

⑩鼓励对边远农业地的生产性使用，使大片地区都为自然植被所覆盖；

⑪提高对当地社会的尊重，为不同背景的人提供进一步了解和沟通的机会；

⑫向人们证明自然和文化资源对于一个社会的经济和社会福利的重要性，并促进对其的保护；

⑬生态旅游监管者评估并管理旅游所产生的影响，制定可靠的环境评估方法，防止出现任何负面影响。

2001 年出版的由 Weaver 编辑的《生态旅游大百科》中的所有文章都建立在这样一个共识的基础上——生态旅游包括以自然为基础、环境教育（包括解说）和可持续管理三个方面。

2002 年，世界生态旅游学会指出，生态旅游有以下基本组成部分：

①为保护生态多样性做出贡献；

②维护当地人的福利；

③包括解说（学习）经历；

④旅游者和旅游业负责任的行动；

⑤主要是小规模、小团体；

⑥对非更新资源的消费要尽可能少；

⑦强调当地（尤其是农村人口）参与、拥有和经营。

三、相关概念辨析

国内外旅游文献中经常出现的与生态旅游近似或相关的名词包括：大众旅游（mass tourism）、自然旅游（nature tourism）、可持续旅游（sustainable tourism）等。对这些概念进行辨析，有利于加深对生态旅游的理解。

（一）大众旅游（传统旅游）与生态旅游

生态旅游是对大众旅游进行全新思考的结果，是在对大众旅游进行修正和调整的基础上提出的崭新的旅游形式。生态旅游与大众旅游在追求目标、受益者、管理方式和影响方式等方面均有不同的特征。

生态旅游与大众旅游既是彼此对立的，又是统一的。很多西方学者认为，我们以前把生态旅游定义得比较狭义，而实际上，如果能把基本的原则规范应用于大众市场而不仅是一个小的专项市场，会对保护更有利。因此，生态旅游应该从一种小尺度的选择性自然旅游转向一系列适用于任何有关自然的旅游活动，这是一种否定之否定的哲学演进。应该从小处着手、大处着眼，首先解决棘手的问题，再不断积累经验和技能，以适用于更普遍的旅游活动。

（二）生态旅游与可持续旅游

目前对可持续旅游的概念还没有统一表述，但学者们基本认同可持续旅游包含以下内容：

①增进人们对旅游所产生的环境效应与经济效应的理解，强化其生态环境的保护意识；

②促进旅游业的公平发展；

③改善旅游接待地区居民的生活质量；

④向旅游者提供高质量的旅游生活；

⑤保护未来社会旅游资源或产业开发赖以存在的生态环境等。其核心是要保证在进行旅游资源开发与利用的同时，不损害后代为满足其旅游需求而进行旅游开发的可能性。

可持续旅游发展是可持续发展理论在旅游业中的具体体现，是一种重要的发展理念，可持续旅游适用于一切能够在长期发展过程中与自然、社会及文化环境二者和谐共存协调发展的旅游形式（含生态旅游），是旅游形式的总体概括和代称，而生态旅游以自然环境为资源基础，从旅游需求方即旅游者角度出发，它是一种旅游活动形式；从旅游供给方即旅游规划管理者和经营者角度出发，它是一种旅游产品，同时它又是一种对自然和文化旅游资源有着特别保护责任的可持续旅游发展模式，是可持续旅游的实现途径之一，是可持续旅游原则在特定自然区域即生态旅游目的地的具体运用和实践。正如旅游业是整个社会系统可持续发展战略的一个组成部分一样,生态旅游仅是可持续旅游系统整体中的一小部分,它自身具有鲜明的特色。

(三)生态旅游与自然旅游

自然旅游,简单地说,就是利用自然资源(包括风景、地貌、水景、植被和野生生物)而开展的以经历和享受大自然为目的的一种旅游方式,如野外摄影、狩猎、垂钓、摩托比赛等。就生态旅游与自然旅游的关系,有“从属说”“并列说”和“等同说”三种说法。魏湘岳、杨开忠把生态旅游作为一种特殊的自然旅游;王献溥按照旅游对象划分,将生态旅游与自然旅游看作众多旅游种类之一;怀特、罗伯塞姆、卢泽和黄羊山都认为生态旅游就是自然旅游。“从属说”认为,生态旅游是一种自然旅游,然而,由于生态旅游既要满足游客对回归自然的需要又要保护好自然,因而它不是一般的自然旅游,而是一种可持续的关注地方文化的自然旅游,是自然旅游和可持续旅游的交集,是一种可持续的自然旅游。自然旅游概念中的“自然”主要强调旅游目的地的自然性,界定自然旅游仅考虑游客的出行动机和旅游活动本身,而无须考虑文化、经济和环境方面的影响,由于在经营理念上没有贯彻可持续发展的思想,客观上会造成经营者追逐短期利益最大化,损害自然资源与环境,自然旅游的基本内容虽然是欣赏大自然,但从根本上说,它与人文观光旅游有一个基本相同之点,那就是求奇览胜。生态旅游中的“生态”则包含旅游目的地的自然性与生态保护的双重含义,是对游客环境保护意识具有教育意义和使当地社区受益的旅游,它的核心需求是满足生态体验,并不在于旅游目的地是不是名山大川,而是更关注自然韵味,能体现人与自然的和谐之美。

生态旅游与自然旅游间也存在共性。虽然生态旅游的内涵有扩大化的趋向,但习惯上人们还是把自然旅游资源当作其主要的旅游吸引物,在这一点上,生态旅游与自然旅游是相通的。早期的生态旅游概念受到环境运动和自然回归思潮的深刻影响,与自然旅游有着天然的联系,因而可等同于自然旅游。

四、生态旅游的定义原则

生态旅游的定义具有多元化特点,虽然众多学者无法在其精确含义上达成一致见解,但其定义的主要原则却逐渐趋同。很多学者都已注意到生态旅游在定义原则层面上有比较统一的特点,并分别提炼出一些关于生态旅游的具体原则或核心标准。Blamey 归纳了生态旅游的三个核心标准:以自然为基础、教育性或学习性成分以及要求可持续性。Weaver 则在此基础上增加了一个经常被忽略的基本的判别标准,即生态旅游是一种旅游方式,它强调了生态旅游是旅游市场中众多的旅游产品之一,而不只是概念化的理想的旅游模式。杨开忠等也将生态旅游原则确定为三个方面,即旅游者行为约束原则、旅游地生态保护原则、旅游业经济发展原则。第一条原则认为,生态旅游应促进对旅游者的教育和学习;第二条原则与国外学者提出的可持续性相原则一致;第三条原则同样在强调生态旅游应是一种客观存在的旅游方式,具有实践意义。杨开忠认为任何地区都必须发展才能具有稳定的社会结构,旅游业如果不具备良好的经济效益也就没有存在的必要了,因此,为资源、当地社区、产业提供长期利益也成了生态旅游的基本原则。

在诸多的生态旅游定义中,Weaver 提出了四条原则,他认为可持续性应包括更丰富的内涵,即除学者们提到的生态可持续性、社会-文化可持续性外,还应进一步强调经济的可持续性。

(一)生态旅游是一种强调合作的旅游方式

作为旅游方式之一,生态旅游像其他旅游产品一样,应该关注旅游者。而在以往的研究中,更多的注意力锁定在生态旅游的环境保护功能和生态旅游的社区利益上。而实质上如果没有游客的参与,生态旅游是无从谈起的。近年来,更多的学者开始关注游客的利益。Stein 将生态旅游的利益方归纳为三部分:环境利益、社区利益和游客利益。当这三方利益都达到满足的中间位置,生态旅游才有可能存在。Bjork 认为合作性是生态旅游的核心尺度之一,他强调成功的生态旅游需要当地政府、游客、当地社区和旅游企业四方来进行有效的合作。

(二)生态旅游是以自然为基础的旅游

对于生态旅游的原则,几乎所有学者都在“以自然为基础”这一点上达成了共识。郭来喜形象地比喻,生态旅游活动是以大自然为舞台。自然环境对生态旅游者来讲,是最主要的吸引物,这里所谈的自然环境有时可能是一个完整的生态系统,有时则只是生态系统中的某些特殊的元素,如珍稀的野生动植物,由此而产生了典型生态旅游产品,如观鸟、观鲸等。

“文化”并不是生态旅游中必不可少的因素,但生态旅游也绝不排斥文化因素的作用。早期的生态旅游强调目的地的原始性,因此像哥斯达黎加、肯尼亚、澳大利亚等生态系统保存较好的国家和地区首先受到关注。但正如郭来喜所说,当今大自然的纯自然环境极为珍稀,大部分在不同程度上受到人类活动的干扰,成为改性的大自然或者称为人化的大自然。在这种人化的大自然中,不仅有人类干扰的成分,还有许多人类文明的印记,试图区分开“自然的”与“文化的”因素是非常困难的。而事实是,生态旅游经常与文化旅游有着密切的联系,有相当多的学者认为文化因素是生态旅游的重要组成部分。

最近的研究表明,生态旅游目的地的范围正在扩大。因为“自然”总是相对的,原始的自然固然美丽,但它的可达性差并且脆弱性强,因此,近年来很多学者开始把生态旅游和一些交通条件好、自然环境优美，但不那么原始的目的地联系起来，“自然”被赋予了更加丰富的内涵。Dodds 等认为生态旅游的目的是减少旅游对当地自然环境和社区的破坏。因此，它不必强调只适用于像哥斯达黎加、巴西那样人类“未接触”的自然地区，它应该可以适用于任何地区，无论是农村还是城市。Chirgwin 和 Hushes 也发现，在澳大利亚一片人工建造的湿地（Fogg 水坝），90% 的受调查的游客认为那里属于生态旅游目的地。

（三）教育和学习是生态旅游必不可少的要素

早期的研究中，生态旅游，特别是广义的生态旅游往往等同于一般的自然旅游。Wood 认为，未来的研究应该区分一般的自然旅游和生态旅游，这有助于操作者设计市场计划。而一般的自然旅游和生态旅游最主要的区别就是旅游活动中是否具有教育和学习的成分。自然旅游往往只是提供给游客体验和欣赏自然的机会，而生态旅游则常常有意识地通过环境解说等手段对旅游者进行环境教育，而且生态旅游者与一般的自然旅游者相比主动学习的愿望更强烈。因为教育与学习成分的存在，所以对于生态旅游的经营者而言，游客管理的要求也更高。

（四）生态旅游应具有可持续性

生态旅游的可持续性原则几乎是众多学者的共识，但不同学者对于可持续性的解释存在差异。Weaver 认为生态可持续性是生物中心论，即以自然为中心的角度出发，与之相对的是人类中心论，即以人类为中心。但就像很难找到纯粹的自然环境或人文环境一样，生态旅游的定义和原则也很难单纯坚持一种理论，大多数生态旅游定义往往是综合两种理论，但要稍微倾向于生物中心论。关注社区利益，强调“使当地人受益”即是人类中心论的表现之一，这一点也被称为社会 - 文化可持续性。目前大多数学者已同意这一原则。另外，Weaver 认为，在我们通常不加以明确说明但却暗含的假设中，人类中心论也很明显，该假设认为成功的生态旅游依赖于组成生态旅游业的经营者和商业机构的经济可持续性。

生态旅游对生态可持续性的强调毋庸置疑，但同时也不应回避社会 - 文化可持续性和经济可持续性对生态旅游的支持作用。世界旅游组织前秘书长 Frangialli 在世界生态旅游峰会的致词中就明确提出：“生态旅游及其可持续发展肩负着三个方面的迫在眉睫的使命：经济方面要保持经济活力、减少贫困；社会方面要为最弱势人群创造就业岗位；环境方面要为保护自然和文化资源提供必要的财力。生态旅游的所有参与者都必须为实现这三个重要的目标齐心协力地工作。”

因此，生态旅游的可持续性包括三个方面，即生态可持续性、社会 - 文化可持续性以及经济可持续性。生态可持续性是生态旅游的根本，而经济可持续性与社会 - 文化可持续性同样是生态旅游赖以存在的基础。

第二节　生态旅游资源

一、生态旅游资源的概述

随着生态旅游的产生和发展,生态旅游资源作为生态旅游活动的客体成为人们研究的重点之一,但在理论上的认识却因人而异。

(一)生态旅游资源的概念

生态旅游资源是随生态旅游活动而出现的概念。目前对生态旅游资源概念的认识各有不同,不同概念各有其侧重点,但较被达成共识的是以生态旅游系统的"四体"组分分析为基础,将生态旅游资源定义为:以生态美吸引游客前往进行生态旅游活动,为生态旅游业所利用,在被保护的前提下,能够产生可持续发展的生态旅游综合效益的客体。生态旅游不同于传统的大众旅游,作为生态旅游对象物的生态旅游资源必然也和传统大众旅游资源有所区别(表1-1)。

表1-1　传统大众旅游资源与生态旅游资源的比较

类型内容	传统大众旅游资源	生态旅游资源
吸引功能	身心疲劳的消除,吸引对象为大众旅游者	回归大自然、增长知识、接受教育,吸引对象为具有环境保护知识和意识的生态旅游者
效益功能	经济、社会、生态环境三大效益横向上的协调发展	经济、社会、生态环境三大效益横向上的协调发展与时间纵向上的可持续发展
客体属性	一切对游客有吸引力,又能开发利用产生效益的客体	一切具有生态美,又能经开发、利用产生效益的自然生态系统及天人合一的人文生态系统
环保需要	不提或提得少	生态旅游资源、生态旅游环境、旅游目的地社区利益、旅游者高质量的旅游经历 环保思想贯穿于规划、开发、利用和管理各个方面

生态旅游资源的内涵体现为以下几方面:

1. 吸引功能

生态旅游资源都应具有吸引生态旅游者"回归大自然"的能力,生态旅游资源的吸引力源于其生态美，只有具有生态美的生态系统才能满足人们“回归大自然”的旅游需求；

2. 效益功能

生态旅游资源作为一种资源，需要具备经生态旅游业开发利用后产生经济、社会、生态三大效益，不仅要实现近期横向的的协同发展，更要实现纵向的可持续发展；

3. 客体属性

能够满足上述两大基本条件的客体均属于生态旅游资源，但在实际操作中，东西方国家各有不同的认识，同一国家不同学科的学者、不同地区的人均有不同的认识，使得生态旅游资源的范畴成为生态旅游研究中争论的焦点；

4. 保护需要

生态旅游资源及环境是生态旅游者“回归大自然”的对象，均为原生或保护较好的生态系统，优质但脆弱，易被破坏，需要保护，这一基本特点也是生态旅游资源区别于传统大众旅游资源的关键。

（二）生态旅游资源的认识误区

误区一：生态旅游资源就是“自然景物”

在生态旅游最初的概念界定中，明确了生态旅游的对象即生态旅游资源是“自然景物”。西方不少国家也严格按此规定生态旅游资源的对象，尤其是美国、加拿大、澳大利亚几个生态旅游走在前沿的国家，将生态旅游的对象限制为“国家公园”“野生动物园”“热带丛林”等“纯自然”的区域。生态旅游流传至全球后，如具有悠久历史的中国，自然的山水风光充溢着浓郁的文化气息，如名山“五岳”便是自然和文化和谐统一的代表之一。在传统的“天人合一”的哲学思想影响下，这些风景处处蕴含着人与自然相和谐的“生态美”。如五岳之首的泰山，其魅力在于自然的独特美，它以雄浑博大著称于世。但泰山的魅力更在于它的文化内涵。从传说中上古七十二位帝王至泰山封禅告祭，至秦皇汉武、唐宗宋祖、明臣清帝的封禅大典，再到文人墨客慷慨淋漓地渲染、黎民百姓虔诚地顶礼膜拜，经由历代文化的积淀，泰山的人文意义超过它的自然意义，它由一座自然名山渐渐演化成政治、文化、宗教、历史名山。由此可见，中国的生态旅游资源不仅仅局限于自然生态旅游资源，还包括与自然和谐、充满生态美的人文生态旅游资源，即文化景观。所以，生态旅游资源应包括自然生态资源和人文生态资源两大部分。人文生态资源是旅游业赖以发展的另一重要资源，与自然生态资源相辅相成。

生态旅游资源就是“自然景物”的误区对文化生态的保护极为不利。实际上，自然的绿色是人类生存的条件，而文化的绿色是民族精神延续的基因。我们今天的文化，根植于我们脚下的大地，是一代又一代人用心血和汗水悉心浇灌发育起来的。如果毁掉文化遗迹,那么我们就看不见今天发展的基石。自然环境生态破坏了无法弥补,而历史文化生态破坏了就更无以恢复。所以,生态旅游资源不仅包括自然生态资源,也包括文化生态资源,能够统一此认识对我国旅游资源的保护,对生态旅游的可持续发展具有十分重大的意义。

误区二:生态旅游就是到保护区的旅游

在对"自然"生态旅游资源的认识上,人们的意见也没有统一。只有自然保护区才算生态旅游资源地的看法成为很多人的共识。在一些西方国家中,它们的国家公园实质上是自然保护区,只是它们的性质从一开始就确定为受保护的,只是在功能上被作为休闲的场所。而中国的自然保护区走的是一条由保护到生产和旅游的道路。由于中国的自然保护区因环境质量好并且能得到生态旅游者的青睐,所以很自然地就将生态旅游开发对象定位在自然保护区。近几年,中国生态旅游的研究和开发也都把自然保护区作为聚焦点,这就造成了人们认识上的一个误区,即生态旅游就是到自然保护区的旅游。事实上,自然保护区只是生态旅游的主要基地之一,它还应包括国内外的国家公园、国家森林公园,以及山川、湖泊、河流、社会风情、人文文化等,也可以说,一切具有生态美感的旅游资源地都是生态旅游资源地,都可以用来发展生态旅游。

误区三:生态旅游资源主要指森林旅游资源

按此理解,那岂不等于说生态旅游就是森林旅游了。造成这种认识误区的原因也许就在于森林旅游的巨大魅力。众所周知,在大自然中,最具自然韵味的旅游目的地首推森林。森林是自然界中物质最丰富、功能最完备、多样性最复杂、层次结构最错综、生产力最高的陆地主体生态系统,也是自然界最重要的生物库、能源库、基因库、碳储库和蓄水库。森林及其环境所构成的生态景观是任何景观都不可替代的。

美国夏威夷大学旅游学院原院长、世界著名旅游学家朱卓任教授在分析当今世界旅游发展趋势时认为,把绿色旅游列为四种主要发展旅游之首(绿色旅游、文化旅游、参与性旅游和保健疗养旅游),而森林是世界上最大的陆地生态系统,因而森林生态旅游必将是绿色旅游的主体。森林保护较好的地方多位于山地,这也是山地旅游、山岳旅游资源的最大魅力之所在。由于森林具有生态美,因而在回归大自然的生态旅游中,人类很自然地就将森林作为自己回归的对象。过去我国许多森林公园发展不是很好,但随着生态旅游的兴盛而获得了发展的良机。所以说,虽然森林生态旅游并不等于生态旅游的全部,但森林确实是生态旅游的主要对象物。

二、生态旅游资源的特征

生态旅游资源作为生态旅游业吸引游客的"资源",在被开发利用后会产生经济、社会和生态三大效益,然而其本身源于自然,所以在经济、社会、生态和自然四个方面都具有自己的属性特征。

（一）生态特征

生态旅游资源作为一个生态系统，在其形成上具有原生性与和谐性特征，在其构成上具有整体性与系统性特征；因其自身存在脆弱性，需要保护，故具有保护性。

1. 原生性与和谐性

原生性是指生态旅游资源作为一个生态系统是自然形成的。原生自然生态系统既包括让人赏心悦目的森林生态系统，也包括一望无际、荒无人烟的荒漠。原生自然生态旅游资源是大自然经过几十亿年的演化，生命与当地环境磨合而成的，除感观上能创造出丰富的美学外，还具有科学及文化内涵。和谐性是指人遵循生态学规律，并产生共同创造的、与自然和谐的文化生态系统。这些文化生态系统都具有一个共同的特征，即人与自然和谐，或者说具有和谐之美。

2. 整体性与系统性

整体性是指生态旅游资源是由地形、地貌、气候、水文、植物、动物及当地民族风情等生态因子所组成的一个综合体。如森林，其生长离不开当地的气候及土壤等生态因子，其内有与之相互依存的动物，并且当地人也依靠它生存和发展。系统性是指生态旅游资源系统的内部存在着相互联系、相互依存、相互限制的关系，正是这种关系使其构成一个有机的系统。在这个系统中存在着自己特有的生态结构特征与能量流、物质循环和信息流，游客在参与到这一系统当中的同时，也对这一生态系统的演替产生着重要影响。

3. 脆弱性与保护性

脆弱性是指生态旅游资源系统对作为外界干扰的旅游开发和旅游活动的承受能力是有限的，超出一定限度就会影响和破坏系统的稳定性。从旅游开发方面看，不了解生态旅游资源的脆弱性特征会影响和破坏生态旅游资源。若开发者和经营者只顾眼前旅游经济效益，而不顾生态旅游资源的承载力进行超载经营，必将对生态旅游资源造成破坏。针对大多生态旅游资源的脆弱性，保证生态旅游资源的可持续利用，保护成为必然的选择。在旅游开发、经营和管理中有效地保护生态旅游资源，就必须遵循生态学规律，在开发上应坚持保护性为首的开发原则；在经营和管理上应杜绝游客超容量情况的发生。

（二）自然特征

生态旅游资源作为生态旅游系统中的客体，存在着时空分布规律，在空间上具有广泛性与地域性特征，在时间上有季节性与时代性特征。

1. 广泛性与地域性

广泛性是指生态旅游资源作为客观存在，分布极为广泛。从空间规模来看，不仅地球上存在生态旅游资源，在宇宙空间中也存在吸引人们前去探索的资源，当然在目前的经济发展水平下其只能作为“潜在”的生态旅游资源；从地球空间规模来看，整个地球，从赤道到两极，从海洋到内陆，从平原到高山都存在生态旅游资源，随着科技和经济的发展，过去无人踏足的南极、北极也逐渐由科考转为生态旅游之地；从区域空间规模来看，不仅人烟稀少的山区，在城市附近甚至城市内也都存在生态旅游资源。地域性是指任何生态旅游资源都是在当地特有的自然及文化生态环境下形成的，具有与其他地方不同的地方性特征，即大自然中无法找到完全一致的两个地方。正是这种不同，这种地域性差异构成了驱使游客前往的真正动力。

2. 季节性与时代性

季节性是指生态旅游资源的景致在一年中随季节而变化的特征（即季相），这一特征决定了生态旅游活动随季节而变化。例如，草原生态系统有明显的季相变化，春季草原一片崭新娇绿、夏季草原绿草如茵、秋季花卉争奇斗艳……时代性是指在不同的历史时期，不同的社会经济条件下，由于旅游者兴趣发生变化，一些热极一时的景观会因为对游客失去吸引力而从旅游资源的范畴中渐渐隐去，而另一些旅游资源则成为时尚。例如，近年来绿色旅游的兴起，使自然生态旅游资源的魅力逐渐增强。

（三）社会特征

生态旅游资源在社会方面具有精神价值的无限性和在不同地域上的特异民族性两大特征。

1. 精神价值的无限性

生态旅游资源的精神价值是指其资源带给旅游者的精神力量的不可估计性，包括美学价值、科学价值、文化价值以及环境教育价值。生态旅游资源的开发最重要的是从有形的生态旅游资源中发掘出无形的精神价值。精神价值的无限性是指渗透于有形生态旅游资源内的无形的精神价值留给人们的创造和想象的空间，和有形生态旅游资源在空间上的有限性相比，这一创造和想象的空间是无限的。

2. 不同地域上的特异民族性

特异民族性是指受文化熏染的自然或人文生态旅游资源，在当地的自然和文化的作用下，人与自然融为一体的特征。一些风情较为浓郁的少数民族地区，都有自己的民风民俗、自己特有的生活方式，这些民族性各地不同，因而特异的、绚丽多彩的民族性成为吸引游客的所在。

（四）经济特征

生态旅游资源作为旅游业获得效益的基础，从资源的角度上看，有不可移植性与可更新性特征；从市场需求上看，有多样性特征；从旅游经营上看，具有资源及市场垄断性的特征。

1. 不可移植性与可更新性

不可移植性是指生态旅游资源由其地域性的特征决定了其在空间上不可能完全原样移位的特征。任何生态旅游资源都是在特定的自然地域及社会经济条件下形成的,不可能移动其周围的环境及相互间的关系,故整个生态系统是不可能移植的。可更新性是指生态旅游资源由其生态系统内生物组分的可更新性决定了其在生态规律下可以重新形成新的生态系统的特征。正是因为这两个特征,在生态旅游开发时,人们可以对受影响甚至被破坏的生态景观进行恢复重建。也正是因为这两个特征,旅游业才具有保护和治理环境的责任。

2. 市场需求的多样性

市场需求的多样性是指生态旅游者对生态旅游资源的类型、品位及空间距离的需求是不同的。从类型上看,有的喜欢秀美的山水景观;有的喜欢一望无际的大海、平原、沙漠景观;有的喜欢高耸入云的雪山冰川景观;有的喜欢秀丽的田园景观……从品位上看,由于高品位的生态旅游目的地意味着高价值,游客各自经济上的差异就决定了有的出入于世界自然遗产地,有的仅将田园作为旅游目的地。从空间距离看,游客的旅游目的地选择是由其剩余经济和闲暇时间所决定的,一些剩余经济丰足、闲暇时间多的人往往喜欢远距离旅游,反之则寻求近距离旅游。生态旅游资源需求的多样性决定了生态旅游开发也应以满足游客的多样需求来规划设计。

3. 旅游经营的垄断性

旅游经营的垄断性是指生态旅游资源由其地域性和不可移植性决定了经营者具有独家经营的垄断性特征。生态旅游资源的"专利权"也应受到保护,无人能够侵犯,如四川的九寨沟、黄龙风景区由四川省经营,任何其他地方都不可能推出第二个九寨沟和黄龙。

三、生态旅游资源的分类

为了能够系统地认识、开发利用及有效地保护生态旅游资源,有必要对其进行系统的分类。生态旅游包括自然生态和人文生态两方面内容。按照生态旅游资源的属性,可以把生态旅游资源分为自然生态旅游资源系统和人文生态旅游资源系统两大类型,每一大类型又分别由若干构景要素组成。

(一)自然生态旅游资源系统

即原生性的自然景观,是纯天然生成物,是经几十亿年大自然的造化所形成的,是天然赋存的,具有极高观赏价值,是能对人类产生自然的吸引力和亲和力的自然环境及其景象的地域组合。它主要包括以下四类。

1. 地文生态旅游资源

地球表面地质构造复杂，地貌类型众多，其中山地又控制着陆地地形的基本格局，因而形成了以山景为骨架的丰富多彩的地文景观旅游资源。它可进一步分为两种亚类。

（1）地质景观生态旅游资源

地质景观生态旅游资源是大自然几十亿年演化的结果，是大自然的杰作。通过对这些地质景观的参观、考察可获得丰富的地质学知识。

典型地质构造。如褶皱构造、断裂构造、典型的标准地层剖面等。我国历史悠久，疆域辽阔，有很多标准的地质剖面。例如，长江三峡保存着从震旦纪至第三纪约 8 亿年的地层剖面和丰富的古生物化石。20 世纪 80 年代初国际地质科学联合会将西陵峡莲沱附近的下古生代震旦纪地层剖面列为世界典型剖面之一。

岩石、矿物。如大小兴安岭、祁连山、泰山、衡山、华山、黄山、九华山等都是由花岗岩组成，具有雄伟高大等美学特征。

冰川活动遗迹。包括古冰川遗迹和现代冰川遗迹，我国著名的冰川遗迹旅游景点有庐山、湖北神农架、四川泸定海螺沟冰川公园、西藏珠穆朗玛峰麓冰塔林、浙江天目山等。

古生物化石。我国有很多观赏价值极高的化石，大多都收藏在自然博物馆、地质博物馆之中。较为著名的有北京自然博物馆、北京地质博物馆、山东山旺古生物化石博物馆、四川自贡恐龙博物馆等。其中，山东山旺已建立我国第一个化石保护区，被人们称为“天然化石博物馆”。

火山、地震遗迹。火山遗迹是由火山喷发留下的各种遗迹，如火口湖、堰塞湖、火山锥、温泉、熔岩洞穴等组成，是吸引生态旅游者的重要旅游资源。我国最著名的火山遗迹奇观是黑龙江黑河市的五大连池，由 14 座互不相连的火山锥组成的绵延 1 200 平方千米的熔岩台地，素有“火山博物馆”之称。云南腾冲火山口温泉群是个几经发现和开发的著名火山温泉群，有大小火山、火山口、火山锥 20 余处，温泉群 80 余处。

所谓震迹旅游资源就是由破坏性的地震所造成的具有旅游吸引功能的自然遗迹景观。其基本的旅游功能是以地震科学考察为主，使人们通过考察、参观获得有关地震方面的知识。

（2）地貌景观生态旅游资源

地貌是指地球表面的形态，它是各地质年代地球内外矛盾综合发展的结果，具有丰富多彩的典型特征。不同的地貌类型，具有不同的外部特征，也就有着不同的旅游价值。

山岳景观分为两种：绝对高度在 3 500 ~ 5 000 米，5 000 米以上的为高山和极高山，是开展专项体育登山探险和科学考察旅游的理想去处。绝对高度在

500～3 500米之间的为中低山，中低山景观类型复杂多样，气候、植物条件良好，又有丰富的人文生态资源，适宜开展徒步、登山、健行、滑雪、科学考察、避暑度假、探险猎奇、生态农业等各种形式的生态旅游活动。

我国是多山国家，条件优良的山岳生态景区遍布全国各地，著名的有五岳、四大佛教名山、四大道教名山，以及黄山、庐山、天山、长白山等。我国第一座国家森林公园张家界、革命圣地井冈山等，都是驰名中外的山岳生态旅游景区。

岩溶景观主要包括地下的洞穴、地下河和地上的孤峰、峰林、石林及天生桥等。如浙江桐庐"瑶琳仙境"、桂林山水、贵州织金洞、云南路南石林、湖南张家界等都是著名的岩溶景观生态旅游区，不仅可供游览观赏，还可开展洞底探险、科学考察，以及康复医疗和休养保健等各种形式的生态旅游。

风蚀、风积地貌主要包括风蚀蘑菇石、风蚀柱、雅丹、沙垄、沙漠、黄土等各种地貌类型，是科学考察和探险旅游的理想之地，如令人恐慎的新疆乌尔禾风蚀"魔鬼城"和崎岖起伏的"罗布泊""雅丹"探险旅游。

海岸地貌包括海蚀地貌、海积地貌、岩岸、沙岸、红树林海岸和珊瑚礁海岸等多种形态。大连的金石滩，海南三亚的鹿回头、天涯海角，号称"海底森林"的广西红树林海岸等驰名中外。

峡谷地貌是由陡峭的两坡相夹而成的谷地。有的峡谷笔直，气势磅礴；有的峡谷弯曲，险峻而神秘。我国的长江三峡、黄河壶口、龙门，以及世界第一大峡谷——雅鲁藏布大峡谷等都是著名的峡谷地貌。

上述地文景观生态旅游资源不仅具有一般的游览观光价值，还具有避暑疗养、登山探险、滑雪娱乐、宗教朝圣和科考研修等各种旅游功能。

2. 水体生态旅游资源

水是自然界分布最广，也是最为活跃的构景要素之一，是重要的生态旅游资源。主要包括：

(1)河流

主要分为两种：风景河段，顺河沿江可观赏沿岸风光，如长江三峡、漓江、扬州—杭州古运河、武夷山九曲溪等。漂流河段，可漂流探险，从事水上运动。

(2)湖泊

我国是多湖泊的国家，西湖、太湖、鄱阳湖、青海湖、洞庭湖等都是著名的湖泊生态旅游区，不仅可观赏风景，还可开展游泳、泛舟、垂钓等各种水上运动，鄱阳湖和青海湖还是著名观鸟胜地。

(3)温泉

很多温泉所属地区可开辟成生态游览疗养胜地。如海南儋州蓝洋温泉开发区的温泉生态旅游对游客就很有吸引力。蓝洋农场建起冷热泉大观园，内设以观雾、休闲为主题的风情别墅区，并推出温泉美食系列、温泉药浴、温泉健身、温泉沙浴等独具特色的生态旅游项目，令中外游客赞不绝口。

(4)瀑布

是山水结合，具有自然的形态、声态、动态之美感的旅游资源。我国的黄果树瀑布、黄河壶口瀑布、庐山瀑布等为历代所传颂。

(5)海滨

利用海洋、海滩发展旅游业是许多国家开发旅游资源的一个重点。海滨的生态资源特色表现在：一是空气和阳光，海滨空气清新，尤其是热带海滨，空气清新、阳光充足，是理想的避寒、休假、疗养胜地；二是海洋资源，丰富的海水可供人们潜水、戏水及从事游泳、跳水、滑水、划船、水球等各种水上运动，海水中大量的珊瑚资源、水产资源、贝壳等则可供人们观赏和研究，有极高的观赏价值和科研价值。

3. 气候天象生态旅游资源

气候天象作为生态旅游资源的一种，具体可分为两类。

(1)宜人的气候

包括夏季清凉的避暑型气候，如北戴河、哈尔滨太阳岛、青岛海滨等；冬季温和的避寒型气候，如海南岛；全年如春的四时皆宜型气候，如云南昆明。

(2)天象奇观

在一些特定地区由云、雾、雨、雪、霞等气候要素构成的独特天象奇观，也是观赏价值极高的生态旅游资源。如江南烟雨、草堂烟雾、黄山云海、庐山云雾、峨眉佛光、哈尔滨冰雪等都是极具魅力的天象奇观。

4. 生物生态旅游资源

大自然孕育了丰富多样的动植物种群，它们使地球表面的景象空间更加活跃、生动和富有趣味，形成了地表最有特色、最生动的外部特征。生物不仅为人们提供了各种饮食和生产资料，也提供了各种各样的休养娱乐环境、观赏游览对象，具有宝贵的科学考察价值。近年来，返璞归真已成潮流，生态旅游渐渐进入人们的视野中，生物景观旅游资源无疑对海内外游客具有越来越大的吸引力。生物生态景观可分为以下几种类型。

(1)森林生态旅游资源

如中国的小兴安岭原始林区，鼎湖山南亚热带常绿阔叶林区，海南尖峰岭、吊罗山热带雨林区等。

(2)草原生态旅游资源

草原景观如中国的内蒙古呼伦贝尔草原和锡林郭勒草原、澳大利亚中西部大草原、阿根廷潘帕斯草原及非洲的热带稀树草原等。

(3)古树名木与奇花异卉

前者如中国黄帝陵的“黄帝手植柏”、黄山迎客松、云南“茶树王”、贵州“银杏王”和福州“古榕树王”等；后者如中国的洛阳牡丹、漳州水仙花、贵州“百里杜鹃”，以及荷兰的郁金香、日本的樱花等。

(4)珍稀动物及其栖息地

中国卧龙的大熊猫保护区、扎龙的丹顶鹤保护区、西双版纳的野象谷和福建的鸳鸯溪,非洲的诸多天然野生动物园,澳大利亚东部的袋鼠,美国阿拉斯加的北极狐,南极洲的企鹅等。

(二)人文生态旅游资源系统

人类生态学认为,人类和其他生物一样存在于一定的自然环境中,人类的社会文化是人类群体努力适应环境的方式。人与人、人与环境相互作用产生了文化,并导致文化的改变。生态旅游所注重的另一面即是人类在具体的自然生态环境中所创造的文化,亦可称为人文生态。它包括两个亚类。

1. 人工自然型生态旅游资源

(1)园林生态旅游资源

中国园林属于写情的自然山水型园林,是以自然景物为蓝本,在此基础上,经艺术的加工提炼,按特定的艺术构思自由地将自然界的景物“移天缩地”在有限的范围内,将绘画、书法、雕塑、装饰及历史文物等融合荟萃于一处,创造出“景自天成,天趣自然”的风景式园林。所以,中国园林是既具山水之美、山林野趣,又有浓厚的文化内涵,是自然环境与人工艺术的巧妙结合,是颇具吸引力的人工自然型生态旅游资源。典型的如苏州四大名园、云南的世界园艺博览园等。其中,中国昆明世博园根据“人与自然——迈向21世纪”为主题的世界园艺博览会,按“源于自然,融于自然”的设计思路,充分考虑了山、林、花、水、路、石、建筑等的有机交融,依山就势,精心布置建筑物,将其疏朗地点缀于翠绿丛中,犹如一幅人与自然和谐的美妙画卷。世界园艺博览园现已成为中外著名的生态旅游景点。

(2)农业生态旅游资源

今天,已拥有了辉煌工业文明的现代都市人,却正在失去同自然的和谐相处的环境。熙攘的城市中林立的高楼大厦使人与自然更加疏远,紧张、烦躁压迫着现代人的神经,于是亲近自然成为都市人的追求和渴望。在这种背景下,作为生态旅游的一种形式,观光农业旅游(或乡村旅游)蔚然成风,从而使作为观光旅游对象的农业生态旅游资源显示出了越来越大的吸引力。农业生态旅游资源包括田园风光生态旅游资源、牧场风光生态旅游资源、渔区风光生态旅游资源、茶场风光生态旅游资源、农家风光生态旅游资源、观光农园生态旅游资源等。

(3)森林公园

森林公园是以大面积森林为基础,生物资源丰富,自然景观和人文景观相对集中并具有一定规模的生态郊野公园。它是以保护为前提,利用森林的多种功能为人们提供各种形式的旅游服务并可进行科学文化活动的经营管理区域。所谓“森林浴”，就是人们在生机盎然的森林中进行适合自己的各种活动，如漫步、歌舞、野营、游览、探险等，直接接受绿色植物所散发的各种物质，以求对自身肌肤、脏腑产生效用，达到保健康体之目的，其情景就如“沐浴”一般。

森林公园是开展森林浴的主要场所，在推广生态旅游，倡导健康、文明的旅游活动方面发挥着重要作用。根据国家统计局、国家林业和草原局、国家环境保护部、国家文化和旅游部四部门共同发布的信息，截至 2019 年，全国建立各类森林公园 3 594 处，经营总面积186 408. 88 万平方千米，年接待游客 10. 19 亿人次，综合经济收入10 000 多亿元。经过全社会的共同努力，森林公园将真正成为森林资源和生态环境建设的重要基地和开展生态文明教育的生动课堂。同时，森林旅游也会成为 21 世纪我国林业的支柱产业。

(4)植物园、动物园

搜集、种植各种植物，以科研为主，并可进行科普教育和供游客观赏的园林称为植物园。我国的植物园有综合性的，如北京植物园、南京植物园、广州的一些植物园等；有专科性的，如西双版纳热带植物园，南京中山植物园等。全国另有一些地方性植物园，如庐山植物园、杭州植物园、厦门植物园、南岳树木园等。著名的野生动物园，如深圳野生动物园、北京野生动物园等。

专门饲养各种动物以供展览观赏，并可进行科普教育与科学研究的场所称为动物园。我国有城市动物园 37 所，北京、上海、广州三大动物园规模最大，驯养的动物最多。著名的野生动物园有深圳野生动物园、北京野生动物园等。另有一些专门性动物园，如大连蛇岛、武夷山蛇园、青岛海洋公园水族馆、北京海洋馆，以及亚洲最大的上海海洋水族馆等。

(5)自然保护区

自然保护区是为了保护各种重要的生态系统及其环境、拯救濒于灭绝的物种、保护自然历史遗产而划定的，进行保护和管理的特殊地域的总称。在这些自然保护区中，既包括各种自然地带中各种生态系统的代表，又包括一些珍贵、稀有动植物品种的集中分布区，候鸟繁殖、越冬和迁徙的停歇地，以及饲养、栽培品种的野生近缘种的集中产地；还包括风光旖旎的天然风景区，具有特殊保护价值的地质剖面、化石、冰川遗迹、喀斯特、瀑布、温泉、火山口，以及陨石所在地等。尽管保护区的类型很多，保护和管理的方式各异，但它们都是自然留给人类的宝贵财富，它们像一颗颗光彩夺目的明珠，星散地分布在急待修补的地球上。

(6)风景名胜区

风景名胜区是我国旅游资源和旅游目的地体系中重要的组成部分。自 1982 年国务院开始审批公布国家级重点风景名胜区以来，我国已形成三批共 119 处国家级风景名胜区，此外还有大量的省级和市(县)级风景名胜区。我国的风景名胜区类型大致可划分为八类：山岳风景区、湖泊风景区、河川峡谷风景区、森林风景区、海滨风景区、石林瀑布风景区、历史古迹名胜区、革命纪念地，每一类型的风景区都有其自身的基本特征，有其标志性的景观和结构，有其主体性的风景。在我国，大量的风景名胜区的基本特征是具有大面积的自然风光，同时又富含文化内涵，是自然与人文交融的地方，因而也成为生态旅游的理想之地。

(7)野营地

野营是户外游憩的一种，是暂时性离开都市或人口密集的地方，利用帐篷、睡袋、汽车旅馆、小木屋等在外过夜，享受大自然的野趣、优美的自然景观和生态环境，所提供的保健功能，还能在野外的幽静中享受独有的孤独，抑或是与家人、朋友一起进行休闲娱乐活动。以开展这类活动所提供的场所被称为野营地。野营地按其住宿设施划分有营帐式、野营车或野营拖车式以及其他营舍式营地；按区域位置划分有湖畔式、河边式、高原式、海滨式、山区式等营地；按形态划分为通过型、基地型、度假型营地。发达国家野营区建设已十分成熟，我国尚处在初创阶段。目前我国部分城市已有一些野营地建设。如北京怀柔红螺山、河北涞水野三坡、秦皇岛南戴河，以及上海横沙岛等，都是人们休闲、娱乐、康体的好处所。

2. 人造文化型生态旅游资源

(1)历史文化遗产

人文旅游资源除了当代风物以外，大都是历史文化发展的产物。因此，在所有的人文旅游资源中，历史文化遗产是最重要的。人类历史在发展过程中，在某个历史时期生产力发展水平及社会生产的方方面面，通过活动遗址、建筑、雕塑、壁画、文学艺术、伟大工程、陵寝等各种形式遗存下来，成为今天重要的人文旅游资源，包括古建筑、古园林、古遗迹等。它们是民族文化的瑰宝，是重要的人文生态旅游资源。

(2)民族风情

民族风情泛指各民族长期形成的独特的风尚和习惯。其包含的内容十分丰富且广泛，如风俗习惯、居室建筑、服饰饮食、待客礼仪、礼俗禁忌、节庆活动、婚丧嫁娶，还有民族工艺、神话传说故事、音乐舞蹈、戏曲文艺、绘画雕塑、文娱体育、宗教仪式、集市贸易等。独特的民族风情，全面地反映了一个民族的历史和现实，体现了一个民族的理想和感情，蕴含着本民族丰厚的文化渊源。

(3)特种纪念馆、纪念地

重大战役纪念馆、纪念地，如北京中国人民抗日战争纪念馆等；重大历史事件纪念地，如上海的中共一大会址、遵义会议会址、“七七事变”发生地卢沟桥、广西金田的太平天国起义纪念馆等；名人故居纪念地或名人工作、生活过的纪念地，如四川成都的杜甫草堂、曲阜的孔府、浙江绍兴的鲁迅故居和三味书屋、上海的孙中山故居、北京的郭沫若故居等。

参考文献

[1] COBBINAH P B. Contextualising the meaning of ecotourism[J]. Tourism Management Perspectives, 2015,16:179 – 189.

[2] RANA M P, SOHEL M S, MUKUL S A, et al. Implications of ecotourism development in protected areas: a study from Rema – Kalenga Wildlife Sanctuary, Bangladesh [J]. iForest: Biogeosciences and Forestry,2010.

[3] LUCHMAN H, KEE H S, EUN K J, et al. Tourism and cultural Landscape at the Tengger, East Java, Indonesia: the implications for ecotourism planning [J]. Korean Journal of Environment and Ecology, 2008, 22(3):207 – 220.

[4] 吴楚材,吴章文,郑群明,等. 生态旅游定义辨析[J]. 中南林业科技大学学报,2009,29(5):1 – 6.

[5] 吴楚材,吴章文,郑群明,等. 生态旅游概念的研究[J]. 旅游学刊,2007,22(1):67 – 71.

[6] 程占红,孔德安. 生态旅游概念的再认识[J]. 山西大学学报(哲学社会科学版),2005,28(1):24 – 26.

[7] 杨永德,陆军. 生态旅游概念及其内涵新诠释[J]. 桂林旅游高等专科学校学报,2004,15(6):68 – 72.

[8] 罗明春. 生态旅游概念内涵辨析[J]. 中南林学院学报,2003(6):25 – 27.

[9] 王家骏. 关于"生态旅游"概念的探讨[J]. 地理学与国土研究,2002,18(1):103 – 106.

[10] 金波,王如渊,蔡运龙. 生态旅游概念的发展及其在中国的应用[J]. 生态学杂志,2001,20(3):56 – 59.

[11] 王大悟. 对生态旅游的若干重要认识[J]. 桂林旅游高等专科学校学报,1999,10(2):5 – 7.

[12] 王跃华. 论生态旅游内涵的发展[J]. 思想战线(云南大学人文社会科学学报),1999,25(6):43 – 47.

[13] 崔书红,王捷. 生态旅游的概念及其在我国的实践[J]. 环境保护,1999(9):35 – 36.

[14] 郭舒. 生态旅游概念泛化思考[J]. 旅游学刊,2002,17(1):13.

[15] 杨开忠,许峰,权晓红. 生态旅游概念内涵、原则与演进[J]. 人文地理,2001,16(4):6 – 10.

[16] 赵新民. 生态旅游的基础性研究[J]. 旅游学刊,2002,17(3):22 – 25.

[17] 董红梅. 生态旅游管理的基本要素[J]. 资源开发与市场,2002,18(6):31 – 33.

[18] 周笑源. 生态旅游内涵再论:兼与郭舒先生商榷[J]. 旅游学刊,2003,18(1):64 – 67.

[19] 孙琦. 关于生态旅游内涵的思考[J]. 林业经济问题,2005,25(3):175 – 177.

[20] 汪晓梅. 基于生态经济理论的我国生态旅游业发展问题研究[M]. 北京:旅游教育出版社,2011.

第二章　国内外生态旅游的实践与借鉴

第一节　国外生态旅游的实践

作为20世纪80年代中后期出现的一个新名词,“生态旅游”一经提出便在全球旅游界、保护界掀起了热潮。而实际上,生态旅游的实践发展(或许更准确地说,是具有生态旅游发展思想和基本特点的旅游形式)是先于此存在的。Fennell认为,将保护与旅游结合的观念早在非洲人的狩猎远征(safari)和19世纪国家公园的建设中就已经有所体现;而Western也将一个世纪以前拥向黄石和约瑟米蒂公园的旅游者看成最早的生态旅游者;Blangy和Nielson的研究说明,早在1953年,美国自然历史博物馆的旅游部门就组织了自然历史旅游;Wilson也指出非洲野生动物旅游可以追溯到19世纪中期;甚至有人认为早在罗马时期人们就开始了类似于欣赏自然的旅游活动;我国也有学者认为中国传统文化中的天人合一观念就是生态旅游最早的哲学根源。也许,这种追溯可以无限延伸,延伸到其变得无比模糊,延伸到我们再也无法把握其核心要素。实际上,对于目前的研究来说,更重要也更现实的是,寻找其发生根源,追踪其发展轨迹。

生态旅游的现代雏形始于20世纪六七十年代。20世纪60年代末期,被认为是全球生物多样性最丰富的地区,为达尔文的进化论提供了直接观察证据的厄瓜多尔加拉帕戈斯群岛,就已经开始了小规模、专业化的生态旅游服务;20世纪70年代初,肯尼亚人意识到野生动物旅游能够比狩猎带来更大的经济收益,因此大力发展自然旅游;70年代中期到80年代中期,加拿大环境部在泛加拿大高速公路上开辟了不同的生态区,提供信息和解说服务,开展一系列的生态旅游活动,而Miller在拉美国家公园生态开发计划中所做的工作,被一致公认为是生态旅游实践方面的开创之举。

一、生态旅游兴起的背景

生态旅游根植于20世纪六七十年代第一次世界环境运动的大背景中,并在七八十年代初具雏形。在此期间,环境问题、发展问题、西方社会消费方式的转型、旅游业对社会和环境的影响等受到越来越多的关注,而能够同时实现发展和保护目标、满足人们新的旅游需求、降低对社会文化和自然环境影响的生态旅游一经出现遂引起了人们的普遍关注,大有众望所归之感。

具体来说,促成生态旅游迅速发展的因素包括以下几个方面。

(一)环境运动的发展

20世纪六七十年代,世界环境运动的发展,唤起了人们对自身所处环境的密切关注。1962年,美国学者Carson出版了《寂静的春天》一书,分析了环境污染对生态系统的影响,强调了人与自然之间必须建立起“合作的协调”关系。该书被认为“改变了世界历史进程”,它的出版“对环境运动起到了非常大的推动作用,从而使生态学成为人人皆知的词汇”。1972年,罗马俱乐部的《增长的极限》一书在对经济增长和环境、资源问题进行分析的基础上,将环境问题以及相关的社会经济问题提高到“全球性问题”的高度。1986年,Bruntland的一篇报告——《我们共同的未来》,再次唤起了人们对环境和发展之间关系的关注,并强调了可持续发展的观念。1990年,世界银行出版的《环境与发展》报告对世界经济发展中的生态矛盾问题进行了深入的分析。1992年,联合国环境与发展会议(United Nations Conference on Environment and Development,UNCED)上签署的《里约宣言》中,各国政府对保护环境做出了承诺,包括中国在内的许多国家都制定了本国的《21世纪议程》。1995年,世界观光理事会、世界旅游组织和地球委员会联合制定的《关于世界旅游业的21世纪议程》代表了世界旅游业对保护人类赖以存在的环境做出了庄严的承诺。这一切都唤起了人们对于环境问题的重视。

(二)大众旅游对社会和环境的影响

20世纪50年代以来,全球旅游业经历了一个大发展时期,在不到半个世纪的时间里,一跃成为世界最大的产业,其影响越来越被世人所关注。尽管大众旅游在最初被很多国家称为“无烟”工业,但是很快就有人发出“无烟工业冒烟了”的惊呼。在某些地方,尽管旅游也带来了收入的增长、就业机会的增加,但同时付出了较大的社会和环境成本。旅游业在改善当地经济状况的同时,也对其自然环境和社会文化结构造成一定的负面影响。大众旅游如果规划不当、管理不善会将造成过度开发、发展不平衡和环境污染的问题,而当地人所得到的经济收益也很有限,反倒是外来企业成为当地经济发展的主导。面对旅游业所呈现出的复杂的经济、环境和社会文化影响,人们开始寻找一种能够将社会文化和环境责任与旅游业自身的发展相结合的发展思路,一种能够避免大众旅游诸多弊端的新型旅游形式。

(三)保护与开发观念的改变

自1872年美国建立起世界上第一个国家公园——黄石公园以后,很多国家都纷纷效仿,如澳大利亚(1879年)、墨西哥(1898年)、阿根廷(1903年)、瑞典(1909

年)都建立了国家公园。到 1989 年,地球面积的 3.2% 都处于某种方式的保护之中了。但是,从 20 世纪 60 年代后期开始,保护组织和环境学家们发现,极端的“保护主义”方法(将人和公园分离,通常是强迫性地使其分离)是行不通的,只有使当地人从公园和旅游中获得经济收益,受保护的物种、区域和生态系统才能够持续地存在下去。Western(1994 年—1998 年,曾任肯尼亚野生动物组织和生态学会首任主席)写道,“人们不仅要考虑对自然尽责任,同时也要考虑当地人。当地人能够、也应该从旅游中获益,他们将在此过程中保护自然。”于是,肯尼亚首先采用了“利益相关者(stakeholders)”理论。在 20 世纪 70 年代早期,其政府同意将数个保护区的管理权交给当地县、郡委员会,并允许他们从公园、饭店和其他旅游设施中获得收益。20 世纪 80 年代末,当生态旅游的概念开始在东南非出现的时候,利益相关者理论已经扩展到教育旅游者和当地人提高对环境和文化的敏感度,以及降低旅游对自然环境和社会的影响等方面。与此同时,在南美洲,人们越来越意识到对于保护热带雨林来说,生态旅游是替代非法伐木、采油、采矿等资源掠夺性活动,提高公众的环境意识,为保护提供资金的一种有效工具。

(四)发展中国家希望换取外汇,国际援助和贷款机构试图解决第三世界的环境问题和债务危机

随着环境运动的发展和 20 世纪 70 年代末第三世界债务问题的出现,国际援助和贷款机构逐渐认识到旅游业在开发和保护战略中的作用。世界银行、国际建设和开发银行为发展中国家生态旅游发展提供了大量的资金。截至 20 世纪 90 年代中期,联合国环境署、泛美开发银行、美洲国家组织、美国国际开发署和其他国际援助机构都在支持不同类型的生态旅游项目。与此同时,发展中国家也越来越认识到生态旅游在赚取外汇并实现可持续发展方面的重要性。到 20 世纪 90 年代初期,南美洲、非洲、亚洲的很多非工业化国家都将旅游(包括生态旅游在内)作为其外贸发展战略的重要部分,旅游业的外汇收入在哥斯达黎加超过了香蕉,在肯尼亚和坦桑尼亚超过了咖啡,在印度超过了珠宝,成为这些国家最大的外汇收入来源。

二、生态旅游的发展历程

从 20 世纪六七十年代到现在,从全球范围而言,生态旅游的发展大致经历了以下三个阶段。

(一)20 世纪 60 年代末 70 年代初:生态旅游只是未加检验的概念

最初,生态旅游只是一个没有验证的概念,很多人希望它能够为全世界的自然资源保护做出贡献。20 世纪 60 年代末 70 年代初,随着环境运动的发展,人们开始审视旅游对 20 世纪环境和社会的影响,开始探讨如何正确利用自然,如何实现旅

游、保护和可持续发展之间的平衡。20 世纪 60 年代末期，在厄瓜多尔的加拉帕戈斯群岛开始了小规模的生态旅游活动；20 世纪 70 年代肯尼亚所做的研究证明了野生动物旅游所获得的经济收益远远超出狩猎；与此同时，哥斯达黎加、伯利兹等国家纷纷开始这方面的探索。由此可见，当时人们对于生态旅游的认识还仅仅局限于对自然环境的友好利用，生态旅游发展的各种深层问题，还没有进入人们的思考之列。

（二）20 世纪 80 年代：生态旅游作为一种经营创新

20 世纪 80 年代，一部分有远见的旅游经营者看到，旅游者对那些老生常谈的旅游地日感淡漠，相反，对于新的旅游目的地，他们则兴趣盎然。于是，一些旅游企业家从当地人那里租赁或者购买土地，建立了生态旅舍（ecolodge），并提供相应的导游服务。与此同时，在发达国家，户外活动成为周末外出和每年两周带薪假期的首选，各种户外活动器械的迅速发展、地球日活动的开展也促进了人们对于自然旅游和生态旅游的选择。独具慧眼的企业家逐渐意识到生态旅游的潜在利润，生态旅舍和生态旅游经营商纷纷推出旅游线路，前往偏远地方旅游度假。与此同时，欠发达国家也开始意识到，生态旅游一方面可以赚取外汇，另一方面比伐木和农业等其他资源利用方式对资源本身的破坏性小，生态旅游能够将保护与开发相结合，将满足旅游者需求与改善当地社会福利相结合。于是，到了 20 世纪 80 年代末期，这些国家都将生态旅游确定为实现生态环境保护和经济发展目标的手段。在与自然有关的旅游需求不断增加的同时，生态旅游目的地的供给也开始快速增长，以满足日益扩大的需求。不过那时，生态旅游尚未给当地社区带来明显的收益，旅游收入中用于资源保护和当地社区发展的也很少。

（三）20 世纪 90 年代以后：生态旅游是保护和发展的工具

随着生态旅游在一些国家落地生根，当地社区也开始认识到生态旅游给他们的长期生存带来了机会。与此同时，越来越多的组织、政府部门、研究人员、企业、当地居民、非政府组织等相继参与讨论，生态旅游的概念不断清晰、完善，各种原则和框架也逐步建立，在对各种正反案例进行分析的基础上，人们对生态旅游的认识也更加深入。越来越多的研究者和机构开始将生态旅游作为同时实现环境保护和经济发展的工具，作为旅游和生态环境、当地社区发展之间的桥梁。人们在憧憬生态旅游巨大潜力的同时，也客观地看到生态旅游发展中所存在的各种问题，更加冷静地对待生态旅游的现实作用，更加积极地探寻实现生态旅游的有效途径。2002 年是联合国确定的“国际生态旅游年”，各地为此召开了各种研讨、培训活动和 18 次地区预备会议，并于 2002 年 5 月在加拿大魁北克召开了“世界生态旅游峰会”，在正确认识生态旅游，探寻生态旅游的合理发展模式方面进行了更加深入的探讨。

三、不同发达程度国家的生态旅游发展

生态旅游的发展不仅仅是一个简单的行业问题，实际上，它涉及更加广泛的国家政治体系、经济发展机制和社会发展状况，也涉及全球政治经济格局的变化。要对发展中国家和发达国家生态旅游发展进行比较，所需要的篇幅会远远超出本章所能够覆盖的范围，在此只想说明，就像我们无法将一个物种从整个生态系统中剥离出来并孤立地加以分析一样，对于生态旅游，考察其赖以存在的社会经济条件也是非常必要的。只有将生态旅游置于整个社会发展环境当中，将其与政治体系、社会发展条件、经济发展程度、旅游发展战略相联系，在对各种内外因素进行全面分析的基础上，我们才能更加客观地看待生态旅游与其他因素之间的关联，以及生态旅游实际发挥的作用。

（一）发展中国家的生态旅游发展

尽管全球几乎所有的国家（包括美国、加拿大、德国、澳大利亚和其他发达国家）都在发展生态旅游，但是，生态旅游最大的潜力（也是促使其在全球迅速发展的一个重要动因）是其作为发展中国家环境保护和经济发展的工具。目前，肯尼亚、哥斯达黎加、厄瓜多尔、多米尼加、伯利兹、蒙古、越南、斐济、印度尼西亚、纳米比亚、乌干达、津巴布韦、博茨瓦纳等非洲、亚洲和美洲国家都已将自身作为一个生态旅游目的地而大力推广。在这些地区，生态旅游的发展往往被当成换取外汇的重要手段，是比伐木、采矿、石油、商业捕鱼（也包括大众旅游）等对环境的破坏性更小的选择。也正是在这些地区，生态旅游面临着更为艰巨的挑战。

1. 发展中国家发展生态旅游的原因

生态旅游在发展中国家之所以获得迅速、广泛发展，从主观上讲，是因为政府在换取外汇、创造就业机会、解决经济问题的过程中，认识到旅游业与其他产业（尤其是传统产业，如伐木、农业、渔业等）相比，对资源的破坏性更小；认识到与传统旅游形式相比，生态旅游对环境和自然的破坏性更小。从客观上讲，这些国家往往都具有发展生态旅游所需要的基础条件——大部分发展中国家由于地理位置较为偏僻，远离主要的工业和资本市场，其工业化、城市化程度较低，因此保留着大量原始的生态系统，其中哥斯达黎加、厄瓜多尔等国家更是具有全球最为丰富的生物多样性。尽管这些国家的生态系统也面临着当地人维持生计活动的威胁，但比起西方发达国家来说，其原始性、自然性、独特性、真实性更加突出，从而令发达国家的旅游消费者（尤其是那些对自然敏感的旅游者）向往；另外，丰富多彩且保留较为完整的土著文化和社区特色也对发达国家旅游者具有极强的吸引力。而生态旅游由于对基础设施要求不高，设施较为简朴，并强调小规模、本地化发展方式，因此也比较适合在发展中国家开展。

2. 发展中国家发展生态旅游面临的制约

由于受经济、政治等方面因素的限制，发展中国家在发展生态旅游过程中往往面临着很多制约。

(1)巨大的经济压力和脆弱的生态环境

对于发展中国家来说，发展生态旅游最大的动力就在于能够带来经济收益，改善国家、当地、家庭和个人的经济状况，这种强大的经济激励使得各个层次的政府、社区、家庭、企业和个人都将收入看成生态旅游发展的首位目标。于是，扩大保护区范围、增加生态旅游点、吸引更多的旅游者就成了必然的选择，敏感的生态系统开始面临需要接纳越来越多旅游者的压力。与此同时，发展中国家往往又缺乏足够的资金、设备、人员、技能对旅游的环境影响加以监控，因此，在生态和社会文化比较脆弱的地区开展的生态旅游难免对自然和当地社会产生较大的负面影响。

另外，由于发展经济的迫切需求，使发展中国家往往很难对那些不可持续的、但更加有利可图的资源利用方式说不。以厄瓜多尔为例，尽管其在发展生态旅游方面取得了一些成功，但是由于石油在整个国民经济中占有非常重要的地位，正如一个环境杂志的编辑所说的："石油就是说厄瓜多尔的经济，反对石油开采活动就等于反对所有厄瓜多尔人"，因此厄瓜多尔需要在石油和生态旅游之间做出取舍。显然，在经济收入方面，生态旅游无法和石油相比，因此，其抉择的结果也是可想而知的。

(2)不稳定的政治经济局势

在很多发展中国家，政治和社会的动荡、战争的频频爆发、种族冲突和叛乱的出现都严重影响着整个旅游业的发展，生态旅游自然也难逃其劫。比如卢旺达，当地的生态旅游(以观赏大猩猩为主)一度极为成功，但却在社会和政治剧变中迅速瓦解，在相当长一段时间内都难以恢复。赞比亚也面临同样的问题。在政局不稳、社会动荡的情况下，旅游者缺乏必要的安全感，即使发生一些不是针对旅游者的事件或者一些非人为的旅游安全事件，也会使得旅游者草木皆兵、退而远之。

(3)政府难以抵御内外利益集团的压力

由于政治和经济的孱弱，很多发展中国家政府很难抵御来自外界的压力，如国际组织、跨国企业等。在这个全球化的时代，发展中国家政府目前还没有能力通过行政管理、法律机制和公众讨论有效地审视和监控发展，还难以抵御来自内外利益集团所施加的各种压力。

3. 发展中国家生态旅游发展中存在的问题

因受到各种复杂的社会、政治和经济因素的制约，发展中国家生态旅游发展存在很多问题。

(1)漏损问题

在发展中国家，生态旅游被看成换取外汇、保护资源的有效途径，但是，一方面由于如国际生态旅游协会所说“生态旅游永远也不可能带来大众旅游那么多的收入”，另一方面由于发展中国家的企业和社区在资本、商业技能、经济权力等方面都无法和发达国家的经营者（尤其是跨国企业）相匹敌，因此它们从旅游中所获得的收入非常有限。再加上需要进口大量的食品、设备等，来满足来自发达国家的旅游者的需求，因此，旅游漏损非常严重。如在尼泊尔，旅游漏损高达70%，泰国为60%，典型的发展中国家为55%。在尼泊尔的安娜普纳地区，旅游者每3美元的支出中只有20%为当地社区所获得。

（2）社区参与不足

尽管社区参与被看作生态旅游的一个基本特点，但是在发展中国家，由于其政治传统中民主意识不强，非政府组织发展不成熟，社区普遍缺乏参与的能力和经验。且由于政府过多地关注经济收益而忽视社会影响、过多地迁就外来企业而忽视当地社区等原因，因此社区往往不能得到足够的重视，在大部分情况下，被排除在生态旅游的决策、经营、管理和受益之外。

（3）管理不善

由于管理不善，一些发展中国家的生态旅游发展出现了以生态旅游为名义但实际从事非法经营活动，如侵占公共用地和保护区、违背当地风俗、转移自然资源及政治和经济腐败等现象。

（二）发达国家的生态旅游发展

与发展中国家相比，发达国家发展生态旅游主要是为了满足公众的休闲娱乐和欣赏自然的需求（如美国、加拿大），或者为了提高旅游产品的多样性（如澳大利亚），它们所面临的经济压力比较小，经营环境相对比较宽松，所以遇到的矛盾和冲突也不那么激烈。

1. 澳大利亚

在全世界，澳大利亚的生态旅游起步较早，发展相对完善，制定了全国和地方生态旅游战略，建立了全国和地方性的生态旅游协会和国际生态旅游研究中心，主办了各类国际性的生态旅游会议，形成了生态旅游最佳实践（Best Practice）技术，每年出版行业指南，并开设了生态旅游教育和培训课程。目前，澳大利亚全国有600家旅游经营商从事生态旅游，每年的收入大约为2.5亿澳元，所提供的工作岗位为全国旅游就业总数的1%。从各个地区来看，昆士兰是澳大利亚最早制定生态旅游规划的地区之一，2002年，昆士兰修订了1997年所制定的生态旅游规划，对生态旅游的发展做出了全面的部署。

澳大利亚旅游经营者协会和成立于1991年的澳大利亚生态旅游协会于1996年联合启动了全国生态旅游认证项目，开展对生态旅游产品认证的工作。该项认证建立了一个一体化的规划、开发和管理的框架，成为澳大利亚生态旅游发展的指导性纲领，为提高澳大利亚作为一个生态旅游目的地的竞争力做了大量的创新性工作。

澳大利亚生态旅游的相对成功，一方面取决于其丰富而多样的自然和文化遗产，另一方面，取决于联邦政府及时制定相关政策、纲领，非政府机构（如澳大利亚生态旅游协会）在认证方面的积极推动，以及相应的研究、教育和培训的发展（目前，澳大利亚很多大学都开设生态旅游课程，以从事相关研究）。另外，保护部门、遗产部门、文化旅游部门、当地社区、非政府机构等在内的各个部门之间的良好协作也起到了重要的保障与促进作用。

目前，澳大利亚生态旅游发展中存在的主要问题是如何确保生态、经济和文化的可持续性，以及如何处理好当地社区的角色问题。另外，由于澳大利亚实施的生态旅游认证采用的是自愿申请，自我评估后由主管机构和第三方审批，因此，尽管大部分企业都按照可持续原则从事生态旅游经营，但是依然有部分企业打着“生态旅游”的旗号仅仅为了赢利而很少考虑环境问题。

2. 美国

1872 年，美国建立了世界上第一个国家公园——黄石国家公园，对世界国家公园的建设产生了深刻的影响（在最初的国家公园概念中，其首要功能是娱乐而不是保护）。目前，美国已经形成了包括国家公园、国家保护区、国家历史公园、国家休闲游乐区、国际历史遗迹等在内的国家公园体系。而上述区域，也是生态旅游活动开展最为广泛的地区。另外，美国还是拉丁美洲、非洲等发展中国家生态旅游目的地的主要客源国之一。

在美国本土，各州都根据自己的情况制定生态旅游的定义、原则和法律，联邦政府并没有对此进行专门规定，而各州负责旅游（生态旅游）事务的政府机构也各不相同。

美国是第三部门最为发达的国家，非营利组织在其生态旅游发展中扮演着举足轻重的角色。在全球生态旅游领域颇具影响的国际生态旅游学会（前身为生态旅游学会），它的总部就设在美国，其半数以上成员来自美国，该学会在推动全球生态旅游研究、教育和实践方面发挥了重要的作用。另外，在保护界享有盛誉的国际保护组织则从保护地球上的自然资源和生物多样性的角度参与生态旅游发展，为发展中国家做了很多积极而有益的工作。

3. 加拿大

根据 Fennell 的研究，20 世纪 70 年代中期，加拿大政府就开展了以生态旅游（ecotour 等于 ecotourism）为名的活动，集中在泛加拿大高速公路沿线的不同生态区。尽管当时没有提出“生态旅游”（ecotourism）的概念，但是加拿大政府此举的目的非常明确，就是希望加拿大人和外国旅游者通过对自然环境的了解，欣赏加拿大人与自然的良好关系，通过了解自然而保护环境。目前，加拿大大部分政府部门都将生态旅游作为经济发展战略的一个组成部分而大力推广，而加拿大生态旅游协会在1992年对生态旅游的定义（即“生态旅游是可持续的、负责任的、前往自然区的保护环境并改善当地人福利的旅游”。）也被很多机构和地区所认可。

如上所述，生态旅游的发展与目的地国家（地区）政治体系、社会发展条件、经济发展程度、旅游发展战略休戚相关。总的来说，发达国家对保护生态资源具有主动性，而发展中国家对发展经济的要求更为迫切；发达国家有先进的旅游管理经验和技术做保障，而发展中国家则以独特的生态资源优势为基础；发达国家是在对传统大众旅游进行深刻反思后的主动选择，而发展中国家则更多的表现为对国际生态旅游热潮的被动迎合；发达国家不仅是生态旅游的客源接待国，更是生态旅游的客源输出国，而发展中国家不仅无法向国外输送生态旅游客源，其国内游客的生态旅游活动比例也不高；发达国家在生态旅游发展中，更多地是解决功能分区、游客管理、景观设计等技术问题上，而发展中国家则必须将更多的精力放在如何建立相应的参与和管理机制、分配体制等制度问题，来协调不同利益相关者之间的关系。

四、全球化对生态旅游发展的挑战

20世纪末期掀起的全球化浪潮深刻地影响着世界各国，尤其是发展中国家的发展。全球化与生态旅游的关系表现为双重性：一方面，强大的全球化、倡导自由贸易的力量使得越来越多的发展中国家开始将生态旅游作为其向国外资本打开的另一个窗口；另一方面，全球化进程的加快，又为真正的生态旅游的实现带来了诸多挑战。

首先，生态旅游以强调当地社区在生态旅游规划、经营和管理中的控制权为首要原则，然而，全球化所推行的自由贸易、市场自由化、竞争原则等在一定程度上制约着社区以及欠发达目的地国家自立的努力，越来越削减的贸易和其他壁垒，使得相对弱小的国内资本和企业面临强大的国外资本和跨国公司的竞争。为了吸引外商而建立的投资政策以及资本竞争的原则使得当地人无法经营自己的小企业，也难以在相关的生态旅游项目中获得足够的支配权，从而促使外商投资的企业控制了当地的经济发展。

其次，生态旅游强调对生物多样性和文化多样性的保护，但是全球化用“新的时空连接”方式使所有的社会、文化都联成一体，在这个逐渐缩小的世界中，地方性的差异不断受到侵蚀，淹没于同质和单一的社会秩序之中；文化全球化意味着单一世界文化的出现，在很大程度上表现为美国式的消费主义，造成文化多样性、真实性、差异性的逐渐丧失。正如Wallach和Sforza在《究竟是谁的贸易组织》（Whose Trade Organization）中所说，“标准的差异，即使表现为文化和价值观的差异都被认为是内在地不合意的，因为它们切割了全球市场”。McLaren更坦言，“全球化下的旅游活动严重威胁着土著人的知识、知识产权、技术、宗教圣地、社会结构和关系、野生动物、生态系统、经济活动和基本的知情权"。

最后,在全球化日益渗透到各个社会领域的今天,少数国家主导着全球的权力结构,引导着整个世界的生产和消费方式,而其他国家则相互竞争,试图通过提供比对手更加诱人的条件来吸引国外企业和财团来本国落户,这种不平等性对生态旅游的发展形成了很多制约,也是许多发展中普国家生态旅游发展中普遍存在的问题。

在对待全球化与生态旅游发展的关系这个问题上,各个国际组织表现得极为一致——既积极提倡生态旅游发展,又极力推动全球化进程。世界旅游组织(World Tourism Organization, UNWTO)、世界旅游理事会(The World Travel & Tourism Council, WTTC)、美国旅游经营者协会和其他主要旅游组织以及世界银行、美国国际开发署(United States Agency for International Development, USAID)和其他国际贷款和发展机构都是既提倡以当地社区为基础的生态旅游,也推动以资本和服务市场开放为主体的自由贸易。由旅游业的首席执行官(Chief Executive Officer, CEO)们所组成的 WTTC 就是生态旅游的一个积极推动者,在 1995 年发布了生态旅游指南,要求各个国家"推动一个开放的经济体系,使得旅游服务的国际贸易得以进行",并对保护主义进行了谴责。

第二节 我国生态旅游的实践探索

20 世纪 90 年代末期,随着生态旅游概念在我国的逐步引进,这种新的旅游形式引起了理论界和实业界的普遍重视。尽管人们对于什么是生态旅游、生态旅游的目标是什么、如何发展生态旅游还缺乏统一的认识,但这似乎并没有妨碍"生态旅游"概念在旅游业的迅速普及。1996 年 10 月,在《中国 21 世纪议程优先项目计划》中,在优先领域与自然资源保护利用领域,列出了可持续旅游,其中"承德市生态旅游""井冈山生态旅游与原始森林保护"等作为实施项目。此外,在优先领域——人口健康与人居环境中列入"三亚市少数民族地区小区开发与旅游示范工程",表明了中国对旅游可持续发展的高度重视,也为生态旅游开发起了一个头。

1999 年,由原国家旅游局、原国家环保总局、原国家林业局和中国科学院共同启动了"生态环境游"旅游年活动,并首次承办了以"人与自然"为主题的"中国昆明'99 世界园艺博览会"。以此为契机,以自然保护区、森林公园、风景名胜区等为基础,将"生态旅游"推广成为各地旅游发展中的一个热点。1999 年 9 月,四川成都借助作为"世界旅游日"主会场的机会推出了九寨沟、黄龙、峨眉山和乐山大佛等景点;同年 9 月下旬,湖南张家界国家森林公园举办国际森林保护节,推出武陵源等生态旅游区。四川、云南、西藏三省区于 2002 年签署协议,共同投资 80 亿人民币，联合创建的“中国香格里拉生态旅游区”成为我国目前投资规模最大、涉及范围最广的生态旅游项目。

与此同时，在各级旅游发展规划中，几乎毫无例外地都涉及与生态旅游有关的内容，有的则明确提出以生态旅游作为规划的指导思想，福建、海南、黑龙江、吉林、四川、云南等省份还提出了建设生态旅游大省的目标。在全国各地，各种与生态旅游有关的节庆、线路、产品也是接连不断，层出不穷。

一、我国生态旅游发展的总体背景

（一）对实施可持续发展战略的认识

我国政府在向第十九届联合国大会特别会议提交的《中华人民共和国可持续发展国家报告》（1997）中清楚地表明了我国对可持续发展战略的认识和态度。该报告中指出，“中国同意联合国环境规划署第15届理事会通过的《关于可持续发展的声明》，即：‘可持续发展，系指满足当前需要而又不削弱子孙后代满足其需要之能力的发展，而且绝不包含侵犯国家主权的含义’”。根据该报告，结合具体国情，中国对可持续发展的认识和理解，主要强调以下几个方面：①可持续发展的核心是发展，落后和贫穷不可能实现可持续发展的目标，经济发展是实现人口、资源、环境与经济协调发展的根本保障；②可持续发展的重要标志是资源的永续利用和良好的生态环境，保护各种自然资源，防治环境污染和生态破坏，是中国的一项基本国策；③要开创一种新的发展模式，代替传统的、落后的发展模式，把经济发展与人口、资源、环境协调起来，把当前发展与长远发展结合起来；④正确认识和对待人与自然的关系，用可持续发展的新思想、新观点、新知识，改变人们传统的不可持续发展的生产方式、消费方式、思维方式和行为规范。

在实践方面，1992年里约环境与发展大会后，中国政府于1994年3月制定并通过了《中国21世纪人口、环境与发展白皮书》，系统地提出了中国的可持续发展战略、对策和行动框架。另外，制定并实施了科教兴国战略、可持续发展战略，确定了新世纪初中国可持续发展的重点领域和行动计划，制定和完善了120多部关于人口与计划生育、环境保护、自然资源管理、防灾减灾等的法律法规，建立了中央政府和地方政府多部门参与、多层次运作的组织管理体系。同时，中国也加入一系列国际公约，并决定核准《京都议定书》，积极参与国际环境合作。在此过程中，对可持续发展问题的研究也逐步从生态学、环境学向经济学、社会学、人口学等领域扩展。

在2002年联合国可持续发展世界首脑会议的政府首脑发言中，朱镕基同志，作为中国政府代表指出，中国将坚定不移地实施可持续发展战略，通过努力，到2005年，生态恶化趋势总体上将得到遏制，主要污染物排放总量比2000年减少

10%；到2010年，中国国内生产总值将比2000年增长一倍，国民素质不断增强，国土资源开发更趋合理，生态环境质量得到进一步改善，经济与人口、资源、环境协调发展将取得更加丰硕的成果。

在明确我国实施可持续发展战略的总体方向和美好前景的同时，我们也要理性地看到，目前我国可持续发展的现状甚是堪忧，所面临的问题和困难也不容乐观。

尽管目前我国人口增长速度得到了控制，粮食生产已经基本自给自足，教育水平不断提高，森林覆盖率缓慢增加，环境破坏与生态恶化得到一定遏制，自然资源合理开发和综合利用基本有法可依，政府已制定并开始实施可持续发展战略。但是，我国可持续发展中存在的问题也不容忽视，人口规模大、人均占有资源量少、资源利用率低、资源浪费严重、生态环境脆弱、承载力有限等都只是表层问题。更深层次的问题还包括以下三个方面：一是国民可持续发展意识淡漠，"多子多福""人定胜天""地大物博""资源无价""重发展，轻环保""先污染，后治理"等思想还比较普遍。二是可持续发展的行为主体不明确且缺乏动力机制，在经济体制方面，中国正处在市场经济体制的构建之中，生态环境、自然资源管理体制等方面改革相对滞后；对于环境、土地、森林、矿产等各种公共产品和国有资源，国家、企业、个人之间权、责、利关系的界定还未明确。三是资源和环境的破坏在局部已形成难以逆转之势，如水土流失、荒漠化、草原退化、沙化、诸多不可再生矿藏减少、濒危动植物的种类越来越多，状况越来越危急。

解决上述问题，全面实施可持续发展战略，是我国确定的一项长期任务，而完成这个任务，也面临着诸多困难。首先，是经济实力薄弱。实现可持续发展，做到人口、资源、经济、社会、生态的良性循环，需要大量的人力、物力和财力的投入，尽管我国经济获得了快速的发展，但总体水平还不高。其次，是科技水平较低。虽然，在某些领域，我国的科技已经进入世界前列，但整体水平依旧相对落后于发达国家。缺乏科技手段的支持，可持续发展也只能成为一句空洞的口号。最后，是地区发展不均衡。在我国，各个地区不可持续性的表现程度各不相同，造成不可持续性的主导因素也各有差别，某些地区实现可持续发展所面临的困难更为艰巨。

从上述分析可以看出，尽管我国在认识、贯彻可持续发展战略过程中已经取得了一定进展，但总体而言，对于可持续发展战略还处在观念引入、理论探讨及宣传提倡阶段；尽管也制定了一些具体的规范，但具有可操作性的并不多；可持续发展中最关键的制度创新问题，在一段时间内还难以解决。在这样的宏观背景下，作为整个社会经济可持续发展的一部分，可持续旅游发展成效甚微；作为可持续旅游发展的一种实现形式，生态旅游的实施也困难重重。

（二）我国旅游业的发展状况

经过了20多年的发展，我国旅游业已经取得全方位发展的新形势，作为新的经济增长点的地位得到逐步确立,旅游业在国民经济中的地位不断提高。各地发展旅游的热情普遍高涨,参与旅游发展的主体也渐趋多元,2001 年《国务院关于进一步加快旅游业发展的通知》则更加明确地提出了建设"世界旅游强国"的目标。

和很多发展中国家一样,在相当长一段时间内,我国发展旅游主要还是强调其经济功能,通过发展旅游换取外汇,带动相关产业,提供就业,从而达到促进整体经济发展的目的。各种类型的主体积极参与旅游发展也主要是受经济利益的驱动,而政府部门考核政绩,旅游企业考虑其发展,当地居民评价旅游效应,依然主要是以接待多少人、带来多少收入、创造多少就业等为指标,较少考虑旅游对环境、社会和文化的影响。尽管在旅游发展过程中也强调严格保护、合理开发和永续利用相结合的原则,强调要协调好经济利益和社会效益、眼前利益和长远利益、局部利益和全局利益的关系,但这种原则在某种程度上还只是一种提倡性的、或者外生的力量,尚未对各参与者形成强制性的约束力,更没有成为各主体的主动选择。

(三)我国可持续旅游发展观念与实践

从理论研究方面来看,我国学者张广瑞研究员最早将《关于旅游业的 21 世纪议程》介绍到国内,1997 年 12 月在北京召开的"全国旅游业可持续发展研讨会"成为我国可持续旅游发展的一个重要标志。此后,很多学者开始着力研究如何根据我国国情实施可持续旅游的发展。其中,南京学者司金銮以可持续旅游和生态产业理论为基础,分析了我国可持续旅游产业的政策构架、运作原则、行动方案、发展动力、战略管理以及可持续旅游消费等问题。

从政府规范与业界实践来看,尽管在理念上达成了共识(如各个地方所制定的旅游发展规划中都有实施可持续旅游发展的内容;越来越多的旅游服务行业和景区申报,并通过了 ISO 9000 和 ISO 14000 认证;餐饮行业也在全行业中推行"绿色饭店";景区(点)和优秀旅游城市的评级标准中,环境的保护因素占有十分重要的位置等),但在实际操作中还没有太大的进展。从政府角度而言,在如何实施可持续旅游发展方面,尚未明确如何在政策法规、旅游管理制度、激励机制与约束机制、参与决策机制等方面进行创新和改进。从旅游管理部门来看,可持续旅游发展也还只是一个挂在墙上、说在嘴上、写在纸上、讲在会上的口号,缺乏相应的制度建设。从业界来说,由于缺乏相应的激励与约束机制,现有制度机构和利益格局并没有发生改变,因此,旅游企业也不可能从根本上改变自身的经营理念和模式;对于其他相关主体(如旅游者和当地社区等)而言,可持续旅游发展更像是一个耳熟能详但又无比遥远、空洞的口号。

在这种背景下,作为可持续旅游的一种实现形式,生态旅游很难全面突破整个旅游业的运行机制,而只能局部地、渐进地、实验性地取得发展。

二、我国生态旅游发展的实践尝试

根据原国家环保局与北京大学共同起草的《生态旅游管理技术规范(征求意见稿)》,生态旅游包括所有在自然保护区、世界文化遗产地、风景名胜区、森林公园、森林禁伐区及生态工程恢复区、荒野地等自然环境中开展的旅游。由于目前我国所开展的各种与生态旅游有关的规划、开发和经营还只是一种尝试性的探索,要产生一定的影响,尤其是获得积极的社会、环境和经济效益还需要很长的一段时间,因此,要从总体上分析我国生态旅游的发展现状比较困难。以下仅就自然保护区、风景名胜区和森林公园等为例,他们在尝试发展旅游,尤其是生态旅游方面的过程中所面临的现状和出现的问题做简单分析。

(一)自然保护区及其旅游发展

尽管生态旅游并不一定是在自然保护区内开展的,自然保护区所进行的旅游活动也不一定就是生态旅游,但是我国生态旅游的萌芽与自然保护区密不可分。根据1998年中国人与生物圈中国国家委员会对100个自然保护区的调查结果显示,有82个自然保护区已经开展了旅游项目的经营,其中20世纪80年代前、80—90年代和90年代以后开展的比例分别为5%、31%和63%,有16%的被调查地区年接待量在10万人次以上。

自然保护区的建设,客观上为生态旅游的发展准备了以下条件:①我国自然保护区散布于热带、亚热带、暖温带、温带和寒温带,从地球的最高点珠穆朗玛山峰,一直到东海,在不同的高度带上都有自然保护区分布,这些自然保护区与其他风景名胜区以及“国家公园”一起构成了一个庞大的生态旅游资源网络;②自然保护区为保护自然资源和生态环境所做的全部工作,实际上是生态旅游产品的预先生产和成本的预先投入;③自然保护区客观上为开展生态旅游配备了必需的现场管理机构及部分基本设施;④自然保护区积累的自然本底资料和研究成果是开展生态旅游所必备的科学依据。

同时,在政府的规范管理下,对于那些不需要严格保护的保护区,开展生态旅游活动可以获得以下益处:①为保护区正常的资源保护、环境监测、科学研究、环境教育等提供资金;②提高全社会,尤其是各级政府对自然保护区在社会经济发展中的地位和价值的认识,从而加大对自然保护区的支持力度;③通过合理的利益分配机制和合作方式,在旅游发展中同时发挥保护区和当地社区的积极作用,缓解“靠山吃山”的传统生活方式与保护自然环境之间的矛盾,缓解自然保护区和周边居民与当地政府的关系,从而带动周边社区的发展;④促进自然保护区与更多的部门建立广泛的合作伙伴关系,促进自然保护所需要的协作机制的建立;⑤通过开展旅游活动,不仅使生态旅游者、经营者和管理者、当地居民积极参与自然保护区的环境保护，增强其责任感，而且强化社会公众对环境保护的重视。可见，在合理的管理方式下，保护区发展生态旅游不仅具有良好的条件，也具有美好的前景。

目前，在全国1 000多个自然保护区中，四川省的九寨沟、王朗和卧龙等几个保护区在生态旅游的探索方面取得了相对较大的进展。1994年7月九寨沟被原国家林业部批准为国家级自然保护区。近年来，九寨沟在景区道路、接待设施（包括木栈道、环保厕所、绿色交通等）、游客限量及游人管理、环境保护，以及监测、社区共建等方面都取得了一定的成果。2002年原国家林业局正式批准实施的《卧龙国家级自然保护区生态旅游规划》，进一步规范了卧龙自然保护区生态旅游的发展。同时，王朗等其他自然保护区在生态旅游的实践探索方面也积累了宝贵的经验。另外，由全球环境基金捐款1 790万美元，于1995年启动的，涉及福建、江西、湖北、云南、陕西五个省的武夷山、长青等9个国家级自然保护区的"社区共管"生态旅游发展模式，采取了创新性的组织建设、计划制订、技能开发、信息管理、把当地社区结合到自然保护区的管理之中。通过实施社区共管，8个自然保护区周边10个村子的2 500名村民，在传统文化、风俗习惯和宗教等得以有效保护的同时，其经济效益也通过生态旅游得到了提升，从而为自然保护区开展生态旅游提供了有益的尝试。2002年下半年启动的新一轮自然保护区管理项目，涉及云南、四川、海南等7个省的13个自然保护区。这些活动都极大地推动了我国自然保护区内生态旅游的发展。

（二）风景名胜区及其旅游发展

早在20世纪20年代，中国政府就将一些风景名胜地如江西庐山、安徽黄山等列为避暑游览区域，指定当地政府严加管理，此类的游览区域为风景名胜区的雏形。改革开放以后，随着旅游业的发展，风景名胜地成了旅游开发的基础，为了避免旅游开发中破坏自然和文化，原国家建设部组织开展了资源调查、评估、鉴定、规划、评审等工作，国务院审定国家重点风景名胜区，县级以上政府审批相应级别的风景名胜区。1982年1月，国务院公布了第一批国家重点风景名胜区44处。1985年，国务院颁布实施了《风景名胜区管理暂行条例》。到2002年，我国已经建立各级风景名胜区677个，其中国家重点风景名胜区151个，省级478个，市县级48个。这些风景名胜区在我国旅游业发展中发挥了重要的作用，而且在自身的发展中也越来越重视保护环境并使当地居民受益。以九寨沟等为代表的一些风景名胜区（同时也是自然保护区）在生态旅游发展方面也进行了积极而有益的探索。但是，由于观念、管理等方面的原因，很多风景名胜区（如张家界等）在旅游开发过程中，并没有按照生态旅游的相关要求去做，从而对资源造成了破坏。为了更加有效地实施风景名胜区的可持续旅游发展，建设部组织了一系列深入的调查，总结各地实际经验，借鉴国外立法经验，在征求了原国家计委、原财政部、原监察部、原国土资源部、原国家环保局、原国家旅游局等12个部门意见的基础上,形成了《风景名胜区管理条例(征求意见稿)》,以期能够更有效地解决这一问题。至于风景名胜区如何发展生态旅游,目前还没有专门的法律规章来规范和引导。

(三)森林公园、国家地质公园及其他旅游地

我国森林公园、国家地质公园等的产生,既受到国外国家公园的影响,又是我国管理体制条块分割的产物。如果说风景名胜区是国家建设部划定的“国家公园”,那么森林公园实际上就是原林业部所划定的“国家公园”,而国家地质公园就是原国土资源部所划定的“国家公园”。

森林是陆地上最大的生态系统,森林公园则是在社会文明的发展过程中形成的一个相对独立的生态经济系统。我国拥有山岳型、湖泊型、火山型、沙漠型、冰川型、海岛型、海滨型、温泉型、草原型、园林型等各种类型的森林公园。1982年,我国成立了第一个国家森林公园——张家界国家森林公园;1994年原林业部颁布了《森林公园管理办法》;1995年,原林业部颁布实施了《森林公园总体设计规范(LY/T5132-98)》;1997年开展创建“文明森林公园”活动;1999年,为配合“生态环境”旅游年,原国家旅游局推出了海南的吊罗山、广西的十万大山、四川的海螺沟、贵州的竹海等一系列国家森林公园作为重点推荐的旅游目的地。从客观上看,森林公园的建设为生态旅游的发展提供了一个理想的区域环境。从主观上讲,目前很多森林公园也都推出了相应的生态旅游线路和相应的旅游产品。

另外,原国土资源部于2001年3月正式命名了云南石林岩溶国家地质公园等11处国家地质公园(National Geopark),截至2020年3月,国家林业和草原局和原国土资源部已正式命名国家地质公司220处,授予国家地质公园资格57处,批准建立省级地质公园300余处。其他类似的旅游地还有水利部所管辖的水利风景区等。尽管和自然保护区等相比,国家地质公园和水利风景区所开展的旅游活动与生态旅游的关系相对没有那么密切,但也存在一定程度的重叠。

三、我国生态旅游实践探索中存在的主要问题

生态旅游在我国的发展尚处于起步阶段,仅仅是一种尝试性的探索,管理机制、体系、模式尚未成形,管理知识、人才、经验极为缺乏。很多地方开展的所谓“生态旅游”实际上还是传统的大众旅游。具体来说,目前我国生态旅游实践探索中存在的问题包括以下几个方面。

(一)认识不清,盲目发展

随着旅游业的发展,我国旅游产品结构也在不断发生变化,传统观光产品对旅游者的吸引力越来越小,人们更渴望寻找一种新型的、与自然联系更加紧密的旅游

形式。与此同时,旅游的负面影响,尤其是对自然环境的破坏,也受到了越来越多的重视。在这种情况下,生态旅游概念的及时引入,让各地区和企业看到了一种新的市场卖点和需求趋势。同时,西部等地区也开始寻找更加适合自身资源条件的旅游发展方向。于是,生态旅游似一股春风,吹遍大江南北,各种冠以"生态旅游""生态农业旅游""绿色生态旅游"等名称的项目和产品如雨后春笋般蓬勃发展起来;所有地区在制定旅游发展规划中,都毫无例外地将生态旅游作为主要的、新型的产品;很多地区将生态旅游作为带动当地经济发展的龙头,希望将生态旅游发展为全省旅游业乃至整个国民经济的支柱。但什么是生态旅游?生态旅游和其他旅游形式的区别是什么?生态旅游的发展目标是什么?如何管理生态旅游以实现这些目标?如何评估、监测生态旅游的发展?如何处理各利益相关者之间的关系?对于这些问题,政府部门、保护区、景区、森林公园等管理部门、旅游企业、当地社区都缺乏全面且清晰的认识。在这种情况下,发展的热情更多地表现为一种盲目性和功利性。

(二)政策不明,缺乏规范

生态旅游的发展应该在哪些地区进行?不同类型的保护区域可以开展哪种类型的旅游活动?各种旅游活动对经营者、管理者、旅游者有什么要求?如何建立生态旅游利益相关者参与和分配机制?如何控制、管理和监测生态旅游的发展?在没有必要的、完善的政策、法规、标准、条例对这些问题进行规定的情况下,各地生态旅游的发展难免鱼龙混杂、目标不清。

国外生态旅游发展的实践告诉我们,生态旅游从理念到操作的转变,需要在明确发展目标的基础上制定原则,在指导原则的基础上确定规范,在明确规范的基础上进行监控,在监控的基础上加以引导。而我国目前,既没有明确的生态旅游发展政策,更缺乏完善的规范制度。很多地方要么根本没有规划,要么相关规划之间缺乏协调,或者随意变动。与此同时,原国家旅游局计划开展的"生态旅游示范区",由于多种原因,没能及时实施,也没有得到社会的广泛支持和重视。在国外通行的生态旅游认证制度,在我国也是一片空白。目前对生态旅游的监督,还仅仅依赖于媒体的报道、专家的呼吁,缺乏可靠有效的制度保障。在高涨的发展热潮下,既没有政策予以引导,也缺乏规范进行监管,这种局面如果持续下去,后果将不堪设想。

(三)体制混乱,机制缺位

目前,我国发展生态旅游的管理体制较为混乱,如九寨沟既是国家级自然保护区,也是国家级风景名胜区,还是国家森林公园;张家界头顶国家级风景名胜区、国家森林公园、国家地质公园等数个头衔;新疆天池既是省级自然保护区,又是国家级风景名胜区;河北雾灵山既是国家级保护区,同时也是省级森林公园等。实际上，自然保护区和风景名胜区、森林公园、地质公园在设立目的、依据、管理方式等方面存在很大差异，在对旅游活动的许可范围和程度上也是完全不同的，在很大程度上，还是突出了管理部门的“属地”概念。从自然保护区本身来看，各个保护区隶属于不同的部门，如原林业部、原环保部、水利部等，缺乏统一的管理体制。而在生态旅游的运行机制方面，缺乏明确的旅游收费政策及保护资金反哺机制、利益相关者的协调机制、社区参与机制、收益分配机制等，这些都是目前生态旅游发展中出现各种矛盾和问题的根本原因。

（四）管理低下，主体单一

在机构重叠、体制混乱的情况下，由于隶属关系的不同，各个保护地素质参差不齐，管理能力高低不等，其中很多缺乏必要的科研基础，没有对旅游者进行环境教育；缺乏生态环境意识，设施建设和管理水平层次不高；导游素质过低，缺乏专业知识和生态旅游技能训练。

造成管理低下的原因是多方面的，其中之一就是目前的生态旅游发展主要是由管理部门划定地盘，自我经营。以保护区为例，其首要职责是对区内自然资源进行保护和综合管理，而目前很多保护区直接参与旅游经营，这种职能的混淆与错位是保护区旅游发展中很多问题的基本根源：保护区管理者直接从事经营，同时缺乏有效的外部制约机制，往往会造成对资源过度利用；保护区缺乏开展旅游的专业技能，往往会形成需求与供给不相适应；保护区出于自身经济利益的考虑，往往会排斥外来的经营者和社区的参与而一手独揽，从而造成保护区与其他部门、当地政府和社区之间的矛盾。因此，有的时候就难免出现双重标准，对外要求严格，“严防死守”，对内则睁一眼闭一眼，出现保护者破坏的怪事。另外由于非政府组织的发展不成熟，社区经常被排除在旅游发展之外，因此我国生态旅游的发展主体单一，缺乏制衡。

（五）缺乏规划，滥用标签

不论生态旅游地还是生态旅游区（点），尤其是介入旅游较晚的自然保护区，很多都没有制定科学的整体发展规划和生态旅游发展规划，没有对旅游及其他活动可能对环境造成的影响进行科学评估，没有进行必要的环境承载力研究，也没有进行风险评估。在这种情况下，盲目建设、过度开发等就在所难免了。根据中国人与生物圈中国国家委员会 1998 年的调查，47.9% 自然保护区的规划没有纳入地方政府的发展规划，自然保护区的规划、地方政府的规划、各级旅游部门的规划、各个旅游经营单位的规划等都在自然保护区内发生作用，这些规划之间缺少沟通和协调，相互冲突的现象极为普遍，在执行中随意变化，缺乏严肃性。

另外，生态旅游概念的泛化和滥用问题非常明显。不管是旅游企业还是当地政府，都只是标签式地使用，既没有正确认识，更谈不上认真实施。但凡与绿色、自然沾点边的、与传统城市旅游不同的旅游形式、旅游经营方式、旅游设施建设都打上了“生态旅游”的旗号。在概念炒作、缺乏规范的情况下，生态旅游成了那些缺乏环境意识和专业技能而又急功近利的经营者的摇钱树。包括一些地方政府部门在内，都在没有真正理解生态旅游的含义，没有搞清楚生态旅游的目标以及如何实现这些目标的情况下，为了争取资金、获得项目，而大打生态旅游牌。

（六）实施不好，效果欠佳

在对生态旅游及其成功实施需要的社会条件缺乏全面认识而相应规范又极度缺乏情况下，生态旅游实施效果自然难如人意。

1. 保护目标未能实现——环境破坏严重

由于认识不清、体制混乱、规范欠缺和管理落后等原因，我国生态旅游发展中环境破坏现象非常严重，这也是造成社会各界，尤其是保护界人士对生态旅游颇有微词的主要原因。根据中国人与生物圈中国国家委员会1998年的调查，一些自然保护区违反有关管理条例，在缓冲区，甚至核心区内开展生态旅游活动，一些地区还大兴土木，大造人文景观。在已经开展生态旅游活动的自然保护区中，有44%的保护区存在垃圾公害，12%出现水污染，11%有噪声污染，3%有空气污染，22%的自然保护区保护对象受到损害，11%出现旅游资源退化，61%存在建设设施与景观环境不协调或不完全协调的现象。这些仅是人为感觉到的现象，而环境质量下降的实际情况怎样，程度如何，如果做实际监测，其结果可能更为严重。

2. 发展目标未能实现——社区参与不足

当地社区的积极参与不仅是生态旅游获得成功的一个主要因素，而且其本身就是生态旅游发展的内在目标之一。如果不能获得周围居民的支持，那么不管是旅游发展还是保护工作都难以获得满意的结果。在我国，由于保护区、风景区管理机制方面的原因，当地社区往往被排除在生态旅游发展之外，而没能真正参与到生态旅游产品的开发和经营中去，至多只是停留在出售一些简单的旅游商品阶段。有些地方打着开发生态旅游或保护资源的旗号，强行把长期居住在景区内的居民迁出。根据中国人与生物圈中国国家委员会1998年的调查，在开展旅游的保护区中，使当地社区一半以上家庭受益的自然保护区仅占10.7%，使1/5 ~ 1/2家庭受益的占17.3%，使1/5家庭受益的占49.3%，完全没有家庭受益的占22.7%。与此同时，社区对自然资源的非法利用，甚至破坏也成为保护区管理中的主要问题。

3. 教育功能尚未发挥——旅游者满意度不高

生态旅游的一个重要功能是通过旅游活动，提高旅游者的环境意识，通过认识自然，达到保护自然的目的。但是，目前我国开展的生态旅游远未能起到对旅游者的教育作用。问卷调查结果显示，在全国建立的932个各类保护区中，仅有38个建立了自然博物馆或展厅,59 个设置了知识讲解标牌,而且这些设施许多已经陈旧不堪,野外的知识性标牌数量稀少。同时,设施所提供的知识内容也残缺不全,挂一漏万,展示手段更是保守落后、形式单调,无法满足游人的需要。另外,生态旅游区的许多导游没有经过专业训练,不能把地质地貌的形成、动植物的分布及保护区生态系统的意义等自然知识讲解给游客,而是牵强附会,胡编乱造,达不到让游客认识自然、增强环保意识的目的。根据中国人与生物圈中国国家委员会 1998 年的调查,在所调查的保护区中,只有 17.1% 配有受过专业训练的导游;42.7% 虽有导游,但没有受过专业训练;40% 根本没有导游。同时,经营管理人员也不清楚生态旅游的本质内涵。在这种情况下,所谓的“教育”不过是一句空话而已。

四、我国生态旅游发展的现实条件与前景判断

(一)现实条件分析

生态旅游的发展需要适宜的土壤,客观分析我国目前的现实条件,是确保生态旅游健康发展的前提。

1. 市场需求

从需求方来看,与一般旅游者相比,生态旅游者在需求特点、环保意识、消费习惯上具有明显的特征。国外相关调查显示,生态旅游者在一地停留时间长,花费高,倾向于使用简朴的住宿设施(如茅舍树屋)、无污染的交通工具,同时遵守严格的行为准则,这些人不仅具有强烈的回归自然的愿望,更具有极高的环境保护意识,真正愿意从行动上、经济上为当地自然和文化的保护做出积极的贡献。

就我国目前的市场需求条件而言,从国内市场来看,我国一般旅游者在旅游动机、消费习惯、旅游类型、环保意识等方面与生态旅游者还存在一定的距离。在旅游动机上,尽管越来越多的人渴望亲近自然,但大部分旅游者主要还是为了开阔眼界、增长见识、放松娱乐、调节生活,在对自然的兴趣方面,了解自然、亲近自然的愿望要比保护自然更为普遍和强烈;在目的地选择上,一般旅游者倾向于选择知名度高的传统旅游目的地,希望在一次旅行中尽可能多地游览更多的地方;在支出类型上,国内旅游者更多地将钱花费在交通、住宿、购物等方面,而不太注重环境教育、解说等方面的服务;在消费习惯上,一般旅游者的消费观念还是“穷家富路”的传统,平时在家可以节俭艰苦,但出门要尽可能地追求舒适和享受,不可能花比一般旅游更高的价钱来“花钱买罪受”,非理性消费仍然很突出;在环保意识上,不少旅游者的环境意识不强,需要随时提醒其不要乱扔垃圾和请勿随地吐痰,还不具备积极、主动的环保观念;在国际市场上,我国吸引国际游客的主要是观光型和文化型产品,尽管近年来在产品多样性方面发生了一定的变化,但是与哥斯达黎加、厄瓜多尔、尼泊尔等以自然资源和生物多样性闻名的国家相比,我国并不是典型的生态

旅游目的地国家。因此,从国内外的市场需求来看,目前我国发展生态旅游的条件还不够充分。

2. 行业供给

从旅游行业本身来看,生态旅游需要既有责任感又有专业能力、既懂旅游经营又真心保护环境的开发商和经营管理者,要求他们不仅具备获得经济收益的经营能力,更要有环境保护意识和专业技能;既是生态资源的使用者,更要做其保护神;既是游客的服务者,更是其教育者;既是当地人的雇用者,更是其合作者;既主动接受相关部门的管理,又积极参与当地社会的发展。

目前我国旅游企业,从经营能力来看,大部分企业缺乏足够的经验将社会责任、环境保护与企业盈利有效地结合起来;从社区关系来看,企业普遍缺乏和当地社区合作的意识,不愿意或者不善于处理社区参与和合作问题;从企业素质来看,有些企业还不能遵守一般的市场原则来办事,更无从奢谈社会责任和更高的道德要求。旅游企业更多的还是把生态旅游当作营销口号或标签来吸引游客。

3. 管理机制

从管理机制来看,生态旅游需要有完善的管理机构和人员来监控每个环节,需要严格的法规条例来规范企业和个人的行为,需要相应的制度来协调包括当地人在内的所有利益相关者之间的利益分配和责任分担。目前我国在旅游发展体制和资源管理机制上,一方面由于部门分割和地方利益而出现相互夺权、相互掣肘;另一方面,保护区、风景区等正在或将要开展生态旅游的地方大都管理体制落后,不具备生态旅游发展所需要的责权明晰而互利合作的管理体制。即使是行业机构,也尚未提出一些具体的规范或倡议,对行业产生重大的影响。

4. 旅游发展功能和阶段

目前,从中央到地方,各级政府发展旅游的主要目的是促进经济的发展。这是由我国经济发展程度所决定的。同时,在我国,旅游业的发展也只有短短的 20 多年,在其发展初期,旅游业必须通过突现其经济功能来获得产业地位上的认可和重视。这是由我国旅游发展阶段所决定的。受到上述两方面因素的影响,目前以及未来的相当长一段时间内,我国旅游发展的首要功能还是解决经济问题,而发展生态旅游难以实现各级政府当前的政策预期。

我国发展生态旅游的现实条件中,有些是由我国旅游和经济发展程度及资源条件等所决定的,是合理的,而有些是经营管理中存在的问题,是不合理的,需要进行纠正和完善;有些因素会随着经济和社会的发展逐步得到改善,而有些是本质性的,是永远无法改变的。

总之,从发展生态旅游的要求及我国目前的现实条件来看,我国还不具备普遍发展生态旅游的可能。而目前最迫切需要解决的,一个是观念问题,需要正确认识生态旅游的性质和功能,消除一些错误的认识和看法;另一个就是要进行试点、示范,选择适当的地区,按照生态旅游的要求进行试验,在总结经验的基础上,再逐步予以推广。

(二)发展前景判断

生态旅游的性质决定了它永远都只能是旅游业的一个另类产品,其发展规模、范围,对经济、社会文化和环境的影响相对来说都不应该,也不可能太大。生态旅游永远不可能成为旅游市场的主流,它最大的价值不在于接待了多少游客、提供了多少就业机会、创造了多少外汇收入,而是对其他旅游形式,尤其是大众旅游所起的示范作用——在自然和(或)文化生态相对敏感,同时各种矛盾比较集中的地区,生态旅游最有必要、也最难以实现可持续发展,因此,它的成功为其他地区、其他形式旅游的发展提供了可贵的借鉴。

考察世界上生态旅游发展影响较大的国家,主要有两类:一类是像厄瓜多尔、哥斯达黎加、尼泊尔、博茨瓦纳等自然资源和(或)文化资源丰富的小国,在国际旅游市场上以自然旅游和生态旅游为主要市场形象,在客源上,主要是以来自发达国家的国外游客为主;另一类是像澳大利亚、加拿大等这样的发达国家,开展生态旅游的目的主要是为了丰富产品,更好地满足本国旅游者的需求,在客源上,主要集中于本国市场。作为一个发展中大国,我国的旅游发展只能依靠发展可持续的大众旅游,同时根据国内外旅游市场需求的变化,不断开发出新的旅游产品。当然也不排除在一些特殊的地区,将生态旅游作为当地的主流产品。随着旅游者市场需求的变化和旅游行业素质的提高,尤其是旅游管理方式和资源开发经营体制的改革,加上生态旅游试点工作的开展,生态旅游在我国的发展也将日趋完善,在整个旅游市场中的地位也会日渐提升。

参考文献

[1] WALTER P G,REIMER J K. The "Ecotourism Curriculum" and visitor learning in community-based ecotourism:case studies from thailand and cambodia[J]. Asia Pacific Journal of Tourism Research,2011,17(5):1 - 11.

[2] LEE J H,SON Y H. Government-led ecotourism and resident-led ecotourism[J]. International Review of Spatial Planning and Sustainable Development,2017,5(2):47 - 59.

[3] 张书颖,刘家明,朱鹤,等. 国外生态旅游研究进展及启示[J]. 地理科学进展,2018,37(9):1201 - 1215.

[4] 张洪,孙雨茜,司家慧. 基于知识图谱法的国际生态旅游研究分析[J]. 自然资源学报,2017,032(2):342 - 352.

[5] 李文明,钟永德. 国外生态旅游环境教育研究综述[J]. 旅游学刊,2009,24(11):90 - 94.

[6] 马有明,马雁,陈娟. 国外国家公园生态旅游开发比较研究:美国黄石、新西兰峡湾及加拿大班夫国家公园为例[J]. 昆明大学学报,2008,19(2):46 - 49.

[7] 李洪波,黄安民. 国外生态旅游研究进展综述[J]. 襄樊学院学报,2001,22(2):10 - 15.

[8] 李华. 近十年国外生态旅游研究状况分析[J]. 世界地理研究,2009,18(2):111 - 120.

[9] 程兴火,周玲强. 国外生态旅游认证概述[J]. 世界林业研究,2006,19(1):1 - 5.

[10] 李包相,于文波. 美国发展生态旅游的经验与启示[J]. 人文地理,2006,21(3):67 - 71.

[11] 黄金火,杨新军,马晓龙. 国内外生态旅游研究的问题及进展[J]. 生态学杂志,2005,24(2):228 - 232.

[12] 梁慧,张立明. 国外生态旅游实践对发展我国生态旅游的启示[J]. 北京第二外国语学院学报,2004(1):76 - 82,90.

[13] 李维长. 国际生态旅游发展概况[J]. 世界林业研究,2002,15(4):7 - 14.

[14] 万绪才,朱应皋,丁敏. 国外生态旅游研究进展[J]. 旅游学刊,2002,17(2):68 - 72.

[15] 王大悟. 对生态旅游的若干重要认识[J]. 旅游论坛,1999,10(2):5 - 7.

[16] 杨絮飞,丁四保. 国内外生态旅游研究的主要方向及进展[J]. 世界地理研究,2003,12(4):84 - 89.

[17] 熊鹰. 生态旅游承载力研究进展及其展望[J]. 经济地理,2013,33(5):174 - 181.

[18] 牛然,李学东. 我国生态旅游发展的现状、问题及对策:1999 年至今国内生态旅游文献研究[J]. 首都师范大学学报(自然科学版),2008,29(2):49 - 54.

[19] 钟林生,马向远,曾瑜皙. 中国生态旅游研究进展与展望[J]. 地理科学进展,2016,35(6):679 - 690.

[20] 马波. 生态旅游在中国:研究回顾与本质回归[J]. 旅游科学,2009,23(1):1 - 6.

[21] 李仁杰,路紫. 国内生态旅游与区域可持续发展关系研究[J]. 地理科学进展,2009,28(1):139 - 146.

[22] 张建萍,朱亮. 国内生态旅游研究文献综述[J]. 旅游论坛,2009,2(6):881 - 885.

[23] 傅岳瑛,刘琴. 我国西部生态旅游的现状和开发建议[J]. 地理学与国土研究,2002,18(2):103 - 106.

[24] 赵海燕. 生态旅游:我国旅游业可持续发展的必由之路[J]. 学术交流,2002(4):99 - 101.

[25] 杨桂芳,姚长宏,殷鸿福,等. GIS 在生态旅游中的应用及展望[J]. 自然杂志,2002,24(4):231 - 233.

[26] 钟国平,周涛. 生态旅游若干问题探讨[J]. 地理学与国土研究,2002,18(4):64 - 67.

[27] 刘德谦. 中国生态旅游的面临选择[J]. 旅游学刊,2003,18(2):63 - 68.

[28] 胡善风. 生态旅游研究进展综述[J]. 中国矿业大学学报(社会科学版),2003,5(4):111 - 117.

[29] 唐建军. 生态旅游发展中的问题与对策分析[J]. 学术交流,2004,(2):93 - 96.

[30] 钟先丽. 我国生态旅游发展的现状、趋势及对策[J]. 求索,2004(12):162 - 163.

[31] 卞显红,张光生. 生态旅游发展的成功要素分析:对国内外 25 个生态旅游发展案例的定量研究[J]. 生态学杂志,2005,24(6):657 - 663.

[32] 赵新民. 生态旅游的基础性研究[J]. 旅游学刊,2002,17(3):22 - 25.

第三章　黑龙江省生态旅游资源的调查与评价

第一节　生态旅游资源的调查与评价

一、生态旅游资源调查

生态旅游资源调查是生态旅游规划的前期基础工作。通过系统的生态旅游资源调查工作,为生态旅游资源评价提供直接的科学资料,进而为生态旅游资源开发规划、合理利用及其保护提供科学依据,最终为生态旅游业发展提供决策依据。

(一)生态旅游资源调查内容

1. 调查区的自然与文化背景

实际上是调查和掌握区域生态旅游资源赋存的环境状况,理解生态旅游资源的形成背景,从而找出资源的整体特色及内在联系。

可根据具体调查区域的特点,选择下列全部或部分项目进行调查。

(1)区域自然生态旅游环境的调查

①地理位置

所处的经、纬度,平均海拔高度,行政区位置和交通位置(位于或接近的主要交通线),并附平面图。

②地质地貌

一般情况下,只需根据现有资料,选择下述部分或全部内容,概要说明当地的地质状况,即当地地层概况、地壳构造的基本形式(岩层、断层及断裂),以及与其相应的地貌表现、物理与化学风化情况、当地已探明或已开采的矿产资源情况;海拔高度、地形特征(即高低起伏状况)、周围的地貌类型(山地、平原、沟谷、丘陵、海岸等),以及岩溶地貌、冰川地貌、风成地貌等的情况;崩塌、滑坡、泥石流、冻土等有危害的地貌现象,若不直接或间接威胁到建设项目时,可概要说明其发展情况。

③气候与气象

所在地区的主要气候特征,年平均风速和主导风向,年平均气温,极端气温与月平均气温(最冷月和最热月),年平均相对湿度,平均降水量、降水天数,降水量极值，日照时间，主要的天气特征（如梅雨、寒潮、雹和台风、飓风）等。同时对有些生态旅游区要进行大气质量现状监测，根据《国家环境空气质量标准》（GB 3095—2012），监测内容为：二氧化碳、氮氧化物、总悬浮微粒（TSP）、一氧化碳、二氧化硫、臭氧、铅、苯并[a]芘、氟化物、PM_{10}和$PM_{2.5}$，同时说明大气环境中主要的污染物质及其来源。

生态旅游气候资源主要包括气候舒适期、疗养保健气候和避暑度假气候三部分。调查的内容主要为：气温极高极低以及出现月日，河湖结冰期，当地小气候特点；光照，如昼夜时数、最长最短月日，热量；湿度，如最大最小月日，区内不同地貌湿温差，林内外湿温差；降水，如多年平均降水、各月平均（天数）降水，最多最少月日，极端最多最少月，暴雨频率，常见月，旱期；降雪，初终月日，雪厚，可否滑雪，暴风雪出现月及频率；初霜终霜日，霜对景色影响；风，如平均风力、常风向、5级以上风日数等。

④水环境

地面水资源的分布及利用情况，地面水各部分（江、河、湖、库、海）之间及其与海湾、地下水的联系，地面水的水文特征及水质现状，以及地面水的污染来源；地下水的开采利用情况，地下水埋深，地下水与地面的联系以及水质状况与污染来源。在进行水环境质量监测时，根据水资源的用途，分别采用国家颁布的《生活饮用水卫生标准》（GB 5749—2006）、《地表水环境质量标准》（GB 3838—2002）、《渔业水质标准》（GB 11607—89）。

⑤空气细菌含量

空气中绝大多数细菌对人体健康有害，生态旅游地一般远离城市，加上许多植物放出的精气、空气负离子有杀菌能力，空气中细菌含量少，空气新鲜，对人体健康有益，因此空气细菌含量多少，是评价空气质量好坏的重要标准。应按照中华人民共和国国家标准公共场所空气细菌总数卫生检验标准方法——沉降法进行测定。

⑥环境天然外照射贯穿辐射剂量水平

在自然条件下，大气和水体中都有极微量的放射性物质，辐射剂量低，但随着原子能工业的发展和人类对自然资源的开发利用，大气和水体中的放射性物质不断增加，高于天然本底值或超过规定标准，构成放射性污染，对人体造成危害。为了保证旅游者的安全，对旅游区必须进行环境天然外照射贯穿辐射剂量水平测定，并作为一个生态旅游区的环境评价标准。

⑦噪声

凡是干扰人们休息、学习和工作的声音，以及振幅和频率杂乱、断续或无规则的声振动，统称为噪声。噪声对人们健康的危害、对通信的干扰日益严重，被认为是一种环境公害。宁静舒适的环境，才能满足人们回归自然的需求。应当测定生态旅游区的声效等级，参照执行《声环境质量标准》（GB 3096—2008），保健疗养区必须达到0类标准,娱乐区必须达到1类标准。

⑧土壤与水土流失

主要土壤类型及其分布,土壤的肥力与使用情况,土壤污染的主要来源及其质量现状,水土流失的原因、特点、面积、元素及流失量等。

⑨动、植物与生态

所在地区的植被情况(覆盖度、生长情况),有无国家重点保护的或稀有的、受危害的或作为资源的野生动、植物,当地的主要生态系统类型(森林、草原、湿地、荒漠等)及现状,生态系统的生产力,生态系统与周围环境的关系以及影响生态系统的主要污染来源。另外,生境对生物多样性的保护是至关重要的,许多生物从一定的地域消失,就是因为人类侵占或破坏了它们赖以生存的生境,生态旅游环境调查时要认真识别那些重要的生境,并采取有效的措施加以保护。

(2)区域人文生态旅游环境的调查

①社会经济

主要调查行政区划,居民区的分布情况及分布特点,人口数量和人口密度等。如要迁移的人口,迁移的规模与方式;居民健康状况;现有厂矿企业的分布状况,工业结构,工业产值及能源的供给与消耗方式等;粮食作物与经济作物的构成及产量,农业总产值以及土地利用现状;公路、铁路或水路方面的交通运输概况,以及与旅游项目之间的关系。

②政治文化

主要调查区的政治局势、社会治安、历史沿革,居民的宗教信仰、思想意识、生活习俗、文化艺术、消费习惯、礼仪习俗、传统节日、价值观念以及适应外来文化冲击的能力;相关法律法规与投资政策的完备和健全清况;当地社区居民对于生态旅游的观点与看法;尤其要挖掘地方文化中蕴含着的“天人合一”的生态文化范例。

2. 调查区的生态旅游资源状况

主要是深入细致地根据生态旅游资源的属性进行调查,为开发提供基本素材。

(1)调查自然生态旅游资源

生物物种的多样性是生态旅游资源的重要内容,也是生态旅游地生态环境的基本组成部分,因此在对其评价前首先要对这些物种多样性进行调查。所谓物种的多样性资源就是在生态旅游地为社会保存的属于公众遗产性质的珍稀动植物和生物物种数量的总和。它在生态环境资产构成中具有遗产性和存在性特征。这种资产虽暂时难以推向市场,但仍有人愿为其支付费用,故它具有公共商品的特性,从而成为生态旅游的政策性补偿和投资的依据。具体调查内容包括植物物种品种、野生动物物种品种、草地草种品种等,其中要特别调查珍稀动植物的品种与数量、古树古草的品种和数量。

对调查区基本自然条件的调查,应着重调查可供开发、特点突出的资源。通常采用路线普查与重点详查相结合的方法进行调查。主要包括以下调查项目和内容。

①地貌景观调查

调查山岳、山地、峡谷、丘陵、平原、沙滩、海滨、洞穴等地貌的形态、分布、面积、高度、坡度;与环境组合的各种景观如奇峰、怪石、悬崖、峭壁、幽涧的形象、物质、观赏效果;冰川、火山口、溶洞、崖洞的长度、深度、宽度、高度、奇异特征、观赏效果等。如远眺翠峦叠峰、俯瞰田园绿野等地形景物,并观察其与地质环境之间的联系,包括调查生态区的古地貌、母岩的特性,山体的类型,地质形成原因以及对景物发育的影响等。如张家界的地质地貌突出表现为几千座奇峰怪石拔地而起,造型奇特、峭壁万仞,沟深谷幽,构成了我国最独特的白垩石英砂岩峰林地貌景观。许多石峰上锐下削、姿态万千,有的如玉宇琼楼,豪华壮观;有的似海涛翻涌,气势恢宏;有的如精雕细刻的盆景,玲珑剔透;有的拟人拟兽,情趣盎然;有的峰林随时空变化而变化,神秘莫测。这些奇峰怪石错落有致,分布自然,与森林植物巧妙结合,相辅相成,各有章法,又相得益彰,构成了一幅生态和谐的绝妙的大自然山水画卷。

②水景调查

重点了解可供观赏或游乐的江河、涧溪、山泉、飞瀑、碧潭及湖、海、库、塘等水域的位置、形状、面积、宽度、深度、流速、流量、落差、景象;潮汐高度、来势、景象及来潮、高潮、退潮的时间、流速;温泉、山泉的水质、水温、产水量、含矿物化学成分及医疗、保健作用;各种水体的游乐、游泳、沐浴、医疗价值、鱼虾可钓度及其生态功能等。结合水文景物,研究其与人类之间的密切关系,如飞瀑、涌泉、急流、险滩能给人以振奋、跃跃欲试之感。张家界的水域主要为纵横交错的溪瀑流泉,经调查,重要水景点有“七溪”“五泉”和“三潭一瀑”,形成了“久旱不断流,久雨水碧清”的天然生态环境。

③气景调查

主要调查内容包括云海、雾海、日出、日落、宝光、冰雪等气候景象出现的季节、时间、规模、形态,积雪、结冰的时期;厚度、坡度、坡长、严寒酷暑月日,以及开展滑雪、滑冰的可能性条件;和风、晴朗、连阴雨季节、夏季最高温度、冬季最冷温度,可以避暑、避寒、休闲度假的最佳时节等。如张家界最令人感叹的是奇云和日出、日落等天象景观。每当雨后初晴或晴后下雨,站在黄石寨制高点上极目远眺,云彩斑斓,云雾一色,浑然一体,一望无际。云雾缓缓移动,飘然若仙。在茫茫雾海之中,时而显露出一座座独具形态的石峰,时而出现一棵棵掩映于重重迷雾之中的青松,并形成多种变幻莫测的动态景象,令观者回味无穷,流连忘返。

④植物景观调查

调查内容包括林海、林带、林网的分布位置、面积、规模;森林植被垂直分布带谱、林相结构,如森林类型、组成树种、林龄;层次结构、形态、叶色期、叶形美、观赏树种、四季景物变化及其特点；各景观带海拔高度，风景植物种类、数量、分布及花期、果期、果色、果量和可采、可食情况，特别是名贵野生花卉植物的花期、花色、花形、花量和可采度；古树名木的树种、数量、年龄、姿态、干冠奇特景象。动物资源方面要注重调查森林、草原动物的种类、分布、食性、习性、可猎种、可猎季节、狩猎场范围、保护品种及观赏效果。药用或其他资源植物如观赏、食用菌，应调查其种类、分布、数量、采挖期、可采度等。此外还要调查可做公园休息、野营、游览的草地、疏林草地的面积、分布、草种、花季等。

(2)调查人文生态旅游资源

不仅要调查现存物质的特色人文景观，还要调查历史上有影响但已毁掉的人文遗迹及民间传说等，便于开发时充分利用。包括各类古建筑和遗址的种类、数量、面积、建筑风格、艺术价值、建筑年代、保存状况；宗教文化类别、建筑、雕塑、绘画、石刻及影响范围；民族生活习惯、服饰、村寨建筑风格、信仰、传统食品；当地婚丧嫁娶及各种禁忌、礼仪等风俗习惯；各种纪念活动、节庆活动、庆典活动等。

(3)区域综合调查

从区域角度，应当调查区域内生态旅游目的地的数量、规模与级别。以我国的自然保护区为例，是国际人与生物圈计划入选的自然保护区，还是国家级、省级或县级的自然保护区，都要调查清楚，这反映了资源的水平和开发的程度。还应了解调查区旅游资源的组合状况与交通联系状况，以构成生态旅游产品线路。

3. 调查区的开发条件

包括现有的公路、铁路、水路、航空交通状况，旅游汽车、出租车、观光游船、车站、码头的数量和质量；饭店、旅馆、农舍式小屋、度假村、野营帐篷等多种住宿设施的规模、数量、档次、功能及接待能力；餐馆的规模、数量、分布情况、名特小吃与特色菜肴；零售商店、购物中心、影剧院、音乐厅、娱乐中心、会议中心、邮电通信、医疗服务、保险业务的分布与服务情况；所依托城镇的经济状况、接待条件、社会治安、民族团结、风土人情、物产情况等。这些开发条件，都直接影响着调查区内旅游资源开发的前景、深度及获取效益的情况。

(二)生态旅游资源调查方法和步骤

1. 调查方法

在实践中总结出的旅游资源调查方法对生态旅游资源的调查依然适用，旅游资源调查方法主要有：

①统计分析法，对旅游资源区的多种旅游景观类型和环境要素进行归类，分别统计其性状特征数据(如面积、数量与规模等)，然后分析确定其旅游特色与价值；

②资源图表法，将调查到的资源数据反映至图件或表格上，给人以直观印象，便于比较；

③综合考察法,调查区现场综合考察获取数据后进行系统分析的一种实地调查方法;

④区域比较法,将两地或多地不同类型或同类型资源加以比较、评价和分析,得出其一般特征和独特性,利于开发利用;

⑤分类分区法,把各种旅游资源按其形态特征、内在属性、美感、吸引性等加以分类并进行研究,得出区域内资源种类、特征、质量和区内差异,建立资源信息数据库;

⑥遥感调查法,借助遥感图像,解译其中的旅游资源信息,通过实地检验后,确定旅游资源的特征。

2. 调查步骤

由于生态旅游资源调查涉及内容的综合性,所以需要多学科的密切配合,才能准确客观地反映调查地的区域特征。因此本书在综合上述方法的基础上,结合景观生态调查的一些技术思想,应用包括3S技术[3S技术是遥感技术(Remote sensing,RS)、地理住处技术(Geography information systems,GIS)和全球定位系统(Global positioning systems,GPS)的统称]在内的技术手段,认为生态旅游资源的调查步骤如下。

(1)室内准备阶段

室内准备阶段,是调查的重要组成部分,可以避免不必要的重复劳动和野外工作的盲目性。主要的准备工作有如下几点。

①组建调查小组

做好组织、资料与行动上的准备,组建规划调查小组,包括不同学科方向的专家、管理部门领导与工作人员和当地社区居民代表参加。小组要有一定的组织关系和协调配合机构,必要时须进行野外考察的基本功培训,如野外资料的获取方法、伤病急救处理等。

②资料收集及初步整理

收集一切与调查区域相关的资料,如已有的自然状况调查材料,社会经济方面的文献报告,生态旅游资源方面的文字、照片与录像资料。并进行初步的系统整理,对其权威性、准确性、精确性以及可利用程度进行综合分析、评价和比较,以此了解某些生态旅游资源的成因,同时对生态旅游资源的分布状况进行一些预测。

③制订工作计划

结合调查要求与现有资料,制订野外工作计划和方案,内容包括调查的目的、范围、对象、方式,调查工作的时间表,调查人员分工,经费预算和成果表达形式。另外还应配以必要的装备,如全球卫星定位仪(GPS)、数码相机、摄影机、望远镜等,准备好遥感卫星影像图与恰当比例尺的地形图,编印好生态旅游资源调查表格。

(2)野外考察阶段

野外考察要概查、普查与详查相结合。概查是由于受时间、资金、人力、物力等因素的限制,在第二手资料分析整理的基础上进行的一般性状况调查,主要任务是对已知点进行调查、核实、校正,或根据其他专业资料对潜在生态旅游资源进行预测的验证。普查是对特定的区域所进行的详细、全面的调查,普查工作既可以把行政区(如全国、省或县)作为普查单元,也可选取自然区或生态旅游目的地作为普查单元,范围可大可小。详查是带有研究目的或规划任务的调查,调查中通过直接测量、校核收集基础资料,对重点问题和地段进行专题研究,对关键性问题提出规划性建议。具体操作时,三种方法相结合,由面到点,结合现有资料,通过航片解译,对照地形图,对调查区域的地貌、地质、植被、土地利用空间格局有一个全面了解,寻找可供开发的潜在景观,在此基础上对旅游资源逐一进行实地详查,将资源的特征以文字或照片的形式记录下来,统一编号,标示在地形底图或卫星影像图上。

在进行野外考察时,除传统方法外,可以根据需要利用现代科技手段进行生态旅游资源的调查。

①现代声像摄录技术

在野外实地考察时,使用现代声像摄录设备,如照相机、摄像机、便携型录音机等,可以将野外考察过程较为全面地记录下来,真实地再现一些生态旅游景观的原貌。这种记录手段不仅能将景观的静态描述出来,还能通过声音和图像,让人们领略到景观的动态性,增加调查成果的可视性。

②3S 技术

3S 技术是遥感技术(Remote sensing,RS)、地理信息系统(Geography information systems,GIS)和全球定位系统(Global positioning systems,GPS)的统称,在调查时应用 3S 技术不但有助于发现新的生态旅游资源,还能提高外业调查的效率。由于遥感所具有的特点,较容易发现地面的旅游资源,尤其是面积较大、肉眼不易看全的地物特征。遥感还容易发现地下的旅游资源,如文化遗址,地下旅游资源在地面上往往有程度不同的反映,如水分、植被状况与周围有差异,这些差异在多波段遥感影像上会有较明显的反应,经过处理、分析、判读,能够识别地下旅游资源。而且,微波遥感对地物有一定的穿透能力,因此在微波穿透能力范围之内的地下旅游资源,会很容易识别出来。另外,由于现场踏勘受时间、空间及主观因素的限制,估测结果难免有些偏差,选用航空拍摄的图像,并在图像上注记村镇、河流、水库、山脉等主要地物的名称,这样做不仅提高了本底资料的精确度,提高了工作效率,而且对了解植被分布和土地利用情况也非常有用。将 GPS 的特有功能应用于旅游资源信息的空间定位非常有效。而利用地理信息系统,可以录入实地调查所采集到的数字、图表、影像等信息,并能迅速而便捷地对信息进行查询、分析、处理和调整。

③PRA 调查方法

调查过程中，还要征求社区居民、游客对生态旅游开发的一些意见建议，以便于实现生态旅游谋福当地社区的目标和满足生态旅游者的需求，征求的方式可以采取问卷、采访、座谈会等多种形式。另外，于 20 世纪 90 年代发展起来并得到迅速推广的 PRA（Participatory rural appraisal，参与性农村评估）调查方法由于其强调调查者与被调查者的平等、充分正视当地传统知识和技术的价值、实现对当地情况的真实了解、充分调动当地居民的积极性，正受到不少国家与组织的重视。PRA 是一组能使当地群众分享、提高和分析他们生活的知识和环境，并且能够采取计划和行动的方式和方法，也就是说 PRA 是一系列能够鼓励农村群众互相分享知识，互相激励，共同分析问题，共同计划及共同行动的行为态度和方法。该方法原来主要在农村实施，现在已经扩展到了城市，广泛应用于自然资源管理（水土保护、林业、野生动植物保护、村社规划等）、农业生产和社区扶贫项目等领域，是一种参与式工作方法，充分强调被调查者作为项目活动主体的重要性，并重视受调查者能力的提高，调查贯穿问题提出到问题解决的整个过程。在进行生态旅游资源调查时加以灵活应用的话，有助于从社区居民与游客身上获取更多真实有效的信息。

④现代观测仪器

一些生态旅游资源必须借助观测仪器才能准确、客观地描述，如用空气负离子测定仪测定空气负离子的浓度，用测高器测定古树的高度，用色谱、质谱、计算机联用仪测定植物精气的成分、用海拔仪测定高程等。

（3）整理总结阶段

将收集到的资料和野外考察记录进行系统的整理总结，并凭借有关技术手段，进行数据的分析处理，形成正式表格、报告与图件。

①完善生态旅游资源调查表格

根据野外考察获得的一手资料以及初步填写的生态旅游资源调查表，进一步完善相关内容，分类装订，统一编号，形成正式表格，表格形式与内容可以根据使用目的设计与编排，为编制文字报告和图件、资源评价与开发提供基础性资料，同时作为调查成果之一提交给委托方。

②编制生态旅游资源地图

将外业调查工作得到的有关信息，结合其他相关资料，编制成生态旅游资源分布图。图的内容应该反映调查区内生态旅游资源的基本类型及其名称、性质、分布和自然、人文环境背景情况，如地貌、水文、交通、所依托的社区等。

③编写生态旅游资源调查报告

调查报告是调查工作的综合性成果，是从中可认识调查区域内生态旅游资源的总体特征，并可获取各种专门资料和数据的重要文件，是开发规划的重要依据，也可作为其附件。内容主要包括调查区的背景情况、旅游业开发历史与现状、生态旅游资源基本类型、分区与评价、问题与建议。报告语言要简洁、明确,论据充分,尽量图文并茂。

二、生态旅游资源评价

通过调查获得了生态旅游资源的基本情况之后,还需要对其进行系统评价,以确定其是否值得开发、如何开发、何时开发、为谁开发及开发方向如何,为生态旅游资源的合理开发利用和规划建设提供科学基础,是生态旅游资源潜在的价值转化为现实的社会经济优势的重要步骤。所谓生态旅游资源评价,就是运用一定的方法来对生态旅游资源的特点及其开发价值做出评判和鉴定。

(一)生态旅游资源评价的原则

生态旅游资源评价工作情况复杂,涉及面广,不同的人也往往有不同的审美情趣,难以有一个统一的评价标准,评价结论也可能不一致。因此,为了使评价尽量公正、客观,结果尽可能准确、可靠,更便于资源的开发利用,应遵循一定的原则。

1. 实事求是原则

生态旅游资源的评价工作,要从客观实际出发,即在生态旅游资源调查的基础上,运用地理学、生态学、林学、历史学、经济学、环境科学、美学、建筑学等相关理论和知识,对生态旅游资源的形成、属性、价值等内容,给予正确的科学解释,做出实事求是的评价,既不任意夸大,也不随便缩小。

2. 全面系统原则

种类繁多的生态旅游资源,其价值与功能是多层次、多形式、多方面的,如观光、科学考察、科普、度假、健身、医疗、探险、野营、夏令营、观鸟等。这就要求进行评价时,不仅要注重对资源本身的成因、特色、质量、数量等因素的评价,还要把该资源所处区域的区位、环境、基础设施状况、经济发展水平等开发利用条件纳入评价范畴,综合衡量,全面完整地进行系统评价,准确地反映生态旅游资源的整体价值。

3. 动态发展原则

生态旅游资源特征以及开发的外部社会经济条件,是不断变化和发展的。在以静态认识为基础深入考察生态旅游资源本质属性的同时,还必须有动态发展的观点,考察不同时间序列生态旅游资源所呈现的动态属性,了解生态旅游资源的长期趋势、变化特性与过程,发现其变化的规律性,为规划区空间格局的调节和控制提供依据。

4. 综合效益原则

进行生态旅游资源调查与评价是为其开发利用服务的,开发利用的目的就是获得多效益综合的效应。这些效益包括社会、生态和经济等三方面的效益,而不只是考虑经济效益。在某种程度上，区域生态旅游资源带来的社会效益和生态效益远远高于其经济效益本身的价值。因此，在进行生态旅游资源评价时，要发挥资源的潜力，考虑投放资金后的综合效益，以确定适宜的开发程度。

5. 力求定量原则

在进行区域生态旅游资源评价时，要借鉴目前已日臻完善的一般旅游资源评价方法，在定性评价方法的配合下，根据适当的评价标准和评价模型，将有关生态旅游资源的各评价因子予以客观量化处理，力求定量或半定量评价，并要求不同调查区尽量采用统一定量评价的标准，以便在评价过程中进行比较。

（二）生态旅游资源评价的内容

生态旅游资源评价，与一般旅游资源评价工作一样，需要采用一定的价值标准，按照不同的层次评价，最终达到比较决策的目的。由于生态旅游资源的重要属性就是吸引生态旅游者，其吸引力的大小，不仅仅取决于旅游资源个体本身，而且还应包括资源间的组合状况和可开发利用程度。因此，对于特定区域而言，生态旅游资源的评价是对区域生态旅游资源开发和利用价值的综合评价。因此评价内容应该是全方位的、多角度的，包括个体评价、系统评价和开发条件评价等三个方面。

1. 生态旅游资源个体评价

生态旅游资源个体评价是对生态旅游资源个体本身的特征进行的评价。区域生态旅游资源的价值突出表现在由诸多要素构成的整体资源系统的功能上。资源个体品质是区域资源系统中的子系统或者构成要素。一方面，作为子系统的资源个体受区域资源整体及其环境的支配与制约；另一方面，又具有相对独立性，即资源个体品质是资源个体本身质的规定性，无论哪种组合，亦不论所处环境和开发条件优劣，这种独立性都不会改变。因此，区域生态旅游资源评价首先应该是对生态旅游资源个体的评价，生态旅游资源个体评价是其他评价的基础。其内容主要包括生态旅游资源个体（类型或组合）的性质、状态、组成、形成与演化、旅游价值、保存状况等，其中价值标准是个体评价的基本内容和最终结果，而性质、组成和状态等项目作为生态旅游资源调查的基本内容之一则为价值评价的基础和前提条件。评价个体品质价值的标准是多方面的，如美学标准、社会文化标准、历史标准和科学标准等。对于一定区域特定的生态旅游资源来说，很难用一种标准对其进行客观的评价，必须根据生态旅游资源的种类和特征，确立主导评价标准，并综合考虑资源的其他价值，比较分析每类旅游资源的特点及其用于旅游业的方式和重要性程度。从而为生态旅游资源的合理开发利用提供科学依据。

2. 生态旅游资源系统评价

所谓生态旅游资源系统评价，是对生态旅游资源进行系统的、综合的评价。评价该资源在区域（包括全国）资源系统中的地位、类型组合与地域组合和级别配置关系等,也就是评价与区域内(包括全国)同类资源相比所具有的重要程度,同区域内其他资源个体的关联性与功能互补性,实际上也就是生态旅游资源的吸引力评价,其评价对象以地域为基础,根据规划需要可大可小。任何区域内众多生态旅游资源都不是孤立存在的,它是整个区域乃至全国旅游资源的构成部分,是整个区域乃至全国旅游资源系统中的子系统或者构成要素。它同其他旅游资源之间相互联系、相互依存、相互制约,共同构成区域乃至全国旅游资源的整体。单纯以生态旅游资源为凭借的旅游业不能孤立存在,生态旅游资源的开发利用同样不能各自为战、单打一或者大而全、小而全的发展模式,必须将本地区生态旅游资源放在更加广阔的时空中去认识、去把握。因此,作为为开发利用服务的生态旅游资源评价,仅仅把握其个体品质是不够的,还应考察各种生态旅游资源在整个区域内的组合关系,即进行生态旅游资源系统评价。

3. 生态旅游资源开发条件评价

生态旅游资源开发条件评价指的是对生态旅游资源系统以外的,对其开发、利用产生制约和影响的全部要素的分析过程。作为整体的区域生态旅游资源同所处环境间具有物质、能量与信息联系,在评价体系中生态旅游资源开发条件的评价是不可缺少的。这些开发条件包括资源的位置与交通通信条件、城市依托条件、社会基础设施、区域经济发展水平、投资与施工条件、开发区环境容量和国家与地方关于旅游资源开发的法规、政策等。这些开发条件是彼此关联、相互影响的,优越的生态旅游开发条件不仅取决于各项条件的优劣,更取决于各项条件的相互组合及其在未来区域旅游经济发展中的制约地位与变化态势。评价开发条件要坚持综合分析、动态分析的原则,从现实开发条件入手,着眼于各项因素的未来发展,并将其有机地结合起来。同时,评价者应一切从实际出发,善于在全面分析基础上,把握主导因素并做深入分析,确立生态旅游资源开发条件的优势与劣势,同生态旅游资源个体评价与系统评价一起,为区域生态旅游产品的定位和全部开发战略的选择提供科学依据。

综上所述,生态旅游资源的个体评价、系统评价与开发条件评价相互依赖、相互影响,共同构成旅游资源的评价体系。个体评价相当于系统内部要素的分析过程,是全部评价的基础和重要组成部分,系统评价和开发条件评价相当于系统的结构分析和系统环境分析过程,是对“基础评价”的拓展与深入。

(三)生态旅游资源评价方法

1. 定性评价

定性评价是基于评价者(生态旅游者或专家)对于生态旅游资源的质量根据个人综合体验而进行的,它以美学理论为基础,用审美观点评价其观赏价值、文化艺术价值和科学保护价值,用文学描述加以区别。该方法比较简单易行,经常被采用,但由于缺乏具体的量化指标,受主观因素影响大,故评价结果比较粗放,不够准确。如1991年原国家旅游局主持的"中国旅游胜地40佳"评选。

(1)视觉景观质量评价方法

目前国际上景观规划界经常采用的视觉景观质量评价方法是定性评价的一种,可以用来评价作为生态旅游资源的景观的美学价值。在这里,景观是指"地形和地表形成的富有深度的视觉模式",它的价值表现在"景观所给予个人的美学意义上的主观满足"。评价公认的有专家学派、心理物理学派、认知学派和经验学派等四大学派。此外,有的学者认为由于环境生态学界和社会文化界对于风景的日益关注,所以还存在环境学派和景观文化艺术论这两大阵营。由于这类评价是在一般体验性评价基础上的深入对比分析,结果具有较好的可比性,较为广泛地应用于自然风景的美感质量评价中。

(2)景观要素分类评价方法

生态旅游地的景观要素一般按山、水、气、林及人文等分类。评价者按照这一分类系统依次对上述景观要素进行描述。如陕西省林业厅冯书成及西北林学院刘晓凡曾提出如下景观要素分类评价方法。

①山雄峰奇

如生态旅游地张家界,境内岩性为硬质石英砂岩,经千百万年流水切割,峰峦拔地、耸穿云天、峭壁万仞、气势浩然、上锐下削、姿态万千、雄伟神奇、步移景换。形成了造型奇特的金鞭岩、夫妻岩、千里相会、定海神珍、南天一柱、望郎峰、雾海金龟等景观。

②碧波浩渺

如以水、岛、林为特点的生态旅游地千岛湖,水域面积达550平方千米,澄碧的湖水淹没了山体,形成了星罗棋布的1 078座岛屿。百里松涛绿染的千岛,鳞光闪耀的万顷碧波,湖周群山,水中千岛,苍翠葱郁,烟波浩渺,湖光山色,波光潋滟,组成了一幅优美绝佳的江南山水画卷。主要景点有风光绮丽、秀丽多姿的姥山岛、玉龙岛、龙山岛、桂花岛、猴岛、蛇岛、鹿岛等。

③天象奇异

许多生态旅游地都有变幻莫测的云海、雾海,奇异美丽的日出、日落、佛光,玲珑剔透的天然冰雕、冰挂、雾凇、积雪,奇特神妙的海市蜃楼、佛光等天象景观,吸引着大批国内外游客。如太白山的太白积雪六月天、板寺云海、太白宝光,安徽琅琊山的海市蜃楼,陕西终南山的五台佛光等。

④林野物丰

如秦岭主峰太白山,因地处我国南北方自然分界线和生物物种南北交汇带,故生物种类特别繁多,资源尤为丰富,植物垂直分布带谱明显。依海拔高度,自下而上分布着侧柏栓皮栎景观带、松栎景观带、桦木景观带、冷杉景观带、落叶松景观带和高山草甸灌丛景观带。这里分布有种子植物、苔藓植物 1 852 种，其中观赏植物 420 种，还有大量菌类、藻类植物。野生动物有 264 种，其中鸟类 172 种，兽类 55 种，两栖、爬虫类 37 种，森林昆虫 1 690 种。属国家重点保护的二、三级珍稀濒危植物 25 种，一、二类珍贵野生动物 9 种，被人类誉为“天然植物园”“天然动物园”等。

⑤人文古老

即人文景物众多，历史悠久，工艺精湛，价值连城。如安徽滁州琅琊山因西晋末年琅琊王司马睿(后为东晋元帝)驻此而得名，古时为蓬莱之后无别山，琅琊寺、醉翁亭、丰乐亭，集唐、宋建筑之大成，历来为建筑家、鉴赏家所称道，闻名遐迩。唐、宋、明、清历代著名文人墨客多到此游历并留下大量诗文、摩崖石刻，其中以欧阳修《醉翁亭记》《丰乐亭记》碑最为名贵。

上述个例评价均属生态旅游地的景观类型评价内容，它对每一个生态旅游地均有参考价值，不过在评价新的生态旅游地时，必须坚持实事求是的原则，使评价结论既不夸大也不缩小，力求描写得恰如其分。

2. 定量评价

生态旅游资源定量评价是为了弥补定性评价主观判断的缺陷，而采用的一种数量化评价方法。使用这种方法可以运用计算机对评价因子实行量化，从而为生态旅游地的等级划分提供客观的科学依据，使生态旅游地如自然保护区、森林公园、风景名胜区的管理逐步走向科学化、标准化、规范化。

(1)技术性单因子定量评价法

技术性单因子定量评价，即在评价生态旅游资源时集中考虑某些典型关键因子，就这些关键因子针对确定的旅游项目进行适宜度或优劣评判。这类评价要运用大量技术性指标，这些指标有的是长期以来在实际工作中逐步积累的经验值，有的是通过科学实验得出的数值。对于每一项生态旅游活动，都会有一个或几个生态旅游资源要素对活动的质量起决定性作用。如对于滑雪来说，积雪厚度与地形至关重要；以避暑为目的的疗养院，气候因素非常关键；而从事海水浴的话，海滩和海水的状况是决定因素。这方面的评价实践已经不少，并对一些旅游活动项目的选址起到了很好的作用，如 Oliver 用温度 - 湿度指数和风寒指数来评价气候对人体的影响，美国土地管理局选用 7 个资源因素来评估海滨浴场。

下面介绍两类具有保健功能的生态旅游资源的评价方法。

①空气负离子

空气负离子被称为“空气维生素和生长素”，其保健作用和防治疾病功能逐渐被大家认同。实验研究证明，空气负离子可以加速呼吸道上皮纤毛的运动，使皮纤毛振动频率加快、增加血液中的氧含量，能抑制血液中的 5 - 羟色胺；空气负离子通过肺泡上皮层进入血液后，放出电荷，作用于血和胶体蛋白质，通过血脑屏障，进入脑脊液，直接影响中枢神经系统功能；能镇静、催眠、降低血压，还可以治疗哮喘、慢性支气管炎、烫伤、神经官能症、冠心病等。据研究,空气负离子对晚期癌症病人有一定治疗效果,无副作用。

自然界的空气负离子是在紫外线、宇宙射线、放射性物质、雷电、风暴、瀑布、海浪冲击下产生的,它不断地产生,又不断地消失,始终保持一个动态平衡状态。其在不同环境条件下浓度状况不一样。据观测,城市空气中的空气负离子浓度一般是0~200个/cm^3,多数情况下是100~200个/cm^3。森林比空旷地高,森林里一般是600~3 000个/cm^3,空旷地是200~600个/cm^3。瀑布、溪流旁负离子浓度高,通常情况下瀑布附近负离子浓度高达40 000~80 000个/cm^3。由于空气负离子与污染情况、人的体感舒适程度密切相关,是衡量空气环境质量的指标,而空气质量的好坏是激发旅游者开展旅游活动的因素之一,因此生态旅游资源开发评价中已把空气负离子作为必须考虑的因子。

对于空气负离子的评价,主要指标有:单极系数、重离子与轻离子比、Koch Water(英国)空气离子舒适带、Deleanu(德国)空气离子相对密度、空气离子评议系数。常用的是单极系数和空气离子评议系数。单极系数 $q = n^+/n^-$,其中 n^+ 为空气正离子个数、n^- 为空气负离子个数。有的学者认为 q 应等于或小于1,才能给人以舒适感;空气离子评议系数 $CI = n^-/(1\,000q)$,其与大气清洁度的关系见表3-1,CI值要大于或等于0.29,空气才属清洁。

表3-1 大气清洁度与空气离子评议系数(CI)

等级	最清洁	清洁	中等	允许	临界值
CI值	>1.0	1.0-0.7	0.69-0.5	0.49-0.3	0.29

根据森林环境中空气负离子的分布规律,石强等采用标准对数正态变换法,制定出森林环境中空气负离子浓度的分级评价标准,划分出临界浓度(400个/cm^3)、允许浓度(400~1 000个/cm^3)及保健浓度(>1 000个/cm^3)三个区间,以增强生态旅游规划与管理的科学性和可操作性,同时要求森林医院等疗养保健场所的空气负离子浓度达到保健浓度范围,才会取得较好的效果。

②植物精气

植物精气,又叫芬多精。1930年,苏联列宁格勒大学教授杜金博士研究发现,森林植物散发出来的挥发性物质能杀死细菌、病毒,于是他将这种植物的挥发性物质命名为"芬多精"。这些挥发性有机物主要是萜烯类化合物如单萜烯、倍半萜烯、双萜烯、三萜烯等。1980年,日本共立女子大学的神山惠山教授对森林植物精气的保健作用进行了系统研究,为植物精气的利用提供了科学依据。研究证明萜烯类化合物的生理功效有镇痛、驱虫、抗菌、抗组胺、抗风湿、抗肿瘤、促进胆汁分泌、利尿、祛痰、降血压、解毒、止泻等作用。但也有些植物释放出的挥发性物质对人体是有害的，在实际应用时必须认真鉴别，以筛选出其中对人体有益的成分。

人类利用植物精气已有数千年的历史，4 000 年前埃及人利用香料消毒防腐，欧洲人利用薰衣草、桂皮油来治疗神经刺激征，我国 3 000 年前就有人利用艾蒿沐浴或熏身，以洁身去秽和防病。为了克服“文明病”“忙人病”，近代日本开展的“森林浴”“森林健康医院”，德国开展的“森林地形疗法”等都是对森林环境和植物精气的利用。中南林学院森林旅游研究中心分析测定了 100 多种树木的叶、花、木材所放出的精气成分与人体健康的关系，给植物精气的开发利用奠定了基础。

对植物精气这种重要的生态旅游资源进行评价，首先是调查清楚规划区域的主要树种，其次是对调查树种及其周边的空气进行采样，并对样品进行实验分析，测定精气的组成物质及其浓度，最后根据调查区域的植物精气的赋存状况提出开发利用措施，如果有对人体有害的物质存在，一定要提出治理办法，使之成为一个保健疗养的理想场所。如吴章文等在 1998 年 4 月对北京市小龙门森林公园的某槲树林的植物精气进行调查评价，发现木材精气、叶精气中含有较多的萜烯类物质及其含氧衍生物，其中 α－蒎烯含量最高，在已知的成分中，α－蒎烯、柠檬烯、β－蒎烯、β－月桂烯、莰烯、肉桂烯、龙脑、樟脑等具有较好的保健功效，故该片槲树林可开辟为野营区、小木屋区、疗养院、森林医院、森林浴场等森林旅游活动场所。

(2)资产评估法

生态旅游地的生态环境有相当部分可以作为公共商品进行开发经营，其中有的可为旅游品使用，如开展森林浴、开辟新鲜林中空气呼吸场所等；有的可作为公共生活环境利用，如提供水源、洁净空气以及其他生态功能等。此外，它还为社会共有的珍稀动植物提供栖息生存环境，为人类生存提供生物多样性。所以，生态旅游地的生态环境既有非经营性资产，又有经营性资产。经营性资产如木材和林产品，可用消耗的实物量来表示；使用非经营性资产虽不消耗有形物质，但若过度使用，也会改变其性质和价值，因此这种使用也是一种间接经营方式，它不能直接用实物量来表示，只能用一种替代方法表示，如可供多少人同时疗养，可提供和涵养多少水源，可为多少种珍稀动植物提供生存空间等。由此可知，生态旅游地的生态环境具有价值特征，在使用中又具有商品和价格属性，因而可以作为资产进行评估和核算。

生态环境作为一种自然资源，在反复使用过程中，其系统会发生某些变化，如空气质量、水质、土壤质量恶化，林栖动物数量减少等。通过对环境资产的监测和核算，可以评价生态旅游地保护措施实施的效果，以便决定是否调整和制定不同的保护策略和应对措施。因此，对生态旅游地进行生态环境资产评估和核算，是保护各类生态系统的首要任务和前提。对生态环境进行资产评估，可采用以下两种方法。

①单项保健评估法

卫生保健评估值:生态旅游地的生态环境所产生的卫生保健效用,不仅对特定目的的游客有作用,而且对一般游客以及生态旅游区域内的乡镇居民也会产生作用。如游客在生态旅游地游览后,呼吸了大量带有负氧离子和少菌洁净的空气,对身体非常有益,这些高质量的空气对一些轻微疾病的辅助治疗也很明显。生态环境的这种疗养价值在理论上可参照下式进行测算:

生态环境疗养保健价值 = 评估区总面积 × 可供疗养的人数 × 每年每人的疗养费

游憩娱乐价值评估:生态旅游地以优良的生态环境吸引游客,这种因旅游而形成的产值即为游憩娱乐价值,如森林度假、避暑等。评估游憩娱乐价值的方法主要有两种:

一种是旅行费用法(TCM),其计算公式为:

生态环境游憩娱乐价值 = 预测的年游客总数 × 平均每位游客在评估区内支出的费用

另一种是条件价值法(CVM),其计算公式为:

生态环境游憩娱乐价值 = 游客总数 × 平均每位游客愿意为生态旅游支付的费用

使用第二种方法时要广泛调查、取样。其优点是能较真实地反映某一时期内某生态旅游地的真正游憩娱乐价值,但缺点是工作量太大。

遗传保护值评估:典型的生态环境不仅能为游人提供旅游服务,而且能有效地保护包括珍稀动植物在内的自然资源。这部分资源既要为现代人所利用,又要为子孙后代提供享受生态功能的权利,因此被称为世界公众遗产。任何一种珍稀动物或植物均应有一个稳定的生态环境系统,否则它是难以保存下去的,生态旅游地的这种遗产保护功能亦是一种资产。随着世界上物种种群的迅速减少,残留在自然界中的物种个体的价值则日益增加,如何评估生态环境的遗传保护价值,目前主要有自愿支付法和替代法两种。

自愿支付法:指为了保持和维护生态旅游地环境系统内的珍稀动植物,政府或民众(纳税人)愿意为此支付的费用。其计算公式为:

环境资产的遗产保护值 = 政府为保护遗产支付的政策投资 + 社会其他团体与个人为保护遗产而愿意支付和分担的费用

替代法:指在自然环境下,为了保护某些生物物种而应投入的费用。

生物多样性保护值评估:保护生物多样性是全世界人民的目标,也是人类发展和生存的最佳选择。各类生态环境为保护生物多样性提供了最佳手段和方法,其保护价值不仅很高,而且不可替代。但要准确地评估生态环境的这种保护价值,在目前还是很困难的,一般参照上述自愿支付法和替代法来进行。

生态补偿机制：生态补偿机制是以保护生态环境、促进人与自然和谐为目的，根据生态系统服务价值、生态保护成本、发展机会成本，综合运用行政和市场手段，调整生态环境保护和建设相关各方面之间利益关系的一种制度安排。主要针对区域生态保护和环境污染防治领域，是一项具有激励作用、与“污染者付费”原则并存、基于“受益者付费和破坏者付费”原则的环境经济政策。主要有政府与市场两种途径。

②整体环境评估法

在生态旅游区建设中，往往要涉及参与旅游地投资的各种股份制经营及资产权属转移等问题，对生态旅游地的环境资产进行评估就成为一项特别重要的工作。整体环境评估法目前多采用模糊综合评判法，即专家评判法：首先成立评估小组，由协议双方及专家组成，确定评估项目、内容和期限。然后对不同评估人的评估值进行多次反复评估后，最后得出一个综合评估值，然后由专家组集体认定，协议双方确认。用同样方法可对经营一段时间后的环境资产进行核算，以确定环境资产的增减，从而评估经营效益是否以牺牲环境为代价。

3. 定性与定量相结合的评价方法——层次分析法

层次分析法是根据风景评价专家学派的理论，结合生态旅游地的特点，对其生态资源进行的定性与定量相结合的评价方法。

具体操作程序是将生态旅游资源分成风景资源质量和环境质量两大部分，其中风景资源质量分为山景、水景、气景、林景、生物物种及人文景观等项目；环境质量分为空气负离子含量、空气细菌含量、大气质量、地表水质量、土壤质量、放射性辐射强度、旅游舒适期等项目，评价者可根据自己制定的标准或对比性感受予以一定分值。如果要评价一个完整的生态旅游地，则需将上述各项目的分值加总。由于各评价者所拟的评价因子不同，故所给分值也不同。一般多采用百分制，将生态旅游资源和环境质量分值与旅游条件分值先分成一定的比值，如资源与环境部分占 80 分，旅游条件部分占 20 分，两大项共计 100 分。

该评价方案的评价细则为以下内容。

(1) 自然资源

①山体(6 分)

——1 分：常见山体或无山体景观，坡度平缓，造型一般，大多为丘陵地貌，海拔低于 500 米，相对高度低于 200 米，坡度小。

——3 分：低山地貌，海拔 500 ~ 1 000 米，相对高度 200 ~ 500 米，坡度小于 30°，最陡处小于 45°，山势有一定起伏，山峰环抱，具有一定的雄伟、秀丽之感。

——5 分：中山或高山，海拔高于 1 000 米，相对高度高于 500 米，山体雄伟，山势陡峻，一般大于 45°，险峻处大于 60°，具有雄伟、秀丽之感。

——6 分：奇特山体，罕见地貌，山势造型奇特，岩石千姿百态，山峰石柱自成一景，景观具有雄、奇、险、秀之感。

②水体（5 分）

——1 分：小面积水体，形态与水质一般，不具动态美，声、色、景一般。

——2 分：小面积水体，水质清纯，具有一定的动态美和声音美，但形态单一，水体不丰富，如小溪，山泉。

——3 分：较大面积的水体，有较优美的动态水景，水质清纯，声音动听，有较美的倒影，如大的清潭、溪流、小瀑布、水池等。

——4 分：大面积的水体，面积在 100 平方千米以上。或有流量大、落差大的动态水景；或湖光山色相互辉映，色彩丰富；或气势磅礴，波涛滚滚，如湖泊、大瀑布、河流等。

——5 分：有广阔的水面，面积在 1 000 平方千米以上。或有大江、大河从境内流过；或有规模庞大、全国闻名并形成奇观的大瀑布群；或邻近大海，海岸曲折，水面壮阔。

③植被（4 分）

——1 分：植物群落结构简单，林相单一，多为人工纯林，层次少，色彩树种少，季相色调单一。

——2 分：植物群落结构较复杂，多为人工混交林，层次 2 ~ 3 层，林相和季相有一定的变化，但不够丰富。

——3 分：植物群落结构复杂，有部分天然次生林，人工林大多为混交林，层次 3 ~ 4 层，季相色彩较为丰富。

——4 分：植物群落结构很复杂，森林植被以大面积原始次生林为主，层次达 4 层以上，林相丰富，四季色彩绚丽缤纷，各具特色。

④动物（3 分）

——1 分：种类少，在 100 种以下，多为常见野生动物。

——2 分：种类较多，有 100 ~ 150 种，国家和省级保护种在 3 种以上，有一定的食用、医疗、科学及观赏价值。

——3 分：种类多，有 150 种以上，其中国家重点保护种在 3 种以上，形态可爱，有很高的食用、医疗、科学及观赏价值。

⑤天象（3 分）

——1 分：一般天象，无天象奇观。

——2 分：美丽的天象，有较高的观赏价值，在当地有一定的知名度。

——3 分：天气现象与自然山水相结合，形成美丽、奇特的天象，具有很高的观赏价值，知名度很高。如泰山的日出、黄山的云海等。

⑥特异性（7 分）

——1 分：少见，有自己的特色，在当地有一定的知名度。

——2 分:省内少见,有鲜明的特色,在省内有很高的知名度。

——5 分:国内罕见,在国内有很高的知名度。

——7 分:世界罕见,成为世界奇观,在国际上有很高的知名度,如桂林山水、黄山等。

⑦森林生态环境(37 分)

森林覆被率(6 分)

——1 分:森林覆盖率小于 60%。

——2 分:森林覆盖率大于、等于 60%,

——3 分:森林覆盖率大于、等于 70%,

——4 分:森林覆盖率大于、等于 80%,

——6 分:森林覆盖率大于、等于 90%。

木本植物(4 分)

以秦岭及淮河为南北分界线,以其木本植物种类数为评分依据。

——1 分:南方小于 300 种,北方小于 150 种。

——2 分:南方大于、等于 300 种,小于 500 种;北方大于、等于 150 种,小于 250 种。

——3 分:南方大于、等于 500 种,小于 1 000 种;北方大于、等于 250 种,小于 500 种。

——4 分:南方大于、等于 1 000 种;北方大于、等于 500 种。

环境质量(27 分)

大气质量(5 分)

——0 分:未达国家大气质量三级标准。

——1 分:达到国家大气质量三级标准。

——3 分:达到国家大气质量二级标准。

——5 分:达到国家大气质量一级标准。

地表水质量(5 分)

——0 分:未达到国家地表水质量三级标准。

——1 分:达到国家地表水质量三级标准。

——3 分:达到国家地表水质量二级标准。

——5 分:达到国家地表水质量一级标准。

土壤(3 分)

——0 分:土壤化学污染较严重。

——1 分:土壤化学污染较轻。

——3 分:无化学污染。

空气负离子含量(4 分)

——0 分:主要接待区和主要景点空气负离子含量小于 1 000 个/cm^3。

——1 分:主要接待区和主要景点空气负离子含量大于、等于 1 000 个/cm^3,小于 3 000 个/cm^3。

——2 分:主要接待区和主要景点空气负离子含量大于、等于 3 000 个/cm^3,小于 10 000 个/cm^3。

——3 分:主要接待区和主要景点空气负离子含量大于、等于 10 000 个/cm^3,小于 50 000 个/cm^3。

——4 分:主要接待区和主要景点空气负离子含量大于、等于 50 000 个/cm^3。

空气细菌总数(主要接待区和主要景点)(3 分)

——0 分:空气细菌总数大于、等于 50 000 个/cm^3。

——1 分:空气细菌总数大于、等于 10 000 个/cm^3,小于 50 000 个/cm^3。

——2 分:空气细菌总数大于、等于 1 000 个/cm^3,小于 10 000 个/cm^3。

——3 分:空气细菌数含量小于 1 000 个/cm^3。

舒适旅游期(5 分)

——1 分:舒适旅游期小于 150 天/年。

——2 分:舒适旅游期大于、等于 150 天/年,小于 170 天/年。

——3 分:舒适旅游期大于、等于 170 天/年,小于 190 天/年。

——5 分:舒适旅游期大于、等于 190 天/年。

放射性辐射强度(2 分)

——1 分:个别地段及局部点块放射性辐射强度超标,但经过安全处理后不影响旅游。

——2 分:放射性辐射强度在国家规定的允许范围内。

(2)人文资源(15 分)

①历史古迹(5 分)

——0 分:无历史古迹。

——1 分:为一般历史古迹,未被列入重点保护名单。

——3 分:有一定影响,被列入省级以下(含省级)重点保护名单。

——5 分:影响较大,被列入国家级重点保护名单。

②宗教(5 分)

——0 分:无宗教影响。

——1 分:有一定宗教影响,但宗教活动规模及宗教建筑规模小。

——3 分:宗教影响较大,有一定建筑规模,宗教活动、仪式较隆重。

——5 分:宗教影响大,建筑宏伟,宗教活动多,仪式隆重,参加群众多。

③民俗风情(5 分)

——0 分:民俗风情无特色,对游人没有吸引力。

——1 分:民俗风情有地方特色,对游客有一定吸引力。

——3 分:民俗风情有鲜明的地方特色,对游客有较大的吸引力。

——5 分:民俗风情有浪漫的地方特色,其服饰、建筑、节日庆典等在国内有较大的影响,对游客有强烈的吸引力。

第二节 黑龙江省旅游环境

一、黑龙江省的自然地理环境

黑龙江省位于东经 121°11′~135°05′,北纬 43°26′~53°33′,是中国位置最北、纬度最高的省份,也是我国的最东北部。北部漠河称为“中国北极村”,东端的抚远市乌苏镇被称为“东方第一镇”。北部、东部以黑龙江、乌苏里江为界,与俄罗斯相望;西部与内蒙古自治区毗邻;南部与吉林省接壤。黑龙江省土地面积 47.3 万平方千米,占全国土地总面积的 4.9%。黑龙江省地处边境地区,边境线总长 3 045 千米,全省有 25 个开放口岸,在我国沿边开放中占有独特的地位,是我国乃至亚洲和太平洋地区陆路通往俄罗斯和欧洲大陆的重要通道。它的这一地理位置,在东北旅游区乃至全国旅游区形成和发展过程中具有重要的地位和作用,具有其他省市无法比拟的优越条件。

(一)地质地貌条件

黑龙江省幅员辽阔,地形复杂,主要由低矮的山地、宽广的平原、平浅的河谷所构成。山地占全省面积的 58%,海拔大都为 300~1 000 米;平原占全省面积的 28%,海拔在 50~200 米。黑龙江省基本地貌特征是“五山一水一草三分田”,表现为南北两大山地,东西两大平原,山势缓和,平原广阔。山地和平原的分布,构成了黑龙江省西北部、北部和东南部高,东北部、西南部低的地势。

黑龙江省西北部有大兴安岭山地,北高南低,东陡西缓,整体起伏和缓,大白山是大兴安岭北段最高峰,海拔 1 528.7 米。北部冻土地貌广布而典型,有小兴安岭山地,山势低缓,表现出侵蚀、剥蚀的山地、丘陵形态,其间分布的五大连池火山群极具特色,有“世界火山博物馆”之称。小兴安岭东南山地由一系列山地与宽谷盆地相间构成,山势低缓,主要有张广才岭、老爷岭、太平岭和完达山等山地,其中张广才岭山势较为险峻。东南山地的火山地貌特色明显,发源于山地的河流水流湍急,局部地区切割成谷,景观不俗。以上山地景观构成了黑龙江省的山地骨架,对全省起到了屏障、闭合的作用。西南有嫩江,松花江南北斜贯全省,形成东北部三江平原、西南部松嫩平原,其表现特征均为地势低平。松嫩平原还有较为广泛的山前台地平原,逐步向平原中部过渡,三江平原几乎没有台地部分,地势更加低洼平展。两大平原腹地都分布有广阔的湿地沼泽和众多的河流及平浅的宽谷,分别向我国内陆腹地和俄罗斯展开,形成了便利的国内、国际联系。东南还有兴凯湖。

(二)气候条件

黑龙江省由于所处纬度高,位于中温带和寒温带,是全国平均气温最低的省份,也是冬季全球同纬度最冷的地区。年平均气温 -4 ~4 ℃,年平均气温 0 ℃的等值线在全省的中部穿过,无霜期为 100 ~140 天。黑龙江省冬季严寒而漫长,0 ℃以下的寒冷期可以持续半年以上,最冷月气温全省均在 -14 ℃以下,大兴安岭地区最冷,气温常常低于 -30 ℃。

黑龙江省属高纬度大陆性季风气候,四季分明,景色宜人。潮湿的东南季风带来了较为丰沛的降水。年均降水量在 450 ~650 毫米,其中小兴安岭和张广才岭降水偏多,形成伊春 - 五营和尚志 - 五常两个最大的降水中心,年降水量超过 650 毫米。黑龙江省是全国降雪日数最多,降雪时间最长,积雪厚度最大的区,降雪日数一般达 30 天左右。大、小兴安岭,三江平原东北部等地降雪日数可达 40 天,两个降水中心可达 60 天。全省平均积雪天数大都在 140 天以上,积雪厚度平原一般在 10 ~20 厘米,山地在 20 厘米以上,最厚的山地(如尚志、伊春市)可达 40 厘米以上。一般河流封冰期均在 130 天以上,冰厚平均为 80 厘米,最厚可达 1.5 米。

黑龙江省的低温、多雨,使不少地区的生物环境十分优越。小兴安岭山地、三江平原东部、大兴安岭山地南部地区,湿润系数在 1.0 以上,为湿润区。五营附近是黑龙江省最湿润的地区,湿润系数为 1.3,其湿润区面积也最大,成为黑龙江省森林覆盖面积最多的地方。松嫩平原和三江平原地区湿润系数较小,是半湿润区,那里有大面积草原和湿地。

(三)土地和矿产资源

黑龙江省土质肥沃,地势平坦,耕地连片,水源充足,具有发展农业生产的良好自然条件。全省农用耕地面积 9.6 万平方千米,是全国耕地最多的省份,人均占有耕地合 5 133.33 平方米/人。黑龙江省国营农场最多,113 个大型国营农牧场拥有耕地 2.07 万平方千米,占全省的 21.5%,占全国国营农场的 4.3%。

黑龙江省境内地貌类型多样,地质构造复杂,为各种矿产资源的形成创造了有利条件。黑龙江省是矿产资源大省,全省矿产储量丰厚,可开发利用的物产众多。在已查明的 135 种矿产(含亚矿种)资源中,探明储量的 84 种(含亚矿种),居全国首位的有石油、石墨、矽线石、颜料黄黏土、长石、铸石用玄武岩、岩棉用玄武岩、火山灰、玻璃用大理岩和水泥用大理岩 10 种；位居全国第 2 位的有铼、硒、玻璃用脉石英、陶粒用黏土等 4 种；位居全国第 3 位的有金、泥炭、熔炼水晶、沸石、饰面用辉长岩和珍珠岩等 6 种，全省 64 种主要矿产资源保有储量的潜在总价值为 14 286.1 亿元人民币。

石油、煤、金、石墨等优势矿产资源众多。石油集中分布在西部的大庆地区；煤主要分布在东部的鹤岗、双鸭山、鸡西、七台河一带，西北部黑宝山地区也有煤藏；金分布在大兴安岭和黑龙江沿岸地区，其他有色金属主要分布在北部地区；非金属矿分布较广、矿种繁多，遍布全省。煤炭资源种类全，质量佳。东部以烟煤为主，主要煤种是炼焦煤和动力煤，还有国内稀缺的主焦煤。西北部以褐煤为主。石墨年采量达 6 万吨以上，其中 70% ~80% 产品销往国外，是重要的创汇产品。

（四）水利资源

黑龙江省水利资源居“三北”之首。黑龙江省较多的降水和较低的蒸发量，保证了本地区丰富的地表水和地下水资源。地表径流与降水形势有关，径流深度一般为 300 ~200 毫米以下。但有些山地却较高，如伊春、方正一带为 300 ~400 毫米。全省不但地下水资源丰富，而且水质也较优良，为旅游开发创造了条件。

黑龙江省境内江河纵横，黑龙江及其两大支流松花江和乌苏里江、大小湖泊形成的稠密水文网，是构成旅游资源的重要组成部分。黑龙江省有湖泊 6 093 个，其中天然湖泊 6 026 个，水库 87 座。天然湖泊中，大型湖泊有 65 个，总面积为 35 010 平方千米，占湖泊面积的 75%。主要湖泊有兴凯湖、镜泊湖、五大连池、连环湖、莲花湖、扎龙湖等。黑龙江省泉水和地下水资源也十分丰富，五大连池的冷矿泉和林甸的温泉极富特色。

众多的江河湖沼和水库塘堤，栖息着上百种观赏与食用鱼类，有兴凯湖的大白鱼、乌苏里江的大马哈鱼以及内河中的“三花”“五罗”等。密集的江河湖泊，已初具防洪、灌溉、供水、发电、航运、养鱼等资源综合开发利用能力。

（五）生物资源

黑龙江省林区繁衍着种类繁多的珍禽异兽，其中有东北虎、马鹿、驼鹿、梅花鹿、黑熊、青羊、水獭、猞猁等 20 余种大型哺乳动物；有榛鸡、雷鸟、松鸡、鸳鸯、丹顶鹤、白鹳等 300 多种鸟类；有 100 余种淡水鱼类。这些动物中有国家一类保护动物 7 种：东北虎、丹顶鹤、苍鹭、白鹤、白鹳、黑鹳、梅花鹿；二类保护动物 15 种：驼鹿、狼獾、兔狲、金钱豹、原麝、白枕鹤、白头鹤、大天鹅、小天鹅、疣鼻天鹅、鸳鸯、中华秋沙鸭、马鹿、猞猁、细嘴松鸡；三类保护动物 12 种：雪兔、黑琴鸡、紫貂、伶鼬、青羊、白鼬、金雕、白琵鹭、玉带海雕、白尾海雕、花尾榛鸡、大鸨。

黑龙江省野生植物资源丰富，是全国最大的林区和木材生产基地，全省林地面积23.34万平方千米，占全省土地面积的2/3，其中林地面积16.72万平方千米，森林覆盖率达43.6%。黑龙江省的森林，广泛地分布在大、小兴安岭，完达山、张广才岭和老爷岭等山区，有国家级珍贵保护树种10种：黄菠萝、红松、樟子松、紫松、兴凯湖松、钻天柳、核桃楸、水曲柳、山槐、蒙古栎；另外还有白桦、兴安落叶松、冷杉、云杉、山杨、紫椴等优良树种。其中红松、落叶松、樟子松、水曲柳、黄菠萝、核桃楸等是国内少有的珍贵树种。小兴安岭的红松林、红松针阔混交林、大兴安岭的兴安落叶松林、东南山地的温带针阔混交林等各具特色，更有世界闻名的火山口“地下森林”。

黑龙江省是全国10个拥有大草原的省份之一，松嫩平原以温带半湿润森林草原、草甸草原景观为主，草甸草原的“五花草塘”和西部的榆树疏林草原别具特色。三江平原的沼泽草甸最为典型。黑龙江省是全国沼泽湿地分布最广的地区，主要分布在松嫩平原、三江平原和大小兴安岭山谷山腰地区，主要湿地有扎龙湿地、逊河地区、三江洪河地区、兴凯湖地区、连环湖地区等。

二、黑龙江省的人文地理环境

（一）疆域变迁

黑龙江省早在旧石器时代晚期，就已经有原始人类的活动。历经各代封建王朝的兴亡、地方民族政权的演替，黑龙江地区的疆域也在不断发生变化。了解这一变化，对于建立旅游环境与人文生态旅游资源深层次开发的关联，有重要作用。

从先秦以前在黑龙江地区生息的古代民族，一直到清朝，其活动和管辖的范围很广。主要在黑龙江流域至俄罗斯滨海地区，呼伦贝尔市东部与大兴安岭山脉以及小兴安岭以南的松嫩平原一带。公元762年建立的渤海国，是隶属于唐朝的地方民族政权。其辖境北接黑水靺鞨，东抵日本海，南至今朝鲜咸镜南道的龙兴江，以及松花江以南的全部及下游以北的部分地区。公元10世纪初，契丹族建立的辽代女真，也辖及黑龙江中游、乌苏里江上中游、绥芬河流域，东抵日本海。公元12世纪初，女真完颜部建立了金朝，所辖范围在黑龙江及其附近地区，西抵嫩江流域，北到外兴安岭，东北达鄂霍次克海及库页岛，东临日本海，南至今吉林省公主岭市。公元13世纪，元朝统一中国，并加强了对东北边疆的管理。元朝时期，今黑龙江地区大兴安岭以东，一直到日本海区域，包括今俄罗斯滨海州和库页岛，北至外兴安岭的广大地区，均为其属地。明朝建立后，其辖境西起斡难河，东至库页岛，北达外兴安岭，南濒日本海。疆域包括了黑龙江流域和乌苏里江以东的广大地区。清代，黑龙江地区被视为清朝的“龙兴之地”，管辖范围西起贝加尔湖以东鄂嫩河，东部包括库页岛，北抵外兴安岭，东南到日本海，包括了整个黑龙江流域的广大地区。

17世纪中叶，沙皇俄国入侵我国黑龙江流域。1689年，清朝政府对沙俄做了重大让步，签订了中俄《尼布楚条约》，将贝加尔湖以东至尼布楚一带的中国领土割让给俄国，并明确划分了中俄两国东段边界，从法律上肯定了沿外兴安岭到鄂霍次克海以南、格尔必齐河和额尔古纳河以东的黑龙江和乌苏里江流域（包括库页岛）的广大地区都是中国的领土。19 世纪中叶，沙皇俄国再次通过武力逼迫清政府，分别于 1858 年和 1860 年两次签订了不平等的中俄《瑷珲条约》和《北京条约》，割占中国黑龙江以北、乌苏里江以东共 100 多万平方千米的领土。

黑龙江省几千年来，特别是 19 世纪中叶以来的疆域变迁，为一些旅游资源，特别是人文旅游资源赋予了丰富和深刻的内涵，其中包括以下几个方面：①人类文明进步与发展；②民族交流与融合；③历史与传统教育；④旅游市场的开拓。

1931 年"九一八"事变后，黑龙江省被日本帝国主义侵占。1945 年抗日战争胜利后，设有黑龙江、嫩江、松江、合江、牡丹江 5 省，不久后合为黑龙江、松江两省。1954 年合并为黑龙江省，省会设在哈尔滨市。截至 2019 年 8 月，黑龙江省现辖 2 个地级市、1 个地区行署；有 67 个县（市），其中县级市 21 个；有 891 个乡镇，其中乡 345 个、镇 546 个。

（二）民族文化

2020 年第七次全国人口普查，全省中汉族占全省总人口的 96.48%；各少数民族人口 11.2 万人，占全省总人口的 3.52%。少数民族分布在全省各地，杜尔伯特蒙古族自治县是全省唯一的民族自治地方，少数民族人口在万人以上的市县有 51 个，民族乡（镇）69 个，民族村 680 个。人口较多的少数民族有满族、回族、蒙古族、朝鲜族和达斡尔族；人口较少的少数民族有锡伯族、赫哲族、鄂伦春族、鄂温克族和柯尔克孜族等。

黑龙江省由于只有百余年的大规模人类开发历史，加之人口密度相对稀疏，故一些少数民族文化保存较为完好，保留下一些文化"孤岛"。这些保存较为完好的民族传统文化，在饮食、服饰、节庆活动等方面民族气息浓郁，旅游价值较大。如赫哲族、鄂伦春族、达斡尔族、柯尔克孜族、俄罗斯族、蒙古族等文化均保存完好。黑龙江省是金源文化的发祥地，哈尔滨市阿城区的上京会宁府是金朝的开国都城，在唐朝时期就建有著名的渤海国都城上京里龙泉府，历史地位重要；从黑土地走出的鲜卑人、契丹人、女真人、蒙古人、满族人都先后统治过中国大片山河，相继建立起庞大的王朝——北魏、辽、金、元、清朝，可见其历史文化积淀深厚并且影响广泛。黑龙江省也曾有多种外来文化涌入，俄罗斯、日本、朝鲜和西欧等国家和地区人口都曾进入到黑龙江流域，新中国成立前的哈尔滨被冠以"东方小巴黎"之称，曾有 20 余个国家设领事馆，就连小小的绥芬河市也曾有 20 余个国家设领事馆、办事处，悬挂着 18 个国家国旗，称为"旗镇"。多种文化的渗透留下了不同的印记，写在建筑、语言乃至文化氛围上。另外黑龙江省还有极富地方特色的龙江剧、二人转、拉场戏、东北大秧歌、东北高跷,以及少数民族舞蹈、说唱艺术等众多文艺项目。

三、黑龙江的经济地理环境

中华人民共和国成立后,黑龙江省已逐步建设成为国家重要的粮食、煤炭、石油、林业和机械工业基地。由于建国以来长期受计划经济体制影响,加之黑龙江省国有大、中型企业偏多等多种原因,导致黑龙江省在改革开放以来经济发展上一直位于全国各省区的后面,经济长期徘徊不前,发展乏力。近年来由于调整了发展思路,经济开始摆脱徘徊局面,走出了发展低谷阶段,出现了加快发展的势头。

经初步核算,2020 年全省实现地区生产总值(GDP)13 698.5 亿元,按可比价格计算,比上年增长 1.0%,超预期完成全年经济转正目标。粮食生产实现“十七连丰”,总产量达到 1 508.2 亿斤,占全国粮食总产的 11.3%,连续十年居全国首位。良好的经济发展形势无疑为黑龙江省生态旅游业的发展提供了包括投资建设、服务接待能力、交通运输条件及市场扩大等在内的有利的发展环境。

(一)工业基本情况

新中国成立以来,黑龙江省建立了以煤炭、石油、机械、森林工业、食品生产为重点的工业体系。经过五十多年的建设,黑龙江省发展成为以煤炭、石油、木材为重点的国家重要工业基地,形成了各具特色的工业中心,即以哈尔滨为中心的机械工业,以齐齐哈尔为中心的重型机械工业,以大庆为中心的石油工业,以鸡西、鹤岗、双鸭山、七台河为中心的煤炭工业,以伊春和大兴安岭为中心的森林工业中心。建成了富拉尔基第一重型机械厂(现中国第一重型机械集团)、齐齐哈尔第一机床厂与第二机床厂(现齐重数控装备有限公司与齐齐哈尔第二机床企业集团)、齐齐哈尔车辆厂(现中车齐齐哈尔车辆有限公司)、哈尔滨电机厂(现哈尔滨电机厂有限责任公司)、哈尔滨锅炉厂(现哈尔滨锅炉厂有限公司)、哈尔滨汽轮机厂(现哈尔滨汽轮机厂有限责任公司)、哈尔滨轴承厂(现哈尔滨轴承集团公司)、哈尔滨量具刃具厂(现哈尔滨量具刃具集团有限公司)等全国骨干企业。

2020 年,黑龙江省工业生产与效益同步较快增长。全年全省规模以上工业增加值比上年增长 3.3%,增幅高于全国 0.5%。重点行业支撑有力,装备工业增加值增长 13.5%,石化工业增加值增长 10.5%,食品工业增长 2.0%。

全省高新技术企业总数达到 1 932 家,同比增长 54%。全省新成立科技型企业 12 000 家左右。举办黑龙江省科技成果产学研金对接会,推介可产业化科技成果 96 项。全省共登记技术合同 5 127 项,成交金额 267.8 亿元。正威新一代新材料产业园、鲲鹏生态创新中心、哈尔滨工业大学人工智能研究院有限公司等落户哈尔滨新区。全省高技术产业投资比上年增长 11.7%。随着市场主体的不断壮大截至 2019 年,全省市场主体总量 263 万户,同比增长 6.7%。其中,企业 54.1 万户,增长7.6%；个体工商户199.4万户，增长6.9%。全年全省工业用电量598.5亿千瓦时，比上年增长2.0%。

货物出口保持增长，利用内外资实现双增长。据哈尔滨海关统计，全年全省实现进出口总额1 537.0亿元，比上年下降17.7%。出口产品结构不断优化，全年全省机电产品出口157.3亿元，比上年增长7.6%，占全省出口总额的43.6%；高新技术产品出口52.7亿元，增长69.4%，占全省出口总额的14.6%。全年全省新签利用外资项目113个，合同金额比上年增长19.2%。

（二）农业与林业基本情况

黑龙江省土地资源丰富，面积辽阔，具有配置协调的宜农平原、宜牧草原、宜林山地，为建立综合的现代化大农业提供了得天独厚的条件。全省土地总面积在全国居第6位，耕地、林地面积居全国首位，牧地面积居第7位，荒地面积居第3位。

黑龙江省土质肥沃，丰富，地势平坦，耕地连片，水源充足，雨热同季，热量相对一年一季种植制度还较充足，具有发展农业生产的良好自然条件，是我国重要的商品粮基地。粮食作物以大豆、小麦、玉米、水稻、高粱、薯类为主，其中大豆是我国最大的生产基地，经济作物主要为甜菜、亚麻、烤烟和油料，甜菜、亚麻、向日葵产量居全国首位。黑龙江省国营农场最多，103个大型国营农场拥有耕地2.07万平方千米，占全省的21.5%，占全国国营农场的4.3%。由于人口密度相对较小，故土地集约化经营程度高，黑龙江省是推行农业机械化较早、机械化作业水平较高的省份，三江平原建有国内机械化、现代化程度最高的大型农场。

黑龙江省人民政府认真贯彻落实《国务院关于加快推进农业机械化和农机装备产业转型升级的实施意见》（国发〔2018〕42号）精神，全力推动农业机械化和农机装备产业向高质量发展转型，重点发展大中型农机，鼓励发展高效专用农机，为实现农业农村现代化提供有力支撑。总体目标，2020年，全省农机总动力稳定在6 200万千瓦，农作物全程机械化生产体系基本建立，设施农业、畜牧养殖、水产养殖和农产品初加工机械化取得明显进展。主要农作物耕种收综合机械化率稳定在97%以上，100马力以上拖拉机保有量达到4.3万台。到2025年，全省农机总动力稳定在6 600万千瓦左右，农业机械化进入全程全面高质高效发展时期。农作物耕种收综合机械化率稳定在98%，100马力以上拖拉机保有量达到5万台。

黑龙江省草山、草坡、草原面积广大，资源丰富，为牧业发展提供了良好的牧场条件，黑龙江省是我国最大的乳品生产基地。黑龙江省森林面积广大，森工发展历史悠久，森林工业体系完善，大、小兴安岭是我国重要的林业基地。

（三）交通和通信情况

黑龙江省已经形成了良好的交通基础条件，已形成了以哈尔滨为中心，公路、水运、航空和管道四种运输方式齐备，连接省内外大中城市和主要经济区的综合交通运输网络。黑龙江全省公路总里程 165 989 千米。公路运输方面，2017 年，全省共有等级客运站 929 个，开通客运线路 6 502 条，年平均日发班次 2.1 万次，年平均日旅客发送量 56.1 万人，乡镇通班车率 100%，建制村通班车率 100%；开通国际运输客运线路 32 条、货运线路 34 条。

水运方面，全省航道里程 5 495 千米。主要河流有黑龙江、松花江、乌苏里江、嫩江及兴凯湖、镜泊湖等。其中，黑龙江（界河）1 861 千米，松花江 928 千米，乌苏里江（界河）455 千米，嫩江 950 千米。水运连接黑龙江、吉林、内蒙三省（区）的 9 市、55 个县（旗）和 70 多个农场、林场以及俄罗斯远东地区哈巴罗夫斯克、布拉戈维申斯克（海兰泡）、共青城（俄罗斯联邦哈巴罗夫斯克边疆城市）等大城市。通过江海联运，从黑龙江下游（俄境内）出海可直达日本、韩国、东南亚各国（地区）以及我国东南沿海港口。

城市客运方面，2017 年，全省城市公交专用车道总里程 117 千米。共有公交车 20 201 辆，运营线路总长度 29 070.1 千米，全年完成客运量 26.7 亿人。全省共有出租车 104 350 辆，全年运营里程 94 亿千米，完成客运量 32.2 亿人，全省共有城市客运轮渡船 36 艘，完成客运量 253.8 万人。

航空方面，截至 2019 年定期航班航线 369 条，其中国际定期航线 27 条，地区航线 1 条。国内开设的东营、济宁、淮安等东部沿海城市航线，基本覆盖国内省会城市和经济中心城市。国际开设的莫斯科、清州、台湾高雄等定期航线和大邱、釜山等包机航线，对俄航线已达 9 条。在国际方面，继续打造哈尔滨对俄远东地区门户机场，强化对俄运输的优势；继续发展对日、韩、东南亚及香港、台湾等国际、地区航线。国内方面，以南航、深航、川航等航空公司为主要目标，继续开展市场营销及运力引进，争取基地公司数量与规模快速提高。

黑龙江省通信基础网络已达到国际先进水平。建成了以哈尔滨为中心，联结中国及世界的立体化通信网络体系。《2019 黑龙江省互联网发展报告》发布，黑龙江省网民规模约 2 816.3 万人，微信、支付宝等应用程序覆盖率高，光缆线路总长度达到 127.4 万千米，基础电信业务对全省经济发展的支撑作用显著，固定宽带用户提速升级明显。目前黑龙江省数据信息通讯网无论在网络规模、覆盖范围、技术水平、服务质量等方面都已具备了向社会各界提供全方位、多层次、高质量的网络服务能力，实现了网络在人口、地域、业务种类三方面的完全覆盖。

（四）国内外贸易情况

据黑龙江省统计局统计，2020 年黑龙江省实现进出口总值 1 537 亿元，比上年下降 17.7%。其中，出口 360.9 亿元，增长 3.2%；进口 1 176.1 亿元，下降 22.5%。从贸易方式看，一般贸易进出口 1 205.9 亿元，下降 21.6%；边境小额贸易进出口 183.3 亿元，增长 9.7%；加工贸易进出口 83.6 亿元，下降 13.2%。从企业性质看，国有企业进出口 804.6 亿元，下降 28.3%；民营企业进出口 598.8 亿元，增长 2.9%；外商投资企业进出口 116.3 亿元，下降 8.0%。

全省机电产品出口 157.3 亿元，比上年增长 7.6%，占全省出口总额的 43.6%；高新技术产品出口 52.7 亿元，增长 69.4%，占全省出口总额的 14.6%。

招商引资方面。全省外资投资新设立企业 113 个；合同利用外资 24.2 亿美元，比上年增长 19.2%；实际利用外资 5.4 亿美元，增长 0.2%，其中，第一产业 103 万美元，下降 84.3%；第二产业 32 410 万美元，增长 12.7%；第三产业 21 921 万美元，下降 12.0%。全省新签约千万元及以上利用内资项目 1 080 个，比上年增长 89.5%；实际利用内资 1 221.2 亿元，增长 51.3%。

随着黑龙江省边贸的发展，黑龙江省对俄联系进一步加强，贸易商品种类和数量都不断增加，贸易的地区也不断扩大，并通过边贸辐射到世界更多的国家和地区。边贸发展也刺激了贸易商品的迅速发展。

从生态旅游环境上看，一方面黑龙江省正面临着一个千载难逢的机遇，下大气力开发生态旅游已是当务之急，如果与这一良好机遇失之交臂，旅游业将被远远地抛到后边，要想寻求到新的发展，必将付出更大的代价和努力，且损失是难以估量的；另一方面黑龙江省也面临着来自世界、亚太地区、我国其他省区旅游业迅速发展的竞争和挑战。面对现实，知彼知己，充分发挥自己的特色优势，参与竞争，寻找一条适应自己发展的有龙江特色的生态旅游发展之路则是完全可能的。

第三节　黑龙江省生态旅游资源现状

一、地文生态旅游资源

（一）黑龙江省地表形态和地貌格局的演变

黑龙江省的地表形态和地貌格局是历经数次地壳变动、岩浆活动和火山喷发，经过长期地质演变和地貌过程形成的。

经过古生代和中生代构造运动的抬升隆起，并伴随大规模的岩浆侵入，各山地的外形骨架逐渐形成。

大兴安岭自燕山运动后，在新生代经历了一个较长时间的构造稳定期，发育成准平原。老第三纪末期的喜马拉雅运动使大兴安岭沿北东向断裂隆起上升为山地，致使老第三纪的夷平面抬高到海拔为 600 ~ 1 100 米。起伏和缓的山地剥夷面，构成了大兴安岭和缓浑圆的现代山顶面。第四纪时期由于新构造运动的差异性，大兴安岭东西两侧上升的幅度不同，致使山地东坡较陡，并向东呈梯级下降，而西坡和缓倾斜，并逐渐过渡到内蒙古高原。同时，受强烈冰缘作用的影响，地貌变得复杂多样，冻土地貌颇为常见且较为典型。

小兴安岭山地，燕山运动期间断裂活动强烈，并伴有花岗岩浆侵入和火山喷发，此后成为大兴安岭和长白山之间的沉降地带，沉积了煤系地层并形成第三纪夷平面。喜马拉雅运动致使小兴安岭崛起形成北西向的山地。第三纪末及第四纪期间，火山活动频繁，并伴以玄武岩流的喷溢形成玄武岩台地，以及五大连池、科洛、二克山、尖山等火山群。

总之，大小兴安岭的普通山地形态较为平淡，地文景观类型不是很突出，但小兴安岭山地中的火山与熔岩景观因其新奇而成为重要的旅游资源，弥补了它的不足。东南部山地大部分时间也都处于隆升剥蚀状态，其中还产生一系列受北东向断裂控制的断陷盆地，其间伴有大量的中酸性火山岩浆的喷发，有大量玄武岩岩浆覆盖于老第三纪古夷平面之上，形成了大面积的玄武岩台地。这一带山地由于年降水量较多，河网较密，河水落差大，侵蚀作用强烈，致使地形破碎，山高坡陡，河谷的形态多呈“V”形。玄武岩的熔岩台地径流水长期切割，形成显著的平顶方山或弧丘。所以，小兴安岭这一带的山地旅游资源类型较为丰富。

与山地形态形成鲜明对比的松嫩平原和三江平原这两大平原，在黑龙江省构成了重要的旅游资源。它们是与山地同时演变并同时形成的。

松嫩平原属古生代的松辽凹陷。中生代燕山运动时期又加快了沉陷的步伐，沉积了厚约600米的湖相含油地层。新生代喜马拉雅运动使整个松辽盆地开始了整体上升，大规模的凹陷趋于消失。第四纪以后，随着松辽分水岭的隆起，松嫩平原开始成为相对独立的湖盆，形成今日松嫩平原的基本轮廓。目前的松嫩平原构成的旅游资源主要表现为两个方面：一个是壮观的低平原及伴生的浅水湖泡、大草原、苇林和野生动物栖居地；另一个是石油开发为代表石油文化提供的特有类型的旅游资源。

三江平原，在地质构造上是一个中、新生代连续的大面积沉降区。中生代燕山运动初期开始就处于大面积沉降状态，凹陷范围进一步扩大后，形成了兴凯湖断陷盆地。第四纪以来，平均沉降幅度为200米，最大沉降幅度达280米以上，形成全省最低的平原。由于河流的下切侵蚀作用微弱，因而易于泛滥、改道，并遗留有众多的牛轭湖与古河道，以及由大面积古河曲带发育而成的沼泽湿地。这些类型都可以转化成有价值的旅游资源。

（二）山地丘陵

山地与丘陵是黑龙江省旅游地域的主要组成部分，由西北到东南，山地与丘陵贯穿全省。受地域自然条件的制约，大兴安岭、小兴安岭及东南部山区表现为不同地貌类型特征。

1. 大兴安岭

西北部大兴安岭山地，属大兴安岭山脉北段，主要表现为中低山和丘陵，面积11.46万平方千米（包括属于内蒙古自治区、归黑龙江省管辖的大兴安岭地区），占全省总面积的23.99%。

大兴安岭全区海拔高度为300~1 400米，地势北高南低，东陡西缓，向东急剧过渡到松嫩平原，向西逐渐过渡到呼盟高原。山区地形的变化自西向东依次为：宽坦浑圆的中山、分割强烈的低山、平缓丘陵、强切割的台状丘陵。

大兴安岭山地起伏不大，山坡长而平缓，山峰多为古夷平面切割退缩而形成，山顶较平坦。北部为强寒冻剥蚀中低山区，海拔多在1 000米左右，相对高度一般在300米左右。大兴安岭呼中区的大白山是其最高峰，海拔1 528.7米。地形起伏明显，但山势和缓。山顶广布古新世兴安期夷平面，在地貌上表现为平坦的岭脊和近似等高的山峰。山体主要由中、酸性火山岩、花岗岩组成，在严寒气候条件下风化成土作用缓慢，土层一般都比较浅薄，仅20~50厘米，并夹有大量的岩屑和角砾。由于受强烈冰缘作用的影响，冰缘地貌及冰缘沉积物发育并颇为典型。由于多年冻土的存在，在河谷低洼地常形成大片的沼泽湿地。南部为低山丘陵，分布在黑龙江以西、嫩江以东的河间地带，海拔高度为350~700米，相对高度为100~200米。地势呈中间高、两侧低。中间即伊勒呼里山南延部分，是黑龙江和嫩江的分水岭。主要为低山，最高峰为大黑山，海拔867米。山地被河流切割较深，下游多呈“V”形谷，而中上游则为宽谷。东西两侧，地势较低，由低山逐渐过渡为丘陵，大部分为平缓丘陵，谷宽坡缓，沼泽广布，相对高度80~120米。南部低山丘陵山体多由古生代花岗岩及中生代中、基性火山岩组成，地貌的形成主要为中等的寒冻剥蚀，但往南流水侵蚀作用逐渐加强。

此外，在大兴安岭山前地带，靠松嫩平原西部边缘分布流水侵蚀丘陵，所占面积很小。丘陵沿河谷分布，山顶较平，峰峦较少，海拔高度为300~400米，最高峰碾子山，海拔509米。丘陵高度由西向东逐渐降低，丘体多为中酸性和中、基性火山岩，靠近大兴安岭的高丘起伏较大，河流切割强烈，多悬崖绝壁，而接近平原则逐渐减弱。

2. 小兴安岭

小兴安岭山地斜贯黑龙江省中北部，自伊勒呼里山向东南伸展，直抵松花江畔。南北长约450千米，东西宽约210千米，面积7.7万平方千米，占全省总面积的16.94%。小兴安岭山势低缓，海拔高度一般为600~800米，最高峰平顶山为1 429米。整个地势西北低，东南高，东北坡短而陡峻，向东北直临黑龙江河谷南岸，西南坡平缓而长，向西南经宽阔的山前丘陵、台地逐渐过渡到松嫩平原。山势呈明显的东西不对称，地貌亦表现出明显的成层性，属低山丘陵地形。

大致以嘉荫—铁力一线为界，西北部主要为丘陵台地，海拔高度300~600米，相对高度为 40 ~ 100 米。侵蚀剥蚀丘陵山势起伏和缓，山体一般由花岗岩组成，平坦的山顶多为第三纪夷平面，夷平面上尚有第四纪沉积物覆盖及古河道、干谷、阶地等遗迹。晚第三纪砂砾层被切割成为丘陵状台地，台面上偶有中生代火山岩和沉积岩构成的残丘矗立。熔岩台地及方山山体由玄武岩组成，玄武岩台地平坦，其上有第四纪松散堆积物覆盖，经河流切割，多成峡谷，相对高差 60 米左右，台地上分布着大片荒原。

此外，位于小兴安岭西麓的五大连池熔岩台地，以火山地貌最为突出，台地上分布着 14 座火山锥，并以火山锥为中心向外逐渐过渡成盾形台地，再向外为波状熔岩台地，其中的老黑山最高。由于老黑山与火烧山曾于公元 1719—1721 年两度喷发，而形成南北约 18 千米的熔岩流，由火山岩熔流堵塞河流而形成的绮丽的五大连池，形成了独特的旅游资源。

小兴安岭西北部山地，受河流的侵蚀切割，河谷宽阔，河漫滩广泛，沼泽发育，并有岛状多年冻土分布，冰川地貌轻度发育。

小兴安岭的东南部山地，地势比西北部高峻，多低山丘陵，海拔在 500 ~ 600 米之间，地势起伏比较显著。主要由花岗岩组成，山体虽然高大，但并不十分陡峻，山顶具有不完整的第三纪夷平面，风化壳发育但大部分被原始森林覆盖。个别由片麻岩组成的山峰比较突兀，多形成尖顶山，高可达 1 000 米以上，构成中山。

侵蚀丘陵主要围绕低山外围呈弧形分布，地势低缓，海拔高度 300 ~ 500 米，相对高度为 50 ~ 100 米，坡度为 10° ~ 15°。主要由变质岩和中酸性火山岩及第三纪砂、砾岩组成，呈波状起伏，山顶浑圆，第四纪松散覆盖层较厚。

小兴安岭山地是黑龙江水系与松花江水系的分水岭，西北部注入黑龙江干流的河流都比较短小湍急，具有较宽的冲积平原。东南部流入松花江水系的河流除汤旺河上游有一些较宽的谷地外，由于山势高峻，河流侵蚀强烈，有多处发育为“V”形峡谷峭壁，水流湍急。

3. 东南部山地

东南部山地包括黑龙江省东南部的山脉及分布于山间的宽广谷地，地域上属长白山脉的北延部分，山系主要为大青山、张广才岭、老爷岭、太平岭、完达山等山脉组成的群山。整个山地由西南向东北一直延伸至乌苏里江畔，山体呈西南宽，东北窄的锥形，东西长约 570 千米，面积 7 万多平方千米。

东南部山地山岭大多为北东走向，并大致平行排列，地势高峻，相对高差较大。山地海拔为 500 ~ 1 000 米，相对高度一般为 200 ~ 400 米，地势西部与东北部低，中部与南部高。山体主要由花岗岩构成，强烈的侵蚀切割使山地地貌多为断块侵蚀中山、低山和丘陵，山岭与宽广的山间谷地相间平行排列，以及火山地貌的广泛分布构成了东南部山地独特的地貌景观。

大青山是东南部山地最西的山脉，中部山势较高，属于低山，海拔为 500 ~ 800

米,相对高度为 200 ~400 米。主峰大青山为最高峰,海拔 952 米。山体中部为火山岩,夹粉砂岩及页岩,四周大部分为海西期花岗岩。岩石节理发育,物理风化显著,常形成尖峭的山峰、石柱和悬崖,河谷多呈"V"形。中山的外围则为低缓的侵蚀剥蚀低山丘陵,海拔一般为 300 ~ 500 米,在低山边缘多为陡坡丘陵,河谷狭窄,在接近平原的边缘处,多为缓坡丘陵,河谷较宽,起伏和缓,丘顶呈浑圆状。坡面上普遍有较厚的残积物和坡积物,在坡麓地带形成坡积裙。

张广才岭是构成东南部山地的主体山脉之一,山势高峻,地形复杂,既有悬崖绝壁,又有深谷陡坡,为黑龙江省最突出的崇山峻岭。由主脊向两侧,逐渐由中山降为低山和丘陵,系流水侵蚀山地。张广才岭山体大部分由花岗岩组成,其主脊海拔在 1 000 米以上的山峰很多。张广才岭西坡大部分为丘陵低山,东坡则坡陡谷深,多绝壁及倒石堆。

老爷岭为沿北东方向延伸的熔岩高原,山体由上新世橄榄玄武岩和气孔玄武岩组成,地势高峻,海拔为 800 ~ 1 000 米,相对高度为 200 ~400 米,属低山地形,最高峰为天岭,海拔高达 1 115 米,山势由南向北逐渐降低。熔岩台面开阔平坦,一些浅洼地常有沼泽存在,熔岩高原四周多被放射性分布的水系所切割,而形成熔岩岭脊、方山、尖山和残丘地形。河谷深切,多呈箱形或"V"形的峡谷,悬崖绝壁众多,但岭脊顶部相对缓坦。在牡丹江谷地,断续分布有大面积的第四纪玄武岩熔岩台地,其展布沿着古河谷的宽狭不同而变化,宽度由 1 千米到 10 千米不等,部分台地面较为平坦,其上有黏土覆盖。由于熔岩喷发时代较新,台地上各种流动构造保存完好,熔岩岗、熔岩隧道、熔岩等微地貌发育。其中,熔岩隧道的规模较大,最长的可达 1.5 千米。熔岩流出后堵塞了牡丹江古河道,形成了我国最大的熔岩堰塞湖——镜泊湖。

太平岭为侵蚀剥蚀低山地形,海拔为 500 ~ 1 000 米,主峰三合顶子,海拔为 1 036 米。山体主要由花岗岩和变质岩构成,山高坡陡,山脊多呈锯齿状,常形成难以攀登的陡岩。往东北方向地势逐渐降低,而过渡为侵蚀丘陵,海拔均在 500 米以下。花岗岩丘陵具有较厚的风化壳覆盖,山体浑圆,起伏和缓,坡面上冲沟较多。

东南部山地最东面为完达山脉,属侵蚀剥蚀低山丘陵区,海拔多为 500 ~800 米,最高峰布开山,海拔为 831 米。相对高差为 200 ~400 米,山脊狭窄,山坡较陡。山地高度虽然不大,但与西侧低平原形成强烈反差。在低山西侧为丘陵区,海拔为 300 ~500 米,相对高度为 70 ~100 米。丘陵间山谷纵横,山坡较为平缓,山体呈浑圆状,西北坡河谷多呈"V"形,谷坡较陡。山体主要是由中生代砂岩、页岩及花岗岩构成,上新世玄武岩构成的熔岩台地,在山地零星分布,有的已经过流水切割形成丘陵。在完达山较高的平坦山顶上,有晚更新世的古石海等冰缘地貌现象。

此外,在东南山地山脉之间发育有宽阔的山间谷地。其中,老爷岭以西地区的山间谷地、盆地甚为宽阔,沿牡丹江倭肯河、蚂蚁河等谷地普遍发育有平坦的河谷平原;以东地区的山间谷地较窄,河流深切,一些熔岩台地多被河谷切割成弧丘、方山。

(三)平原、低地

平原与低地,主要由西南部的松嫩平原和东北部的三江平原构成,两大平原由松花江河谷相联通,具有地势较低,地表平坦,沼泽、湿地广布的特点。

1. 松嫩平原

松嫩平原,在黑龙江境内仅是东北松嫩平原的北半部,南北长约 540 千米,东西宽约 430 千米,面积为 10.32 万平方千米,占全省总面积的 21.61%,是黑龙江省第一大平原。松嫩平原西部、北部、东部分别被大兴安岭、小兴安岭和东南部山地所包围,其南侧即为吉林省的松辽分水岭。地势呈北高南低,平均海拔高度为 200 米左右,最低处在齐齐哈尔 - 哈尔滨 - 白城三角地一带,海拔高度仅 100 米左右。

松嫩平原地表形态的分布呈明显的环状结构。其东、北、西三面为盆地外缘的山麓冲积、洪积台地平原。地表为洪积层,上部覆盖黄土状物质,下部为砂砾层,黄土堆积愈北愈薄,呈明显波状起伏,岗坳相间,海拔高度为 200 ~ 300 米。西部边缘,为大兴安岭山麓台地平原,台地由东北向西南方向延伸,呈条带状展布,东西较狭窄,台面较平坦,因被来自兴安岭河流切割,台地较为破碎,呈浅丘陵状,相对高度为 20 ~ 40 米,个别残丘海拔可达 275 米。平原的东北侧及东侧边缘为小兴安岭与东南部山地山前冲洪积台地,台地较宽阔,北部经流水切割,地表起伏较大,多坳谷发育,有垄岗状、丘陵状、波状和平坦倾斜状等相态,相对高度为 30 ~ 100 米。由北向南台面逐渐趋于平阔,谷坡的坡度多为 3° ~ 5°,地表的起伏亦趋于和缓。

由台地向平原内部是平坦的冲积平原,均被第四纪黄土状亚黏土所覆盖。地势平坦开阔,海拔 120 ~ 200 米,表现为大地形平坦简单,而小地形复杂的特点。处于嫩江和松花江两侧的地带,其地表形态主要由河漫滩和一级阶地组成。河漫滩沿两岸呈带状分布,宽 2 ~ 10 千米,一般自上游至下游逐渐展宽,左岸比右岸宽,高出水面几十厘米至 3 ~ 5 米。河漫滩沼泽分布,河曲发育,牛轭湖、古河道、迂回扇、鬃岗、天然堤及沙洲较多。

松嫩平原分布着 1 ~ 3 级阶地,其中一级阶地构成了平原的主体,嫩江左岸及松花江两岸广泛分布,多属堆积阶地,最宽可达 150 千米,海拔为 150 ~ 180 米,一般高出河漫滩 5 ~ 10 米,与河漫滩之间常有明显的陡坡。阶地上平坦广阔,地面倾斜但极其平缓,一般坡降只有五千分之一到万分之一,河谷很少。但在广泛的一级阶地平原上分布有许多高度不大的小丘和洼地,从而使阶地呈微波起伏的形态。松嫩平原略具盆地形式,松嫩水系呈辐聚式向平原集中,然后向东北流去。中部松花江与嫩江冲积平原,地势平坦,倾向西南,海拔为 120 ~ 200 米。平原中心部分,即齐齐哈尔以南的嫩江下游一带，海拔为150米左右。

松嫩平原沉陷幅度很大，但因河流含沙量较小，堆积作用缓慢，未能填平所有凹地，也未形成明显的河床与完善的排水系统。由于地势低洼，排水不畅，沼泽湿地面积广大，泡沼棋布。在风力的侵蚀与堆积作用下，形成了浅岗地和封闭的浅碟形凹平地交错分布的地表形态。地表水多汇集于众多的凹平地内，形成碱水泡沼。嫩江与松花江汇流处以北，大安、肇州、大庆、泰康之间，大片湿地南北长约180千米，东西宽约60千米，其上分布着大小不一的湖泊（泡子）。滨洲铁路线泰康西南侧分布有北琴泡、连环泡、西葫芦泡子、八拉山湖、龙虎泡等，面积一般为50～100平方千米，水深为1～2米，多为碱水泡子，其中以嫩江下游右岸的查干泡、月亮泡子为最大。由于地势平坦，河流坡降甚微，几乎没有下蚀能力，只有侧蚀作用，因此河道极其弯曲。在富裕县附近嫩江下游曲流带宽达7千米，弯曲系数1.5。松花江的曲流带更宽，在肇源附近宽达12千米，平原中部曲流特别发育。

2. 三江平原

三江平原处于松花江、乌苏里江和黑龙江三条大河的下游。三江平原具有狭义和广义之别，狭义的三江平原是由松花江、黑龙江和乌苏里江江流冲积而成的沼泽化低平原；广义的三江平原包括狭义的三江平原和穆棱河下游的兴凯湖平原两部分。两者分别位于完达山地的西北和东南两侧，其中西北侧低平原主要由黑龙江、松花江、乌苏里江水系冲积而成，东南侧低平原主要由穆棱河、兴凯湖及乌苏里江水系冲积、湖积而成，总面积5.76万平方千米，占全省总面积的12.7%，为黑龙江第二大平原，也是黑龙江省最低的平原。地势极为低平是三江平原的最突出特点之一。三江平原的地势呈西南高，东北低，广阔的低平原海拔高度多为40～60米，其最低处，在乌苏里江与黑龙江汇合处的抚远三角洲，海拔高度仅为34米，是黑龙江的最低点，也是我国最东面的领土。地面由西南向东北缓缓倾斜，坡降极小，一般在千分之一到万分之一，地面组成物质主要以黏土和亚黏土为主。

宽阔的河漫滩地和河流阶地构成了三江平原的主体。现代河漫滩在大小河流的两侧呈带状分布，宽10～20千米，具二元结构，上部为黏土层，厚0.5～2米不等，下部为砂或砂砾屑。低漫滩一般高出河床枯水位0.5～3米，沼泽化程度高，高漫滩高出河床枯水位3～6米，沼泽化程度低。黑龙江、松花江及乌苏里江一级阶地高出河漫滩2～5米，呈大面积分布在河流沿岸，阶地面平坦广阔，地表由亚黏土或亚砂土组成。二级阶地，主要分布在完达山和小兴安岭等山地的山前平原边缘地带以及一部分平原区的河间地带，具有20～30米的台坎，较宽的台面。三级阶地则呈零星分布。山前台地一般仅沿小兴安岭和完达山地的山麓呈狭窄状分布，宽1～6千米，海拔为80～200米，台坎高为20～30米，台地表面受侵蚀切割而发育坳沟，形成漫岗状。

在地势低平的平原中，有少数孤山、残丘散立其间，如大海中的孤岛。其中，侵蚀剥蚀丘陵，一般面积不大，由 0.5 平方千米到数平方千米，海拔高度为 80 ~ 350 米，相对高度 50 ~ 200 米，山顶浑圆，山坡较缓。侵蚀低山是三江平原中最高的山地，分布面积较大，海拔高度为 260 ~ 626 米，相对高度为 200 ~ 500 米，一般山坡较缓，河谷切割不深。火山丘是第三纪末平原内发生火山喷发形成的，主要由棕黑色玄武岩组成，无火山口，面积多在 1 平方千米以下，分布零散，海拔高度为 80 ~ 140 米，相对高度为 40 ~ 80 米，柱状节理发育，常成陡崖。

古河道发育，湿地、沼泽广布，是三江平原又一最突出的特点。由于三江平原的地表水系紊乱，河道的弯曲系数大，河床的纵比降小，河流的下切侵蚀作用微弱，因而河流易于泛滥、改道。因河流的频繁改道，遗留下了众多的古河道、牛轭湖，以及大面积古河曲带发育而成的沼泽湿地。尤其是松花江、黑龙江、乌苏里江的来回摆动，形成了宽阔的古河道漫滩，一般宽 5 ~ 15 千米，呈长条形，两岸谷壁明显，已与现代河流隔绝，低处常积水成湖泡，沼泽发育。

由于三江平原地势低洼而平缓，降水大于蒸发，冻结期长，排水不畅，从而使水分自然滞留汇集，而形成大面积的沼泽湿地。三江平原沼泽分布集中连片，面积广大，约占平原总面积的 45%，是我国沼泽的主要分布区。

三江平原大面积的沼泽水体及沼泽化植被和土壤，是本区最主要的自然地理特征。广泛分布的沼泽化草甸植被，以水体沼泽化为主，由湿生和沼生的小叶樟、沼柳、苔草和芒苇等构成，其中苔草沼泽分布最广，面积最大，占三江平原沼泽总面积的 85% 左右，其次是芦苇沼泽。茂密的植被及其发达的根系加大了地面糙率，滞蓄洪水，使地表径流减慢，沼泽、沼泽化植被本身也促进了沼泽水体的形成。三江平原的沼泽集中分布在黑龙江、乌苏里江和松花江的汇流处，在鸭绿河、浓江河和别拉洪河流域，地势特别低洼，沼泽率高达 30%，有些地段，沼泽体相互连接，形成了较大的沼泽体。平原上的沼泽土和草甸土分布最广，在丘陵岗地则分布着白浆土、黑土、草甸土和暗棕壤。

此外，在广阔低平的三江平原上还分布有众多洼地，形态不一，有线形、碟形，大小不等，小者不足 1 平方千米，大者可达 60 平方千米。在众多洼地之间即为高度不大的漫岗地，如砂丘、砂岗。洼地与漫岗地的相间分布是三江平原微地貌的主要组合形态。

穆棱河下游的兴凯湖平原与狭义的三江平原之间隔着完达山脉。完达山脉低矮狭窄的鞍部使两侧平原相隔很近，几乎衔接起来。兴凯湖平原地势也非常低平，沼泽湿地广泛分布，狭义的三江平原具有相似的自然景观，故通常把二者划为一个地理单元。

兴凯湖平原地势为由西北向东南缓缓倾斜，坡降六千分之一到万分之一，海拔 50 ~ 70 米。整个地形开阔平坦，在广阔的河漫地上遍布着碟形洼地、线形洼地、牛轭湖等负地形，古河道纵横交错，多为沼泽湿地，其间偶有散布的低岗残丘。

区内的主要河流为穆棱河，河网稀疏，径流滞缓，下蚀微弱。兴凯湖平原系穆棱河水系冲积和兴凯湖湖积形成，表面被第四纪松散沉积物覆盖，地面物质主要为黏土、亚黏土、亚砂土等。

（四）古生物化石

黑龙江的古气候、古地理、古环境孕育了黑龙江大地丰富的古生物资源，这也是大自然赋予我们的得天独厚的自然文化遗产。黑龙江省现有古生物化石出土地点 88 处。嘉荫县黑龙江右岸龙骨山岩层中发现的种类有鸭嘴龙等兽脚类恐龙化石，反映出距今 7 000 万年至 1 亿年前，这里为地势低平、湖泊众多的水乡泽，具有亚热带温暖、湿润的气候和适于鸭嘴龙等动物生存的自然条件；肇源县三站镇松花江中、上游左岸一级阶地上出土的猛犸象化石为松花江猛犸象，生存在第四纪更新世晚期，距今 20 000 余年，是生活在气候寒冷的北方地区的巨型食草动物，到全新世开始前就完全绝迹了；齐齐哈尔市富拉尔基区嫩江右岸的一级阶地上出土的披毛犀化石，可以推知更新世晚期的气候基本上属半干旱的草原性气候，比现今的松嫩平原稍冷；伊春市乌拉嘎硅化木化石再现了新生代第三纪小兴安岭杜鹿远古森林的景观；等等。这些动植物化石的出土，为黑龙江省的历史环境变迁提供了可靠的证据，也是开展生态旅游的重要目的地。

1. 嘉荫龙骨山恐龙化石

黑龙江嘉荫县出土了中国第一具恐龙化石，所以有了“中国第一龙”的美称，藏“龙”的山也有了“龙骨山”的美名，一个埋藏“龙”或者说“龙”曾生活过的地方就成了观光胜地——“中国恐龙之乡”。

到了 20 世纪 70 年代，黑龙江省的地质工作者在进行区域地质调查时，在龙骨山一带又找到了恐龙化石，经鉴定为鸭嘴龙。

20 世纪 70 年代后期，黑龙江省曾组织了一支恐龙发掘队赴龙骨山。这次发掘和科学研究工作成绩斐然，发现了 10 个含恐龙化石层位，出土了大量的恐龙化石骨骼，用这些骨骼组装了三架恐龙化石骨架，其中最大的一架长 11.24 米，高 6.48 米，为满洲龙。此后，龙骨山作为恐龙化石的产地，其发掘和研究活动从未停止过。

嘉荫恐龙化石的相继发现，吸引了我国及美、英、俄、德、日、韩等国家的古生物学家齐集边境小城。独特的地层剖面，高密度的化石富集，使科学家们产生了浓厚的兴趣。他们认为，嘉荫的地层剖面和所赋存的化石，可能为解开地质史和生物进化链条中的不解之谜提供证据，所以嘉荫出露的地层、恐龙，以及数量极为丰富的其他门类化石在世界上也是不可多得的，甚至是唯一的。

2. 猛犸象化石

猛犸象化石埋藏层位一般在 2.5 ~ 5 米厚层细砂中，有的埋藏于现代黑土层中。在哈尔滨市的典型标准第四系剖面中不仅发现猛犸象化石，伴生的还有披毛犀、野马、原始牛等哺乳动物化石。随猛犸象化石出土的植物化石有云杉、冷杉、松桦等,还含有草木孢粉,如藜科、蒿属、指环孢等。有的剖面存在明显的冰缘痕迹等。

猛犸象生活时代距今45 000～15 000年,即第四纪晚更新世中晚期。当时的气候与现在大体相当,温暖而湿润,山上生长松桦、云杉、榛、蕨、栎等植物,广大平原生长着草原植落、发育着众多的湖泊。在草原和森林中,栖息着大量的猛犸象、披毛犀、野马、野牛、虎熊、鬣狗等;水中游弋着各种鱼类和水生动物,天空雉鸟纷纷。广大地区一片鸿蒙初开、混混洪荒、榛莽济济、繁茂昌盛气象。另外,猛犸象分布面积较大,向北到西伯利亚白令海一带;向南直达大连等地。猛犸象分布呈较宽的地带性,说明当时气候条件适合猛犸象的生存,同时也反映了当时气候曾有数次波动,后期气候变冷。猛犸象也曾生活在广阔的苔原、冻土草原、寒冷苔原草甸地带。

肇源县三站镇出土的猛犸象化石表明距今20 000年前第四纪晚更新世黑龙江地区气候寒冷的环境。黑龙江省境内,猛犸象化石分布十分广泛,目前已发现80多处,遍及60多个县(市),其中尤以松嫩平原和三江平原居多并具有典型性。例如肇源县三站发现的松花江猛犸象化石,骨架高大雄壮,长5.45米,高3.33米,门齿长2.05米,是中国目前最完整的猛犸象化石,经碳－14测定为21 000±600年。明水县也发现一具较完整的猛犸象化石,标本现存于黑龙江省博物馆中。2003年在宾县挖掘一具完整的猛犸象化石,雄性,年龄13～14岁,高3.5米,长6米,现放置在大庆市博物馆里。

(五)火山地貌

黑龙江省是我国第四纪火山多发地区,据地质部门调查统计,境内共有16处火山与火山群分布,这些火山分属两个火山带,即海拉尔－逊克火山带和密山－敦化火山带。前者系蒙古兴安火山带的组成部分,后者属环太平洋火山带的组成部分,绝大多数为中心式喷发,形成了独具特色的火山分布区。著名的五大连池风景区和镜泊湖风景区则处于这两个火山带的五大连池火山群和镜泊湖火山群之中。这两个火山带以中、晚更新世为主,其中爆发时间距现在最近的火山是活动于1719—1721年的五大连池火山群中的老黑山和火烧山,这是我国最新期的两座火山。火山活动形成了独特的地貌形态,即火山地貌,而不同时期的火山活动形成了各种各样的火山地貌景观和丰富的地下矿泉资源及优美的湖光山色。

黑龙江省境内的火山,以其地貌类型齐全完整为一重要特点。这里的火山地貌大到雄伟的火山锥体、熔岩谷地、熔岩台地;小到火山弹、火山包裹体、火山渣、火山堰塞湖、火口湖、火山形成的瀑布及火山矿泉,大小纷呈、分布广泛。玄武岩流动中形成了千姿百态的火山洞穴及火山造型地貌,这些地貌分布广泛又集中,集中在五大连池与镜泊湖两个景区中。

二、水体生态旅游资源

（一）黑龙江省水景资源的主要特征

1. 水景资源类型齐全，数量众多

黑龙江省范围内河流纵横，水系发达。有黑龙江和绥芬河两大水系，松花江-嫩江和乌苏里江是黑龙江的支流，它们加上绥芬河，统称为黑龙江省的四大水系。现有流域面积在50平方千米以上河流2 881条，总长度为9.21万千米。其中，流域面积5 000平方千米及以上河流27条，10 000平方千米及以上河流21条。

有以兴凯湖、镜泊湖、五大连池、连环湖为主的大小湖泊泡沼6 026个；有数以百计的水库、冷矿泉、跌水瀑布；有面积巨大的扎龙湿地和三江平原湿地沼泽；有长达半年遍布各地的冰雪水体景观资源等，为水景资源的形成提供了条件。黑龙江省水景资源涉及河流、湖泊、温冷泉、瀑布、湿地、冰雪及天象景观等众多种类，据初步统计，水景资源点占黑龙江省旅游资源点比重高达40%以上，现已初步开发的水景资源点就达30余处，另外还有更多的有待开发。

2. 水景资源特色突出，价值颇高

黑龙江省有全国最大的火山堰塞湖——镜泊湖；有世界上最长的一条国际无污染河流，即我国最长的界河——黑龙江；有居我国五大湿地之首，列入联合国湿地保护公约的国际知名湿地——扎龙沼泽湿地；有畅销中外的五大连池火山矿泉水；有亚布力和伊春林区的林海雪原；有属于世界最大的野生禽类狩猎区之一的连环湖；有驰名海内外的松花江冰河与沿岸雾凇天象景观等。这些独具特色且知名度很高的水景资源，赋予黑龙江省水景资源以较高的旅游价值，使其不仅具有省内吸引向性，且具有省外国内吸引向性，另外，冰雪景观、扎龙湿地景观等更具有国内、海外吸引向性。特色突出，价值颇高的水景资源为生态旅游的资源深度大规模开发提供了基础，并为开辟具有巨大潜力的旅游市场提供了可能。

3. 水景资源分布普遍，地域均衡

从各类水景资源的空间分布上看，都体现出大致均衡、普遍分布的特点。如界河黑龙江和乌苏里江环绕了黑龙江省绝大部分的省境线；牡丹江、嫩江、松花江等1 000余条河流在省内纵横分布，特别是嫩江、松花江横贯全省中部、东西，牡丹江、汤旺河又纵贯南北；冬季广布的林区与冰雪结合形成广泛的林海雪原景观区，从北部的大兴安岭到中部的小兴安岭延伸至东南山地，纵贯南北；镜泊湖火山堰塞湖与五大连池火山堰塞湖群分居南北；扎龙湿地和三江平原湿地则分居东西，展布于三江平原和松嫩平原腹地；西部连环湖的禽鸣与东部兴凯湖的渔歌各领风骚；呼玛河、逊河、红河水生动物及禽类保护区，从最北部到中部及东部依次分布。这种相对均衡的分布形势为各大区域综合全面地开发水景资源创造了优越的地理条件。

当然，水景资源分布不可能是绝对均衡的，如平原地区与山地地区就存在着较大的差异，虽然平原分东西二块，山地又从北贯穿至南，但差异还是存在的。这就要求我们在小区域水景资源开发上要因地制宜，就资源条件确定开发方略，把宏观地域上的相对均衡与微观地域上的差异综合起来考虑，从而确定水景资源开发方案。

4. 水景资源区位良好，开发便利

黑龙江省的牡丹江、松花江、嫩江、汤旺河等主要河流的干流沿岸分布有哈尔滨、佳木斯、齐齐哈尔、牡丹江、伊春等大中城市，这里交通便利，又可借助中心城市开发上的便利条件；黑龙江、乌苏里江虽属边境河流，但有黑河、绥芬河、逊克、同江等10多个边境口岸串珠状分布在江岸；镜泊湖、扎龙沼泽湿地，连环湖、兴凯湖、五大连池等主要湖泊湿地水体又分别接近牡丹江、齐齐哈尔、大庆、鸡西、北安等大中城市；伊春林海雪原和哈尔滨到牡丹江之间林海雪原景观，距大中城市较近。加强这些区位良好的水景资源开发，应是发展黑龙江省水景生态旅游近期开发的主要目标。另外，黑龙江省还有一些诸如大沾河、呼玛河等水景资源价值较高，但区位不太良好的资源，这些水景资源应根据资源价值的高低、市场前景的好坏、通达性的改善状况等有计划地进行开发。

5. 水景资源配置良好，功能多样

黑龙江水景资源与其他类型自然旅游资源及人文旅游资源配置结合良好，相互交融。如镜泊湖、五大连池与火山地貌山地及森林景观相结合；扎龙湿地，连环湖与湿地湖泊生态、鸟禽互融；冰雪景观与森林、山地浑然一体；黑龙江、兴凯湖、乌苏里江地处国境线上的区位与异国风光相协调；嘉荫、茅兰沟、逊克、大沾河与山地森林及少数民族风情相结合；松花江上冰上运输、黑龙江上赫哲人冬季冰上捕鱼、哈尔滨的冰雪雕塑艺术、桃山和玉泉山的冰雪与冬季雪上捕猎结合，使松花江与沿岸的哈尔滨、佳木斯的城市风光融合成为北部独特的冬季风景线。这种良好的匹配进一步提高了水景资源的价值及其资源开发的可行性，丰富的水景资源及与其相配置的自然人文旅游资源的结合，使水景资源表现出的旅游功能类型更加丰富多样。

（二）河流

黑龙江省有黑龙江和绥芬河两大水系，黑龙江注入鞑靼海峡，绥芬河注入日本海。松花江－嫩江和乌苏里江是黑龙江的支流，它们加上绥芬河，统称为黑龙江省的四大河流。

1. 黑龙江

黑龙江是世界大河之一，其长度居世界河流第8位，在中国仅次于长江、黄河而居第3位，是中国和俄罗斯之间的一条重要国际界河。由于江水中溶解了大量的腐殖质，水色黝黑，古时候曾被称为“黑水”。黑龙江穿越蒙古、中国、俄罗斯3个国家，流域面积达 174.3 万平方千米，在中国境内的面积为 88.3 万平方千米，占流域面积的 48%，在黑龙江省的面积为 44.7 万平方千米。

黑龙江有南北两源，南源为额尔古纳河，其上源为海拉尔河，发源于我国大兴安岭西坡，北源为石勒喀河，其上源为鄂嫩河，发源于蒙古国北部肯特山东麓。两源在黑龙江省漠河市西北部的洛古河村附近汇合后蜿蜒东流，始称黑龙江干流。以海拉尔河为源，黑龙江干流全长 2 821 千米，在黑龙江省境内流长约 1 850 千米。

黑龙江沿途汇集了大小支流 950 多条，在中国一侧流域面积大于 50 平方千米的有 668 条，一级支流除了松花江和乌苏里江外，流域面积超过 1 万平方千米的还有额木尔河、呼玛河、逊河，它们的流域面积总和为 63 012 平方千米，占黑龙江在中国境内流域面积的 14%。如果加上松花江和乌苏里江（流域总面积为 604 012 平方千米），则此比例为 68%。

黑龙江流量很大，从洛古河村到乌苏里江口的这一河段，都可航行江轮，尤其在黑河市以下，河道宽阔，水流平稳，可航行较大的船只。黑龙江是我国东北边疆的一条重要运输线，即使在冬季，冰厚在 1.0～1.6 米，最厚达 2.26 米，也可行驶汽车和拖拉机。

黑龙江结冰期较长，达半年之久，是我国结冰期最长的一条河流，一般在 11 月中旬封冻，翌年 4 月下旬河冰才解体。冰层解体破裂后，形成极为壮观的景象。一排排冰块互相追赶，向下游漂流，当地称为“跑冰排”。厚厚的冰块，大小不一，大者可达数百甚至上千平方米。众多的冰块互相拥挤碰撞，发出巨大的响声，此起彼伏，震响回荡。冰排一般在 10～20 天才能跑完，最长达一个月以上。在此期间，冰块常常受阻，互相挤在一起形成冰坝。较大冰坝沿江伸展长达 10 多千米，高出江面达 10 多米，滞留很长时间不化，截堵河水形成一个暂时性的“冰泻”，而淹没岸边的低地。

2. 松花江—嫩江

松花江是黑龙江最大的支流，也是黑龙江省境内的最大河流，在中国内河中仅次于长江、黄河而居第 3 位的大河。松花江有南北两源，南源为第二松花江，发源于长白山天池，均在吉林省境内。北源嫩江在黑龙江省境内，发源于大兴安岭。第二松花江与嫩江汇流后，即为松花江干流。松花江－嫩江的总长度为 2 309 千米（其中嫩江长 1 370 千米，松花江干流长 939 千米）。松花江－嫩江在黑龙江省境内的流域面积为 26.9 万平方千米（其中包括嫩江流域 8.5 万平方千米，松花江流域 18.4 万平方千米）。松花江－嫩江的支流较多，其中流域面积超过 10 000 平方千米的支流就有讷谟尔河、乌裕尔河、诺敏河、绰尔河、雅鲁河（以上为嫩江支流，流域面积共计 10 012 平方千米）、拉林河、呼兰河、通肯河、蚂蚁河、牡丹江、倭肯河、汤旺河（以上为松花江支流，流域面积共计 134 393 平方千米），它们占黑龙江流域的 27%。

松花江干流流向基本是自西向东北方向，其支流众多，10 多条较大支流从两岸相继注入，河网密度 0.26，干流河道弯曲系数为 1.17。其中，由汇流口至哈尔滨段，流经松嫩平原的草原、湿地，长度为 240 千米。河道蜿蜒曲折，弯曲系数为 1.37，坡降较缓，比降为 0.15‰。滩地宽阔，广泛发育湿地和牛轭湖。河道主槽宽一般为 420～600 米，水深 4～7 米。河底多为细砂和黏土，河岸边滩明显，并有江心洲形成，江道主流摆动不定，对冲时淤。由哈尔滨至佳木斯段，长约 421 千米，两岸多平原和低山丘陵，河谷狭窄，坡降较上游大，水流较急，在沙河子至依兰，长约 35 千米的河道为著名的三姓浅滩。石质河床，暗礁遍布，多滩洲，共计有浅滩 50 多处，水深一般为 1.5 米以上。在依兰附近，河道切穿小兴安岭和张广才岭之间的山谷，谷窄流急，坡度大，称为松花江的“铁门槛”。这段江道沙底、河岸多由细砂、砂砾和泥土组成，江中有柳丛和杂草丛生的小岛。水面则由宽变窄，过依兰后又渐宽。

3. 乌苏里江

乌苏里江是黑龙江右岸的一大支流，也是中国东北部中苏边境上的一条重要界河。该江亦有东西两源，其东源出于俄罗斯东部锡霍特山脉西麓，自南向北流动，西源松阿察河，发源于兴凯湖东北面，是该湖的唯一出口，也是中俄界河。松阿察河流动在地势低平的兴凯湖平原上，河道非常弯曲。该河河道的实际长度为直线长度的 3 倍，其河道弯曲率之高由此可见。松阿察河汇入俄罗斯境内的乌拉河后称乌苏里江。两源汇合后，由南向北至伯力，从右岸注入黑龙江，其河口高程为海拔 38 米。以东源计，河流长度 890 千米，其中从松阿察河口以下至乌苏里江口的 492 千米为中苏界河段。如果自西源松阿察河源头计，全长 771 千米。总流域面积 18.7 万平方千米，在中国黑龙江省境内为 6.15 万平方千米。乌苏里江有两条支流的流域面积超过 10 000 平方千米：穆棱河和挠力河（流域面积共 42 415 平方千米）。

乌苏里江流域，降水量较高，沿途汇集了大小支流 174 条，在我国一侧的较大支流有穆棱河、挠力河等，俄罗斯境内有乌拉河、比金河等，因此江面宽阔。尤其是与从三江平原上流过来的挠力河汇合以后，江面更宽。乌苏里江河道宽度在松阿察河口处为 200 米左右，虎头至饶河段河幅展宽，江面宽 500～600 米，饶河至河口为 500～1 000 米。正常水位下，平均水深 2～5 米。乌苏里江主流摆动频繁，两岸滩地起伏不大，局部湿地沟汊、牛轭湖发育。干流的各段，都有岛屿和江心洲，岛屿大而多，成串分布。乌苏里江中属于我国的岛屿有数十个，其中较著名的有珍宝岛、七里沁岛等。直至三江平原低地，在注入黑龙江的地方有巨大的、东西向的沙洲横在其间，其东侧为乌苏里江主流，西侧为抚远水道。

乌苏里江渔产丰富，而且因江面宽阔，水流平稳，便于航运。除了有经济意义外，该江的风景也很优美。江中的岛屿和两岸植物繁茂，有的地段植被茂密，低山丘陵靠近岸边，水波、树影、岗峦相互辉映，妩媚绮丽。

4. 绥芬河

绥芬河由黑龙江省流出，进入俄罗斯境内，直接注入日本海，“绥芬”来源于满语“锥子”，因蜿蜒流穿于老爷岭的丛山之间，颇似锥子而得名。绥芬河水系位于黑龙江省的东南部地区，有南北两源。北源为小绥芬河，发源于东宁市太平岭东麓，河长129千米，流域面积3 446平方千米。南源大绥芬河发源于吉林省汪清县境内长白山东坡的老爷岭，河长197千米，流域面积4 517平方千米。大、小绥芬河在于道河镇附近汇合后折向东流，穿过洞庭峡谷后折向东北，至东宁进入平原地区，在中国与俄罗斯的国境附近，支流瑚布图河从右岸注入，继而流入俄罗斯境内，最终注入日本海。整个河流在中国境内总长258千米，中国境内的流域面积为10 059平方千米，在黑龙江省的流域面积为7 541平方千米。绥芬河在黑龙江省境内的河段属于山区性河流，水流急促，绥芬河上游周围被山地环抱，约至东宁附近，河谷尚较开阔。

（三）湖泊

黑龙江省有湖泊6 093个，其中天然湖泡6 026个，水库87座。

天然湖泡中，大型的有65个，总面积为35 010平方千米，占湖泡面积的75%。主要的湖泡为兴凯湖、镜泊湖、五大连池、连环湖、达里加湖、向阳湖、扎龙湖等。

1. 兴凯湖

兴凯湖，位于密山市境内，为中俄界湖，湖面高程为海拔69米，面积4 380平方千米，是在第三纪地质陷落而形成的构造湖。呈椭圆形，北宽南窄，南北长约90千米，东西宽约50千米。总流域面积为36 400平方千米，是亚洲东部的大淡水湖之一，其中国一侧约占全湖面积的1/3。湖区地势低平，大部分深度在4～7米，最大深度为10米。湖床坡度较缓，在距岸100～400米左右形成大片的水深仅1.6～2.8米的湖岸浅滩区。北侧有一细长的湖泊，称为小兴凯湖，二者之间隔着一道天然堤，湖堤及小兴凯湖都位于我国境内。小兴凯湖东西长约25千米，南北宽仅3～6千米，水深1～2米，正常高水位时湖面面积145.5平方千米，集水面积为15 299平方千米。小兴凯湖水位高于兴凯湖，湖水由湖岗泄洪闸流入兴凯湖。北岸有大面积沼泽和湿地。大小兴凯湖结冰期较长，每年平均封冰时间为164天，结冰过程较快，10～15天可全部封冻，每年平均最大冰厚0.86米。湖底组成物质为砂砾或泥沙，湖底平坦，湖水清澈，湖岸多砂砾石。大、小兴凯湖之间有几条高达5～6米的弧形沙岗，如太阳岗、二道岗、荒岗、南岗等，两湖水由新开流、鲤鱼圈及湖泄洪闸等人工河道相联通。兴凯湖是黑龙江省东南部的一座集防洪蓄水、排涝、灌溉及旅游等多功能为一体的天然水体。

2. 镜泊湖

镜泊湖位于牡丹江市宁安市的群山之中，是我国第一大熔岩堰塞湖。湖面海拔高程350米，湖的东岸为老爷岭，西岸为张广才岭，东西两侧分别接纳石头河和尔站河泄入的水量，湖的南北两面均与牡丹江河道相连。镜泊湖是在全新世火山爆发时，由来自西北部的玄武岩流堵塞牡丹江而形成的火山堰塞湖。整个湖泊沿着牡丹江河谷延伸，呈狭长而曲折的形态，为一外形呈“子”字形，东北－西南方向延伸的狭长湖泊。其南北纵长约45千米，东西最宽处为6千米，最窄处洪水期时也有300米，湖面面积9 125平方千米。平均水深17.2米，呈南浅北深，南部仅数米，北部最深处达64.5米。湖盆狭长，湖岸群山环抱，木林丛生。在湖的北部出口处，湖水流经由玄武岩形成的堰塞堤之后，形成落差达20多米、宽达45米的瀑布，俗称“吊水楼瀑布”，在雨季和汛期，以两股或数股跌落，总宽度达100多米。强大的水流在崖前冲撞成一个椭圆形深潭，深达数十米。潭的四周为具有垂直节理的玄武岩形成的直立陡壁，呈现一片黝黑，危岩耸立，蔚为壮观。湖中大小岛屿星罗棋布，分布有白石砬子、小孤山、城墙砬子、老孤砬子、珍珠门、道大山等孤岛，与“吊水楼”瀑布共为镜泊湖的八景，使镜泊湖成为黑龙江省和全国的著名旅游避暑胜地。湖西岸有最高峰老黑山，海拔911米，湖的西北约50千米处有“地下森林”奇观。

镜泊湖水量丰富，湖区附近有牡丹江干流和30多条大、小不等的河流呈向心状汇入湖中，构成镜泊湖水系，控制流域面积达1.18万平方千米。这些河流因山谷窄而水流急，流量大。除此之外，还有地下水补给。

镜泊湖多年平均结冰时间为131天，平均封冻日期为12月中旬，湖面多年平均冰层厚度为0.83米。镜泊湖水清澈，水质优良，矿化度小于0.03‰。湖底组成物质北部为石质底，多水下石山和岩洞，在低洼处有粗砂堆积，在水流作用下，呈规则的砾块条带，南部则为砂质底。镜泊湖水力资源丰富，水面落差大，不仅被用于发电，而且还是一个旅游胜地。

3. 五大连池

五大连池位于黑河地区五大连池市，为五个串珠状的湖泊，周围被14座火山包围，是全国第二大堰塞湖。五大连池系1719年老黑山和火烧山火山爆发所喷出的玄武岩流堵塞了讷谟尔河支流石龙河河道而形成的贯穿在一起的5个小湖泊。五个池由北向南呈串珠状，其中，五池地势最高，水从五池依次流向四池、三池、二池，最后经头池注入石龙河，再汇入讷谟尔河。五个池的总面积18.47平方千米，其中三池面积最大，为8.92平方千米，头池最小。各池深一般为2～5米，以二池和三池最深，三池最深处12米。五个池蓄水总容积为1.57亿立方米。5个池底组成物质不一，其中五池为砂砾和熔岩，四池为砂泥质，三池大部分为熔岩底，二池和头池均为熔岩底。池水清澈，偶有礁石出露，周围水草丛生，五个池的连接流长

5 250 米。池的西岸为一片 68 平方千米的玄武岩质绳状熔岩台地，池的东岸有土岗与耕地接壤。五大连池池水主要接受大气降水和地下水的补给，终年不枯。湖面一般于 10 月末或 11 月初结冻，次年 5 月或 4 月末解冻，冰期达半年之久，湖面最大冰厚可达 1.6 米。

五大连池水质优良，为重碳酸型、富营养湖，湖区内泉眼、泡沼无数，水温低。池的西部为药泉山矿泉，饮矿泉水可治胃病和皮肤病等，为著名的疗养胜地。

4. 连环湖

连环湖位于杜尔伯特蒙古族自治县境内，乌裕尔无尾河的下游，原名泰康野泡子，1958 年始称连环湖。连环湖是由大、小 17 个湖泡组成的天然湖泊，因大小湖泡犹如连环套而得名。湖岸十分曲折，其上游是著名的扎龙丹顶鹤自然保护区。水面面积为 500 平方千米，是黑龙江省最大的淡水湖泊，目前连环湖主要以养鱼业为主。

三、气候天象生态旅游资源

（一）冰雪景观

黑龙江省地处祖国的东北边陲，是我国纬度最高省份，大部分区域处于中温带，是冬季最长、气候最寒冷的省份。特殊的地理环境构成了独特的旅游资源，以其原始、神奇、粗犷、博大而闻名于世。黑龙江省的冰雪分布广泛，持续时间长。黑龙江省大部分地区月均温在 0 ℃以下的时间可持续 5 个月，日均温稳定在 0 ℃以下的天数也可达 5 个月，而最北端漠河一带可以达 7 个月之久；月均温 −10 ℃ 以下也 3 个月，最北部可达 5 个月之久；全省降雪初日大体在 10 月末，终日大体在第二年 4 月初，可持续 5 个月，积雪初日在 10 月中旬，终日在第二年 4 月中、下旬，也大致可持续 5 个月。冬季雪量大，雪质好，除松嫩平原较少外，冬季降水大都在 30 毫米以上，积雪厚度也在 40 毫米左右，伊春 - 五营、尚志 - 海林一带可达 70 毫米；一般河流封冰日期在 11 月中旬左右，开河日期在第二年 4 月末至 5 月初，封冰天数可达 130 天左右，有的地区可达 170 天，冰厚一般在 80 厘米左右，最厚的可达 1.5 米，可谓是冬寒、雪深、冰厚、时久。这为黑龙江省冰雪旅游提供了温度和积雪资源上的保证，且具有相对宽裕的寒冷时间，成为全国发展冰雪观光和滑雪等专项冰雪运动最佳的环境地所在，是其他任何省区所不能比拟的。

黑龙江省冰雪娱乐具有悠久的历史。冰灯节、滚冰节是民间习俗，据清代地方志《黑龙江外记》载："上元，城中张灯五夜，有镂玉六尺兵为寿星灯者，中燃双炬，望之如水晶。"可见，在清代就有大型的冰灯了。民间的冰灯节是在春节和元宵节期间进行，一家一户将自制冰灯摆放在自家的院子里，不集中展出。滚冰节是在元宵节的夜晚举行。一般在晚上八点多钟，人们看完烟花，观完彩灯、冰灯，陆续涌向附近的河畔。人们将小蜡烛点燃,在河面上摆成各种图形,或将油拌的谷糠、锯末洒成龙形,或摆成每隔数米一堆的小堆状,将它们同时点燃。远远看去,河面灯火汇集,十分壮观。人们就在灯火围成的冰面上打滚,以滚掉身上的病气、晦气和灾气,使全年平安健康,万事顺利。

黑龙江省素来是我国冰雪活动的故乡,改革开放以来,哈尔滨市政府十分重视冰雪资源的利用,在 1985 年将每年 1 月 5 日至 2 月 5 日定为“哈尔滨冰雪节”,从而掀起大规模开发利用冰雪资源的一页。一年一度的哈尔滨冰雪节,以其北国特有的冰雪风光、冰雪艺术和冰雪活动,吸引着众多的国内外游客。

冬季,黑龙江省是冰雪世界。冰雪资源得天独厚,冰雕雪塑历史悠久,知名度高,在规模和艺术品质上堪称世界第一,人们在这里可以饱览茫茫雪原、雪压青松、玉树琼枝等壮丽景象,同时还可以参加滑雪、滑冰、冬泳、冰帆、冰爬犁等各种冰雪游乐项目。尤其值得一提的是龙江人创造的冰灯雪雕,那些千姿百态、玲珑剔透的冰雕雪塑,阳光下晶莹如玉,月光下万紫千红,聚天下胜景,拢大地灵秀,现古今奇观,如立体的图画、彩色的诗篇、凝固的音乐,将北国寒冷且又单调的冬季装扮得婀娜多姿、别有韵味,为平淡无奇的冰雪注入强大的生命力。现在黑龙江省大中城市中都可以在冬季看到晶莹的冰雕与冰灯。可以说,冰雪资源的开发利用已趋于普及。

滑雪业在世界上是一个产值相当大的产业,世界滑雪人口约有两亿,我国真正的旅游滑雪业才刚刚起步,市场潜力十分巨大。特别是滑雪作为一种体验式的旅游项目,随着体验时代的来临,更具魅力和发展前景。

黑龙江省寒冷的冬季和遍布全省的山峦为进一步开发滑雪场和冰雪项目提供了得天独厚的自然地理条件。黑龙江省是世界上初雪最早、终雪最迟的地区之一。冰雪资源堪称全国之最,区域内的雪质洁净丰厚硬度适宜,可利用雪期达 4 ~ 5 个月,滑雪期长达 120 ~ 140 天,雪质好、降雪多,山区降雪可达 100 ~ 300 厘米。同时,黑龙江省又是一个多山的地区,山地面积占全省面积的 60%。山地多为中低山,山体坡度适中,在 45°以下,大部分在 30°左右,是辟建旅游滑雪场的理想坡度,从气候与地貌条件来看,具有得天独厚的自然条件。

目前,黑龙江省已成为中国滑雪旅游胜地,是世界开展冰雪旅游条件最好的地区之一。适于建大型滑雪场的地方有 100 多处,现已有初、中、高级不同档次的 75 家滑雪场,知名度较高的有龙珠二龙山滑雪场、哈尔滨名都滑雪场、桃山滑雪场、玉泉狩猎滑雪场、玉泉威虎山滑雪场、乌吉密滑雪场、延寿长山滑雪场、海林双峰滑雪场、朗乡滑雪场、加格达奇兴安湖度假村滑雪场、亚布力体委滑雪场、萝北滑雪场、双鸭山北秀公园滑雪场、伊春市伊春区越野滑雪场、鸡西麒麟山庄滑雪场等。这些滑雪场年接待滑雪旅游者 10 余万人次,促进了黑龙江省旅游滑雪的发展并为滑雪运动的开展奠定了基础。

循环再生的冰雪成了黑龙江省具有相对优势和绝对垄断地位的旅游资源。1996年,第三届亚洲冬季运动会在亚布力举行,从而引发了全省滑雪旅游的热潮。“冰城”哈尔滨一年一度的冰雪节、滑雪节、冰灯艺术博览会等国际盛会异彩纷呈。黑龙江省已跃居全国冬季旅游目的地之首,充分显示了冰雪旅游大省的品牌效应。哈尔滨获得2009年国际大学生冬季运动会承办权,为本省的冰雪旅游发展再创良机。黑龙江省的冰雪资源优势和特色决定了滑雪旅游产品在国内的相对垄断地位。

(二)漠河天象奇景

漠河位于北纬53.5°的高纬度地带,有“中国北极”之称的北极村,还有“白夜”和“北极光”两大天象奇景。

1. 极光

极光是一种发生在地球上极地的罕见的自然现象。在太阳创造的诸如光和热等形式的能量中,有一种能量被称为“太阳风”。太阳风是太阳喷射出的带电粒子,是一束可以覆盖地球的强大的带电亚原子颗粒流。太阳风在地球上空环绕地球流动,以大约每秒400千米的速度撞击地球磁场。地球磁场形如漏斗,尖端对着地球的南北两个磁极,因此太阳发出的带电粒子沿着地球磁场这个“漏斗”沉降,进入地球的两极地区。两极的高层大气,受到太阳风的轰击后会形成绚丽多彩、奇异壮观的彩色光象,称为极光。在北极地区形成的叫北极光。北极光出现的次数虽多,但人们看到的机会相对较少,主要原因是:当极光产生后,极光发生地与极光观测地以及两地之间经常受多云的天气所影响,视见机会极少。

漠河是中国唯一观测北极光的最佳观测地,这是大自然恩赐给漠河人的视觉礼物。北极光虽然一年四季都出现,然而在漠河唯有在每年夏至的前后9天内容易看到。北极光的形状很多,在漠河出现时,人们看到的有条状的、带状的、伞状的、扇状的、片状的、葫芦状的、梭状的、圆柱状的、球状的等等。北极光的颜色是赤、橙、黄、绿、青、蓝、紫各色相间,色彩分明。由初升到消逝,其间变幻神奇莫测、五颜六色。

在漠河观测极光必须在夜间。白天即使有极光出现,但因白天阳光亮度大,极光亮度小,所以白天是看不到极光的。又因漠河地处高纬度线上,在每年的夏至前后便会产生白夜的极昼现象,白夜的出现为看极光提供了容易看到的有利条件。

2. 白夜奇观——极昼

白夜是漠河独有的自然景观。在我国960万平方千米的大地上,漠河位于祖国的最北端,由于纬度高,随着季节的变换,到每年的夏至时,便产生了昼长夜短的极昼。在极昼出现时,晚11时,天仍然亮,人们可以坐在白夜里看书、写字。当夜幕降临到午夜后的1~2时,天稍黑一会儿又开始放亮。此时,晚霞与朝晖在北方的天宇上交相辉映,其白夜之景十分壮观。因此游人多称漠河为“不夜城”。

漠河白夜产生在每年的夏至前后的9天中,此时的漠河多为万里晴空天气,是最佳的旅游季节。人们在观赏北极光和白夜的同时,又可看晚霞与朝晖连成一片的红彤天宇。自20世纪90年代以来,漠河市把夏至定为旅游节,北极村则成为漠河市旅游区的一个重要旅游景点。每当夏至到来,便有国内外数千人到北极村观看白夜和极光。游客在北极村度过白夜的时候,经常通宵达旦,在村旁的大江之滨点燃堆堆篝火,载歌载舞,唢呐声声,歌声阵阵,人们陶醉在大自然的白夜之中。

参考文献

[1] 石长波,徐艳红.黑龙江省生态旅游资源开发与保护对策[J].旅游纵览(行业版),2016(6):204-206.

[2] 王姗姗.分析黑龙江流域生态旅游资源的评价与开发[J].旅游纵览(行业版),2016(5):204-206.

[3] 孙宏斌,王淑娟.黑龙江省森林生态旅游资源开发的SWOT分析[J].边疆经济与文化,2013(8):9-11.

[4] 肖亚军.黑龙江省生态旅游资源的评价以及开发利用策略[J].黑龙江科技信息,2012(34):115-116.

[5] 于春雨.黑龙江省兴凯湖生态旅游资源保护研究[J].鸡西大学学报,2012,12(11):78-79.

[6] 于洪雁.黑龙江省生态旅游资源评价及产品体系的构建[J].安徽农业科学,2012,40(3):1613-1614,1648.

[7] 邓琳,于嘉.黑龙江省发展生态旅游资源优势的分析与对策[J].齐齐哈尔大学学报(哲学社会科学版),2011(5):86-87.

[8] 徐守斌,张扬,宋红.黑龙江省生态旅游资源评价[J].中国林业经济,2010(4):20-23.

[9] 于春雨.黑龙江生态旅游资源保护研究[J].太原城市职业技术学院学报,2010(6):10-11.

[10] 周虹.国内生态旅游资源评价研究综述[J].传奇·传记文学选刊,2010(2):95-96.

[11] 徐凯.黑龙江省生态旅游资源评价[J].中国林副特产,2009(4):82-84.

[12] 周文丽.生态旅游资源概念及分类体系研究[J].西北林学院学报,2007,22(4):162-166.

[13] 张扬.黑龙江省生态旅游资源评价与产品开发[D].哈尔滨:东北林业大学,2007.

[14] 张杰.黑龙江省湿地生态旅游资源开发对策[J].湿地科学与管理,2007,3(1):48-51.

[15] 王力峰,王志文,张翠娟.生态旅游资源分类体系研究[J].西北林学院学报,2006,21(6):196-199.

[16] 王建军,李朝阳,田明中.生态旅游资源分类与评价体系构建[J].地理研究,2006,25(3):507-516.

[17] 戴放.黑龙江省安邦河湿地自然保护区生态旅游资源评价[D].哈尔滨:东北林业大学,2006.

[18] 黄茂祝.伊春区域生态旅游资源评价及开发对策研究[D].哈尔滨:东北林业大学,2006.

[19] 黎洁.我国自然保护区生态旅游资源价值实现方式研究[J].农村生态环境,2002,18(3):61-64.

[20] 张昕.黑龙江省生态旅游资源合理配置[D].哈尔滨:东北农业大学,2005.

[21] 赛江涛,张宝军.试论生态旅游资源问题[J].河北林业科技,2004(6):27-29.
[22] 程道品,阳柏苏.生态旅游资源分类及其评价[J].怀化学院学报,2004,23(2):50-54.
[23] 袁书琪.试论生态旅游资源的特征、类型和评价体系[J].生态学杂志,2004,23(2):109-113.
[24] 庄大昌,丁登山,任湘沙.我国湿地生态旅游资源保护与开发利用研究[J].经济地理,2003,23(4):554-557.
[25] 吴楚材.论生态旅游资源的开发与建设[J].社会科学家,2000,15(4):7-13.
[26] 杨桂华.论生态旅游资源[J].思想战线,1999,25(6):33-38.
[27] 马乃喜.我国生态旅游资源的评价问题[J].西北大学学报(自然科学版),1996,26(2):171-175.
[28] 王建军.生态旅游资源评价与开发规划研究[D].北京:中国地质大学,2006.
[29] 刘秋颖.扎龙湿地保护区生态旅游资源开发策略及途径研究[J].商场现代化,2016(14):224-225.
[30] 王力峰,王协斌,张翠娟.生态旅游资源评价体系:以广西金秀县为例[J].桂林工学院学报,2006,26(3):435-439.
[31] 周文丽.生态旅游资源综合评价指标体系及评价模型研究[J].西北林学院学报,2007,22(3):198-202.
[32] 王霄,黄震方,袁林旺,等.生态旅游资源潜力评价:以江苏盐城海滨湿地为例[J].经济地理,2007,27(5):830-834.
[33] 张旖恩.生态旅游资源评价体系研究[D].成都:四川农业大学,2008.

第四章　黑龙江省生态旅游规划

第一节　生态旅游规划的含义和意义

生态旅游发展，离不开对旅游资源的利用。在旅游开发建设过程中，生态环境和资源、传统民风民俗等资源常常要为之付出巨大的代价，环境和资源的损耗以及地方文化特色的消失，是旅游发展的世界通病。如何在旅游发展的同时维护有限的生态环境和旅游资源不受破坏和永续利用，成为全世界所面临的共同课题。

一、生态旅游规划的含义

（一）相关概念

1. 规划

规划是人们以思考为依据，安排其行为的过程，是指比较全面的、长远的发展纲要和目标。通常兼有两层含义：一是对某种目标的追求或某种状态的设想；二是实现某种目标或达到某种状态的行动顺序和步骤。

2. 旅游规划

旅游规划一词是从区域规划理论中衍生出来，国内外学者对其概念的界定尚未统一。我国学者认为，旅游规划是对旅游业及其相关行业未来发展的设想和策划。其目标是尽可能合理而有效地分配与利用一切旅游资源以及旅游接待能力、交通运输能力、社会可能向旅游业提供的人力、物力和财力，以使旅游者完美地实现其旅游目的，从而获得发展旅游业的经济效益、社会效益和环境效益。

3. 生态旅游规划

生态旅游规划是人们从生态旅游资源的合理开发利用和保护角度出发，运用生态学原理和方法将旅游活动与环境特性有机结合，对生态旅游资源开发和旅游业发展进行总体部署，通过协调旅游活动、资源和环境的关系，以取得良好的社会、经济和生态效益，是进行旅游活动在空间环境上合理布局的一种规划。

科学、高水平的生态旅游规划是生态旅游成功开发和健康稳定发展的前提与基础。生态旅游规划必须考虑的主要因素有：旅游资源的状况、特性及其空间分布；旅游者的类别、兴趣及其需求；旅游地居民的经济、文化背景及其对旅游活动的容纳能力;旅游者的旅游活动以及当地居民的生产和生活活动与旅游环境相融合。

(二)生态旅游规划需要处理的关系

1. 市场与资源的关系

以客源市场为导向,以生态旅游资源为基础,寻找两者之间的最佳结合点,设计适销对路的生态旅游产品。

2. 旅游地最大容量与最佳容量的关系

根据旅游地的面积、特点和可进入性等条件,精心测算最佳容纳游人的数量,采用经济手段(必要时用行政和法律手段)调节游客流量。

3. 共性与个性的关系

生态旅游地要因地制宜,突出特色,防止雷同,尤其要防止短距离、低水平的重复开发。

4. 天然与人工的关系

生态旅游以回归自然为主题,贵在自然,尽可能减少人工雕琢。服务接待设施要简朴、实用、方便,其外观与内部陈设要与自然环境相协调。

5. 经济效益、社会效益与环境效益的关系

环境效益是根本前提,社会效益是最终目的,经济效益是直接动力。当经济效益与环境效益发生矛盾时,短时的经济效益要服从长远的环境效益。

二、生态旅游规划的必要性

生态旅游是一种欣赏大自然、认识大自然和保护大自然的“绿色旅游活动”。在生态旅游活动中,对旅游者来说,可以锻炼身体、磨炼意志和培养热爱大自然的品德;对当地居民来说,可以增加就业机会,并获得一定的经济效益,可谓相辅相成,相得益彰。然而,在生态旅游发展过程中,有些企业利用生态旅游搞一些纯粹的商业活动,唯利是图,放弃了以保护大自然的生态环境使其免遭破坏的旅游前提。例如旅游者与日俱增,生态旅游目的地因人满为患而难以承受;生态旅游目的地遥远,价格昂贵,每天人均消费 100 ~ 500 美元。但有的旅游企业在生态旅游活动中,推出价格低廉的“背包”旅游,这种旅游方式会给生态环境带来许多不利影响。要抑制人患,消除不利影响,其关键是要搞好规划,以规划为基础进行科学管理。

编制科学的旅游规划是生态旅游发展的纲领和蓝图。科学、合理的旅游规划可以使旅游开发有计划、有步骤地发展,减少盲目性,增加自觉性;避免自流性,实现计划性和严格管理,以确保旅游目的地的自然景观不被破坏,保持自然生态系统平衡,使生态旅游业得到持续发展。正如中科院植物所王献溥所讲,“经济目标和环境目标并不是必须相互排斥的,协调得好,完全能起相互促进的作用。不要一言

保护就是一草一木不能动,开展生态旅游不能因噎废食,而要精心地搞好规划,保证环境保护与旅游活动同步健康发展”。

从我国的实际情况看,制定科学的生态旅游总体发展规划,并以此为指导制定各区域发展规划势在必行。虽然我国现在自然保护区数量有了较大增长,但由于绝大部分自然保护区的发展历史不长、尚存在许多薄弱环节,如边界不清,缺乏总体发展规划,管理水平低下,没有发展科学研究和生态监测等,为合理开发利用生态环境资源带来一定困难。通过对82个进行相关旅游开发的自然保护区的调查结果表明,其中44%有垃圾公害,12%有水污染,11%有噪声污染,3%有空气污染,23%的核心区有旅游活动,43.9%的自然保护区没有管理措施。在已经开展旅游的保护区中,仅有16%定期进行环境监测工作。为促进旅游业的健康发展,生态旅游开发之初,必须首先进行科学的规划,只有规划先行,保护性的开发才能落实,生态旅游的发展目标才能实现。应该说,科学的规划是保护区实现生态旅游开发的前提。

由于黑龙江省生态旅游业起步晚、发展快,所以各地区、各景点的管理者在指导思想、经济意识和法制观念上还存在一些偏差,全省尚未制定科学、系统、完整的生态旅游资源开发总体规划,各自为政,互不协调,甚至有些地方全凭长官意识行事,随意开发,盲目建设,造成资源浪费,破坏了自然景观和生态环境。以镜泊湖为例,由于缺少统一规划,湖区各种建筑林立,不仅与自然环境不和谐,还造成植被破坏、水土流失、“三废”污染。因此,黑龙江省生态旅游业的发展必须经过统筹规划。

三、生态旅游规划的意义

生态旅游规划是在一定范围(地域)内和一定时期中对生态旅游发展的一种谋划或策划。生态旅游规划的历史使命,是有效地引导和控制生态旅游发展,保障生态旅游符合科学规律,可持续的发展。其主要作用和意义有以下具体表现。

(一)保证生态旅游发展的有序性,避免发展中的盲目性

生态旅游发展规划的制定和实施,使生态旅游发展纳入有计划、有步骤发展的轨道,并使之得到较顺利的发展。不论是从全国,还是到地区,生态旅游发展都离不开经济社会的发展,生态旅游发展必须建立在全国和地区经济社会发展的基础上,必须得到社会上各个方面的支持。因此,生态旅游发展必须与经济社会的发展相适应,而不能超越经济社会发展的程度。

从我国生态旅游发展的实践看,在我国生态旅游发展的过程中,生态旅游发展规划的制定是滞后的,特别是全国的、长期的生态旅游发展规划的制定。因此,地方的、旅游区的生态旅游发展规划往往缺乏较为明确的方向和目标,致使生态旅游发展中出现一定的盲目性和无序性。例如,在生态旅游区建造上出现了趋同化,一

处兴建了某种主题或特点的生态旅游点后,其他地方不顾自身的特点和条件盲目跟从,导致过多过滥,使经营效益大大下降,甚至陷入经营上的困境。

(二)保证生态旅游业和相关行业的相互配合、协调发展

生态旅游业的特点之一就是它与许多部门和行业之间存在密切的关系:主要部门和行业有交通运输业、邮电通讯业、商业、服务业、供水供电供气业、医疗保健业、饮食和娱乐业等。如果这些部门和行业不能与生态旅游业同步发展,那么生态旅游业的发展将会寸步难行。要解决生态旅游业与这些相关部门和行业的同步发展,单靠各个部门和行业的力量是解决不了的,必须要靠国家和各地政府通过制定生态旅游发展规划来解决,多层次、多部门、分散营运的各类相关部门加速实现整合,使这一现代化“社会—经济—环境”的边缘组合系统,走向资源合理配置、供需匹配,使其在市场竞争中更具实力。

(三)保证生态旅游资源有效的利用和结构上的合理性

我国生态旅游资源极为丰富,可以开发和利用的生态旅游资源非常多。但是,从投入产出的角度看,生态旅游资源存在一个有效利用的问题。在一定地域内和时期中,并不是生态旅游资源开发得越多越好。生态旅游资源的开发和利用应该与一定地域和时期生态旅游发展状况相适应,与一定的客流量相适应。生态旅游资源开发利用偏少,不能构成对旅游者更大吸引力,不能满足旅游者的需求,会造成对生态旅游发展的阻碍;一旦超过生态旅游发展的需要,就会导致所开发生态旅游资源的闲置。虽然生态旅游资源的开发应有一定的超前性,从而使生态旅游发展有较大的后劲,但也不能超过一定的限度。为保证所开发旅游资源的有效利用,必须根据生态旅游发展的现状和今后发展趋势,做好生态旅游发展的规划工作。开发什么样的生态旅游资源,开发多少、什么时候开发、开发的规模有多大等,都应制定出明确的规划,并按照规划有计划、有步骤地实施。

生态旅游资源的有效利用与生态旅游资源的合理结构密切相关。生态旅游资源的类别很多,在一定地域和一定的时期中,生态旅游资源存在着一定的结构问题。如果生态旅游资源结构合理,就可以使生态旅游资源得到有效利用,反之,生态旅游资源结构不合理,其资源必然得不到有效利用。例如在一个局部地区,生态旅游资源结构不合理,会导致该地区生态旅游资源不能得到有效利用。因此,要使生态旅游资源保持一个合理的结构,就需要制定与其相适应的生态旅游发展规划。

(四)保证生态旅游业的可持续发展

生态旅游业发展要以生态旅游资源为凭借,特别是那些不可再生的生态旅游资源,如一些自然资源和人文生态资源,一旦被过度消耗或破坏,就会永久地消失,

从而,会影响到生态旅游业的可持续发展。所以,对生态旅游资源的开发必须有计划、有步骤地实施。对一些已被开发利用的生态旅游资源,为了确保它们不被过度消耗和破坏,必须制定出科学的开发建设和保护规划。

此外,生态旅游业的发展与生态环境有着非常紧密的关系,如生态旅游地的海滩、湖泊、河流、小溪等,都不能受到污染和破坏,否则生态旅游业就失去了可持续发展的条件和基础。因此,相关地方的责任部门必须按照规划的要求和规定做好生态环境的保护规划。

第二节　黑龙江省生态旅游战略

生态旅游的理论研究和实践发展中的一个核心问题就是生态旅游应该实现哪些目标,只有明确了生态旅游的目标,才能确定其主体、原则、机制和实际效果等问题。生态旅游的发展目标是什么?其答案是生态旅游其他相关问题得以研究的前提。

生态旅游是旅游可持续发展的重要措施之一,它的运行目标与旅游业的可持续发展目标是完全一致的。也就是说,生态旅游的运行目标也是为了规范游览活动与自然、社会、经济、文化等系统之间变化的关系,使之在内涵和外延上都能实现人类普遍公认的旅游业持续发展的目标,即在不损害生态环境的前提下,既满足当代人的旅游需求,又不损坏后代人以满足自身旅游需要的发展。

一、生态旅游的目标体系

就生态旅游本身而言,目前人们所赋予它的功能以及期望它实现的目标越来越复杂。一方面,每个目标的实现都建立在满足某些假设条件的基础之上,多个目标的同时实现更依赖于对内外部因素及其关系的假设。另一方面,各个目标之间既存在一定的冲突和矛盾,需要进行协调和交易,又相互依赖,一个目标的实现与否及实现程度会影响到其他目标。同时,参与生态旅游活动的利益相关者各自带着不同的动机和目的加入生态旅游行列,在其中扮演不同的角色,他们的目标之间既有重合,也有冲突。因此,生态旅游发展的目标到底是什么?实现这些目标的前提条件或者逻辑假设是什么?不同利益相关者的目标之间及其各自目标与总体目标之间存在什么关系?对上述错综复杂的关系的梳理,是把握生态旅游的前提,也是生态旅游发展的根本。

生态旅游是可持续发展原则的一种实现方式,要了解生态旅游的目标体系首先需要明确可持续发展本身要实现哪些目标。对于可持续发展的目标,人们有不同的表述方式,概括而言,就是要实现“自然—经济—社会”复合系统的互利与和谐。按照世界银行的表述,可持续发展的目标如下:从经济子系统而言,就是要获得经济上质和量的持续增长,资金投入和收益的最大化;从社会子系统而言,就是要追求社会均等,包括公众的参与,满足不同需求的人做出最佳选择的社会流动性等;从自然生态子系统而言,就是要在其承载力范围内,合理使用资源,保护生物的多样性。

生态旅游的目标体系,可以从不同角度来进行分析。一般来说,生态旅游被当作是确保保护和发展同时实施的有效手段,又是实现可持续发展的一种方式。另外,也可以从不同的自然和社会纬度来划分,将生态旅游的目标分为环境、社会文化、经济(和体验)等三(四)个方面,认为生态旅游是要同时实现上述三(四)个方面的可持续,即保护生态环境、在社会文化方面可以接受并且具有促进作用、利于经济发展(和同时满足旅游者体验)。最后,还可以根据目标主体来划分,认为生态旅游必须在生态(自然区)、社区和旅游业之间建立良好的互动关系,从而实现共同发展。以下就从上述三个角度对生态旅游的目标体系进行分析。

(一)两方面目标

对于生态旅游,一种普遍的说法是,它是寻求保护和发展并驾齐驱、并行不悖的媒介,是确保上述两个目标同时实现的工具。有些人把这说成是解决宏观问题的微观办法。但是,生态旅游要保护什么,发展什么,却少有人深入地探讨过。

对于生态旅游的保护对象,过去主要集中于对自然资源、生态系统及生物多样性的保持,这是与可持续发展理念的发端密切相连的,同时也与生态旅游的初始形态——自然旅游紧密相关。以美国的国家公园为例,最初,国家公园的主要保护对象仅仅是优美而独特的自然景观,到了20世纪20年代后期,公园管理者发现植物和动物太少,于是环境保护主义的观念才逐步扩展,将自然的生态组成部分也纳入其中;到了60年代后期,人们发现过去那种按照“保护主义原则”强迫性地将当地人和公园隔离开来的做法致使当地人对公园产生敌意从而产生非法伐木、狩猎等行为,管理者意识到只有当地人从公园和旅游业中受益,保护区、物种和生态系统才能够存在下去,于是当地社区和土著群体以及他们的文化、传统及生活方式等也被纳入保护之列。因此,生态旅游的保护不仅包括自然资源,同时也涵盖了社会文化资源,即文化的多样性、真实性、独立性也成为了保护的对象。

发展是含义广泛的词语,在这里,需要明确是谁的发展?发展什么?朝着什么方向发展?尽管在大多数文献中,发展更多地是指经济发展,尤其是当地社区和目的地国的经济发展,但是从生态旅游的角度而言,发展首先应该是当地社区的发展,包括生活水平的提高和社会经济状况的改善;其次,涉及目的地国的发展,主要是经济收益的提高(突出表现为外汇收入的增加),要实现当地社区和目的地国的发展,就要确保生态旅游业以及生态旅游的实际经营者之——旅游企业的同时发展;最后,所有这一切的发展都是建立在生态旅游的需求方——生态旅游者的体验得以充分实现的基础之上。因此,需要从保护和发展的角度来界定生态旅游的目标。

从上述分析可以看出,保护和发展两个目标涉及以下内容:

1. 不同的对象

保护的对象按照其存在方式包括自然资源和社会文化资源,而发展的对象按照主体来划分则包括旅游者、当地社区、旅游企业、旅游行业和目的地国家等;

2. 不同的方向

保护的目的主要是确保维持和恢复,是侧重于对过去状态的恢复和当前状态的保持,而发展的目的主要是在改善当前状况的前提下以未来可持续发展为导向的。

(二)四纬度目标

对于生态旅游的目标,另外一种划分方法是从环境、经济、社会文化等纬度来衡量的。长期以来,在生态旅游以及可持续旅游中,更多的是强调环境的可持续性,而忽视了其他方面(这是与可持续概念的直接发端紧密相关的)。后来的学者根据广泛的可持续发展目标,推演出生态旅游的目标体系——环境、经济和社会文化。但是,有一个重要的方面——旅游者体验被忽略了。实际在某种程度上,旅游者体验的可持续性是决定其他几个方面(尤其是经济方面)是否能够可持续的基础。尽管在生态旅游文献中,对体验目标和体验影响的强调不够,但是在有关娱乐的研究中,则对其给予了充分的重视。在这里,采用四纬度(环境、经济、社会文化和体验)目标,即生态旅游的目标就是要同时确保环境、经济、社会文化和体验的可持续性,不仅要实现这四个方面的平衡,还要实现它们正面收益的最大化和负面影响的最小化。

(三)三要素目标

Ross 和 Wall 从保护区、旅游和社区三个方面的相互关系考察了生态旅游的目标,他们认为,在假设保护区、旅游业与当地社区之间存在良好的互动关系的基础上,社区可以获得经济和社会收益,其中经济收益包括提高就业机会、当地企业的发展和旅游收入分配等;社会收益包括基础设施的改善(医疗卫生、通讯、交通、商业等)、社会经济状况的改善、文化间的尊重和文化自豪感的提高等。保护区可以通过旅游所获得的收入增加保护资金,改善管理手段,提高对整个社会环境意识的培养。而旅游业则通过向旅游者提供服务和环境教育获得经济上的稳定发展。三个主体通过交易、协调和平衡实现共同发展。

不管是从两方面(保护与发展)、四纬度(环境、经济、社会文化与体验)还是三要素(保护区、当地社区、旅游业)来说明生态旅游的目标,实际上,都是从不同角度说明了一个问题——如何在旅游活动中实现可持续原则。因此,归根结底,生态旅游的目标是——在自然环境和(或)文化特性敏感区通过旅游活动实现可持续发展。从这里我们可以看出,尽管可持续发展是人类所有活动的目标,是所有旅游形式必须遵循的原则,但是,一方面,由于生态旅游是在自然环境和(或)文化特性比较敏感的区域进行的,所以从环境、社会文化角度看,必须将其负面影响控制在最低水平,从而实现其所赖以存在的资源基础的可持续性;另一方面,由于生态旅游的本质是一种特定的旅游形式,所以从经济、旅游者体验角度看,必须能够保证旅游需求和供给的持续存在,从而保证其自身运行的可持续性。实际上,生态旅游区别于其他旅游形式的主要方面在于环境和社会文化二者的可持续性,而经济和旅游者体验方面的可持续性是一切旅游形式存在的前提。在各类文献中,往往存在矫枉过正的情况,仅仅强调前两个(尤其是环境)方面的可持续性,而忽略了生态旅游作为一种旅游形式所必需的后两个方面的可持续性。

简言之,生态旅游就是要至少确保为旅游者提供积极的体验,同时做到经济上可行、环境上适宜和社会文化上可以接受。没有积极的体验,旅游者就不会再来;经济上不可行,旅游者所需要的设施和服务就无法提供,生态旅游对提供者和当地人的潜在经济收益也就没有了;如果环境没有得到保护,那么生态旅游赖以存在的基础也被破坏了;如果不是文化上可以接受,当地人就会敌视旅游者,抵制甚至摧毁旅游业。因此,四个方面的可持续性对生态旅游来说同样重要。由于生态旅游通常都是在那些自然和文化比较敏感的地区进行,因此生态旅游是最有必要遵循可持续发展原则的旅游形式。同时,由于生态旅游面临的各种矛盾最为集中,因此,生态旅游也是最难以实现可持续发展原则的旅游形式。生态旅游的成功对于整个旅游业发展来说具有非常重要的意义。在某种程度上,这也是生态旅游之所以引起如此多关注的原因。

二、生态旅游与旅游业可持续发展

"可持续发展"(sustainable development)一词是在 20 世纪 80 年代中期首先由欧洲一些发达国家,基于各国环境污染和生态破坏日益加剧的状况下提出来的。经过许多国家间的对话与辩论,终于在 1989 年 5 月联合国环境规划署第 15 次理事会上达成共识,认为可持续发展是指"满足当前需要而又不削弱子孙后代满足其需要之能力的发展,而且绝不包含侵犯国家主权的含义"。在 1992 年联合国环境与发展大会通过的《二十一世纪议程》中,则将可持续发展作为全球行动战略,强调人、社会、自然三者关系的和谐发展,要求实现全人类代际间发展机会在平等条件下的协调发展与共同进步。虽然以上两种表述有些不同,但在重点强调确保各国各地区长远的乃至人类代际间协同的持续发展方面是一致的。可持续发展不是单一方面的发展，而是一个复合性的概念，它包括生态的可持续发展、经济的可持续发展和人类社会的可持续发展三者有机的统一。

生态旅游虽然是一种自然旅游形式，但是它与可持续发展有着极为密切的关系。生态旅游可以促进旅游业可持续发展，是保护环境、维护生态平衡的最好旅游方式，因此是实施可持续发展战略在旅游领域中的最佳选择；而旅游业的可持续发展要求生态旅游在保护旅游资源及其环境、保护生物多样性，以及对民众进行生态环境教育、规范道德和行为等方面具有比其他旅游形式更突出的作用。所以生态旅游本身就是旅游可持续发展的重要基础，是可持续旅游发展的核心，同时也是可持续旅游的一种方法。

为了说明生态旅游与旅游业可持续发展的关系，首先要弄清楚生态旅游可持续发展的概念。什么是生态旅游可持续发展？它与一般可持续发展有什么区别？简单说，生态旅游可持续发展就是在生态旅游区内，以生态旅游方式，实现旅游可持续发展的过程。也就是说，以生态学理论为指导，对环境负有责任的，对旅游资源予以合理、有序、科学的开发，使历代人都能获得享受的一种旅游活动。

生态旅游能够以不到20年的时间在全球内迅速发展，是因为有正确理论的指导。在人与自然关系理论、生态美学理论及可持续发展理论等众多指导生态旅游发展的理论中，可持续发展理论是最根本的，它是生态旅游发展的基石，可持续发展是生态旅游的最终目的。

生态旅游作为一种高级旅游形式和产品，不仅要使旅游业本身得到发展，而且更重要的是要通过这种特殊形式的旅游使人类从大自然中获取知识和利益，同时永久持续地保持全球生态环境原生系统的完整性。生态旅游这一理念是以可持续发展理论为基础的，是可持续发展观在旅游业中的具体表现。可持续发展规律是人类反思其历史经验，谋求在人类未来发展中实现发展与环境相互协调的客观需求和规律。根据可持续发展规律，生态旅游开发商、经营管理者和生态旅游者都要对生态旅游环境实现良性循环担负起更多的责任。

在论及生态旅游与传统大众旅游差异时，我们可以从不同侧面列出很多点，其中最为核心的差异首推发展战略。传统大众旅游没有可持续发展理论的指导，虽然也讲经济、社会、环境三大效益的协调发展，但只注意了几大效益间的横向关系，在近期和远期效益间的纵向关系上谈得较少，即使谈了，也缺乏落到实处的通道。生态旅游在可持续发展理论的指导下，对三大效益的横向和纵向的关系都十分重视，且把长远的可持续旅游作为自己的发展目标。也就是说，生态旅游的运行目标与旅游业的可持续发展目标是完全一致的，也是为了规范游览活动与自然、社会、经济和文化等系统变化的关系，使之在内涵和外延上都能实现人类普遍公认的可持续发展的目标。

因此，生态旅游的发展不仅能促进可持续旅游的发展，还能促进整个人类社会的可持续发展。换言之,生态旅游以环境保护为宗旨,它是可持续发展的重要措施和基本保障,正如世界旅游组织为“2002 年国际生态旅游年”提出的口号那样,“生态旅游:可持续发展的关键”。

三、生态旅游可持续发展的特点

(一)生态旅游可持续发展的运作场所

生态旅游可持续发展的运作场所是自然界中的生态旅游地,它包括自然保护区中的实验区和森林公园、以自然为主体景观的风景名胜区、各种湿地和人文旅游区中的生态环境旅游项目等。这些生态旅游区、点都以生态旅游为基本内容,形成以保护生态环境、生物多样性为目标的旅游区域单元。生态旅游地的一切活动计划必须以生态学理论为指导,把可持续发展放在中心地位。

(二)生态旅游是旅游可持续发展的最佳方式

旅游可持续发展的最佳方式就是对环境负有责任的生态旅游。世界各国所采取的旅游形式有上百种,但是许多旅游形式都未与可持续发展的要求直接联系起来,其中有不少传统旅游形式为了获取丰厚的经济利益而忽视了对自然生态环境的有效保护,结果对生态环境造成了严重的破坏。总结这些旅游开发教训,人们开始意识到,必须采取一种与生态环境保护直接发生联系,并直接产生协调效果的旅游形式,这就是把环境保护作为主要义务与责任的生态旅游。

有人认为,生态旅游也会破坏生态环境。之所以产生这种误解,主要是因为人们对生态旅游的概念界定不清,把生态旅游与一般自然旅游混淆,以为生态旅游就是自然旅游。其实,生态旅游是以保护生态环境为首要任务的,即在享受生态乐趣的同时,要以实际行动保护环境免受破坏。研究生态旅游可持续发展的概念必须把它与旅游方式视为一个整体。

(三)生态旅游可持续发展是合理、有序、科学开发旅游资源的过程

所谓合理有序地开发旅游资源,就是在空间上坚持互利互补的原则,在时间上坚持理性分配的原则,特别是在生态环境脆弱和破坏后难以恢复的地区,在开发前一定要合理布局,在开发时力度要适中,切忌对资源进行破坏性和掠夺性的开发。只有合理开发才能使资源永续利用,使生态环境呈现协调有序、运行平稳的良性循环状态,以达到旅游可持续发展的目标。合理、有序、科学地开发,不仅能使当代人获得享受旅游资源的权利,而且也能保证后代人拥有继续开发旅游资源的能力和权利。

第三节　黑龙江省生态旅游产业现状

一、黑龙江省生态旅游产业发展现状

黑龙江省新时期旅游开发始于 1978 年。自 1978 年以来的 40 余年时间里，黑龙江省旅游取得了长足的发展，表现在旅游机构的逐步完善，层次健全；旅行社和饭店数量获得了大幅度的增长，且高水平的星级饭店也有了较快的发展；旅游交通网络体系发展迅速；旅游服务水平、旅游商品生产量都有了大幅度的提高。1999 年黑龙江省依靠旅游业开启了快速发展的新形势，并提出开发生态旅游的新思路，进一步明确了全省将以开发大冰雪、大森林、大湿地、大草原、大界江湖泊、大农业、漂流狩猎和特殊地质地貌为主打的生态旅游产品，以北方都市风光、少数民族风情和边界风光等为辅的特色旅游产品的新设想。

（一）旅游业总体发展状况

黑龙江高度重视旅游产业发展，依托龙江大森林、大草原、大湿地、大湖泊、大冰雪、大界江等得天独厚的资源优势，实施旅游强省战略，持续推动文旅融合，以文塑旅、以旅彰文、以供给侧改革和需求侧改革为主线，开拓全域旅游空间新格局，培育特色旅游新业态，推动旅游产业提档升级。

据《2019 年黑龙江省国民经济和社会发展统计公报》数据显示，2019 年，全省共接待国内外游客 2. 16 亿人次，其中国内游客 2. 15 亿人次，入境游客 110. 7 万人次，实现旅游收入 2 683. 8 亿元，同比增长 19. 6%。

据《2019—2020 年度黑龙江省旅游产业发展报告》分析，旅游产业规模不断壮大，具体体现：一是实行全域旅游，截止 2020 年 12 月，全省共有国家全域旅游示范区 4 家，为大兴安岭地区漠河市、黑河市五大连池市、鸡西市、虎林市和伊春市嘉荫县；二是国家旅游 A 级景区、滑雪场及旅游度假区不断增加，现有 A 级旅游景区 407 家，其中国家 AAAAA 级旅游景区 6 家，国家 AAAA 级景区 107 家。S 级旅游滑雪场 27 家，旅游度假区 16 家；三是星级酒店及旅行社情况，全省现有星级宾馆 186 家，其中五星级 6 家，四星级 39 家；全省旅行社 828 家，其中出境资质旅行社 97 家，边境资质旅行社 180 家，赴台资质旅行社 6 家，全国百强社 4 家；四是智慧旅游方面，黑龙江智慧旅游平台“趣龙江”上线运行，全省上线旅游景区约 400 家，旅行公司 70 余家，相关企业进 300 家，上限旅游产品供给超过 5 000 个，交易总额超 800 万元。

(二)旅游资源的开发利用

黑龙江省旅游资源历经40余年快速开发,旅游地建设已初具规模。到目前已有全国历史文化名城1座,“中国旅游名胜四十佳”景区1处,国家级风景名胜区2处,省级风景名胜区14处,全国优秀旅游城市11座,省级旅游度假区4处,另外还有100余处滑雪场,60余个国家级、省级森林公园等。从具体资源及旅游地开发建设上已有镜泊湖风景区、亚布力滑雪度假区、五大连池风景区、扎龙湿地、二龙山风景区、兴凯湖风景区等众多景区(点),推出了冰雪旅游、生态旅游和边境跨国旅游等名牌旅游产品,知名景区(点)已遍及全省各地,旅游资源开发的基本格局已初步形成,建成了亚布力、镜泊湖、五大连池等旅游度假区,开发了太阳岛、东北虎林园、玉泉山、桃山、漠河北极村、扎龙、连环湖、兴凯湖、带岭等100多个景区(点),形成了冰灯雪雕观赏、滑雪和冰雪游乐、狩猎观鸟、原始森林探险、漂流观光、疗养休闲、避暑保健、蒸汽机车观赏、环境生态、历史遗迹、民俗风情、边境跨国旅游等主题旅游项目和几十条特色旅游线路。

黑龙江省拥有丰富的生态旅游资源,生态旅游资源的开发利用效果越来越好。全省生态旅游资源经过开发利用,形成了几十条旅游线路。以哈尔滨为中心的“O”形环状旅游带;绥芬河、虎林至齐齐哈尔、漠河,哈尔滨至伊春、嘉荫、萝北、五大连池、黑河和哈尔滨至佳木斯、同江、抚远的“K”字形旅游带;黑龙江、乌苏里江界的“L”字形旅游带。建立和完善了亚布力、镜泊湖、桃山、玉泉山、莲花湖、扎龙、漠河北极村、兴凯湖等100多个景区(点),初步建立起生态旅游格局。

黑龙江省作为旅游省份其城市大多都拥有丰富的生态旅游资源,如铁力市、虎林市,这两座生态旅游城市生态旅游资源丰富,起步虽晚但开发利用效果好,获得了国家优秀旅游城市称号。铁力市作为林都伊春的南大门,是黑龙江省三条黄金旅游线路“铁力—伊春—嘉荫”的起始点,境内山多林密、河流纵横、草原湿地辽阔,森林面积0.5万平方千米,森林覆盖率达75%,大小河流30余条,城区空气符合国家空气环境质量二级标准,农村和林区达到国家一级标准,以天蓝、水碧、山青、地绿等优势使发展生态旅游的条件得天独厚。铁力市是一座开发比较晚的生态旅游城市,但近几年其生态旅游产业迅速发展,规模不断扩大,已形成了漂流、滑雪、狩猎、登山、民族风情游等21个优势旅游项目。铁力、桃山、朗乡三大生态旅游景区的开发,为社会创造了更多的就业岗位,为增加收入开辟了新的途径。目前,铁力市直接从事旅游服务业的人员已达到2 500人,每年增加居民收入近1 000万元。在该市的经济格局中,生态旅游业已逐步成为全市的支柱产业。虎林市旅游资源丰富,受地理环境、气候条件和历史渊源的影响,使得这块北疆著名的旅游胜地蒙上了一层神奇、神秘、神韵的面纱。全市围绕生态游、文化游、健康游和经济游的思路进行的旅游景区景点建设,已展示出虎林生态旅游的特有风貌。

（三）旅游服务管理工作

为提高黑龙江省旅游服务管理水平，黑龙江省加大了旅游从业人员的岗位培训和教育培养。由于近年来黑龙江省旅游业发展迅猛，市场需要大量的旅游人才，因此各高校纷纷设置旅游专业，并且旅游专业迅速成为各高校中炙手可热的专业之一。据2008年原黑龙江省旅游局统计，省内35所大专院校设立旅游院系，有16所旅游职业学校、8家旅游培训中心，年培训215万人。尽管如此，进入旅游行业的旅游专业应届毕业生占不到毕业总人数的一半。旅游院校的学生已持续几年供不应求，市场的需求量是毕业人数的4～5倍。各大专院校旅游专业的课程主要包括旅游管理理论、市场营销、旅行社经营管理、导游业务、饭店管理、旅游文化等，而教授这些课程的教师90%以上没有从事过相关旅游行业，对旅游业不甚了解，因此大多数教师的理论体系并不完善，所教授的多是人云亦云的理论。高校里旅游专业课程的设置与社会需求间的"裂痕"，使许多大学毕业生眼高手低，动手能力和实际操作能力较差。事实上，黑龙江省旅游人才缺口很大，大学教育应该寻求与市场的对接，培养适用型人才。

为加强旅游行业管理，黑龙江省认真贯彻了《中华人民共和国旅游法》及其细则，并结合省域实际制定了落实方案，对全省进行年度的全面考核检查，广泛地进行了星级饭店的复查工作，对不合格者采取摘星行动，认真开展旅游质量监督检查工作和旅游市场专项管理整顿工作。在旅游服务管理上政策法规逐步健全，管理经验方式逐步成型，有效的旅游服务管理网初步形成。

二、黑龙江省生态旅游开发中的问题

黑龙江省和全国一样，生态旅游业的发展正处于上升时期，还未达到成熟的状态，发展中出现问题是难免的，即便是在许多旅游发展历史悠久、旅游业发达的国家也会出现类似的问题，它们有的可能是全省性的，甚至是全国性的，有的则可能是个别景点的。充分认识到这些问题是我们更科学地进行生态旅游开发的重要认识基础；而解决了这些问题，则有利于推动生态旅游业的发展。黑龙江省旅游业历经十余年的大力发展已奠定了较为良好的基础，并构建起了旅游业进一步发展的基础格局，且发展势头强劲。为了保证黑龙江省生态旅游开发科学地进行，全面地考察审视旅游开发中的问题，并深入分析和解决问题，就成了生态旅游开发研究中的主要内容。

（一）生态旅游规划问题

旅游的规划设计从地域范围上看，可分为各级区域旅游规划和旅游地景区（点）旅游规划；从规划内容上可分为发展战略规划和开发建设规划，开发建设规划又可以细化为综合性规划和部门规划及资源、商品、市场开发、产品设计专门规划等。一个地区，或一个旅游地、景区（点），在进行旅游开发建设时必须要有这些规划作为指导，否则盲目开发建设的结果是破坏资源、经济亏损。黑龙江省生态旅游规划开展的实际状况存在着以下问题。

第一，有许多景区（点）没有进行系统科学的生态旅游规划编制工作，仅仅靠领导臆想进行开发建设，这样的景区（点）（据初步统计）要占总数的三成以上。

第二，许多地区的景区（点）规划不系统不配套，有建设规划而无发展规划，有综合规划而无项目规划，有资源开发规划而缺少产品、市场开发规划，不完整的规划使规划指导与实施意义大打折扣，这种现象存在更具有普遍性。

第三，规划有求新、求奇、求高的问题，论证不充分。本来求新、奇、高应该是旅游开发的宗旨，但脱离实际的规划只能是一座空中楼阁，无疑给规划需要者以画饼充饥。有的城市规划了一处庞大的森林风景线路，设计新颖，具有新意，但是市场客源却无着落。某乡镇规划建设一座梦幻城，投资几千万元，甚至上亿元，只是凭空臆想，而投资又无着落，更无经济论证及可行性分析。这些规划多半是规划者为迎合地方及景区领导意识的产物。更有大量的规划停留在表面，论证分析深度不够，规划不到位，有的甚至规划中所必须有的条件都被遗漏掉，这样的规划根本难以指导旅游开发。

第四，旅游规划人员构成上存在着一些问题。目前参与规划人员专业构成十分复杂，地理、林业、城市规划设计、历史和建筑设计等方面的人员都已涉足旅游规划的研制工作。由于大部分人缺乏专业旅游规划知识的系统学习而使编制规划各有侧重，专业倾向严重，缺乏协作的规划无疑是难以保证科学性的。有的建筑师在森林公园规划中增加了许多建筑，亭、榭、堡、桥等使森林公园变成了建筑公园，有的城市规划者规划考虑更多的是硬件布局建设，而旅游地发展的主题、资源、市场、产品的定位都不清楚，吸引什么人来旅游，旅游者来看什么、玩什么、靠什么来吸引旅游者等都不明确。

第五，规划反馈修编几乎没有。规划完成通过使用单位验收就算告终，至于规划是否实施，实施程度，存在哪些问题，如何进行修订等，规划者都不过问，规划的结果则“生死有命，富贵在天”。规划随着环境的变化需要不断地进行修改完善，规划者应该不断地关注规划实施效果，收集反馈信息，对“规划”产品进行“售后跟踪服务”，这样才能保证规划思想的顺利落实。

（二）生态旅游资源开发与保护问题

随着后工业化时代的来临，久居都市的人们越来越崇尚自然，追求回归大自然的生活氛围，生态旅游因集观赏性、娱乐性、参与性和知识性为一体的独特优势满足了人们的愿望。近年来，我国生态旅游快速发展，全国每年仅到森林公园旅游的游客量就达 5 000 多万人次。黑龙江省已明确提出了建设生态旅游省的目标。

虽然黑龙江省重视生态旅游资源的开发,且开发力度较大,但仍然存在着开发利用率较低的问题,主要体现在以下几个方面。

第一,生态旅游景区(点)开发建设存在一哄而起的过热现象。森林旅游点、滑雪旅游点等项目上项过多,市场产品定位不清,缺乏对景点之间空间的竞争分析,重复盲目建设;缺乏产品生命周期分析和开发的可行性分析,结果导致许多景点或难以起步,或昙花一现式的发展而难以为继。

第二,生态景区(点)建设产品过于粗糙。按照国家旅游景区(点)质量等级评分与评定标准的要求,各景区(点)存在的差距是普遍而又巨大的。

第三,管理问题。一些生态景区(点)旅游产品、旅游景观景点开发出来后,在管理上出现相对松懈的情况,造成景区(点)形象受损。

第四,宣传问题。生态景区(点)在建设上重硬件建设,轻软件建设,如指示牌、景观牌、解说牌、形象标志性建筑设计、宣传营销、旅游文化氛围营造等都相对缺乏系统开发,旅游服务质量也有待进一步提高。

第五,文化内涵问题。对生态景区景点的文化内涵挖掘不够,缺乏高品位、有鲜明特色的旅游产品,突出表现为各地的旅游产品形式单一,多为观光型为主,区域旅游产业同构化现象严重。

生态旅游带来的经济效益虽然令人振奋,但它对自然生态环境造成的严重破坏却也令人震惊。据世界自然基金生态专家们分析,“生态旅游”热造成的恶果有以下四点:首先,是各种不负责任、名目繁多、任意冠以“生态旅游”的活动,破坏了保护区的生态环境,造成了新的生态失衡现象;其次,各国对“生态旅游”没有统一的合理的定义、规范和管理,致使一些单位和个人利用了一部分生态资源,却同时又破坏了另一部分;再次,游客数量过多,保护区变相地成了“旅游度假中心”;最后,在保护区内大兴土木,建公路、饭店、高空索道、滑索探险、机场等旅游设施,造成大量的噪声、垃圾和人为的温室效应,从而使气温升高,打破了保护区内动物习惯的生活环境,迫使它们从保护区迁移或消失。

综合上述问题,生态科学家们呼吁各国采取紧急措施,建立规范的“生态旅游”市场。

(三)生态旅游营销问题

黑龙江省生态旅游开发较为普遍地存在着相对重视旅游景区(点)开发建设与管理,而缺乏对旅游市场开发营销的现象。具体表现在以下两方面:首先,有相当一部分旅游地市场定位不清,不知道自己的客源市场在哪个范围,是哪个年龄层次和收入层次及哪个就业部门的人员,是家庭、单位组织,还是个人游客等,这样就使其市场开发无的放矢;其次,重旅游景区产品线路规划,轻视市场开发调研咨询及营销战略方面规划，缺乏对旅游者的行为分析及市场细化研究，缺乏对旅游与市场的调研、市场需求预测及包括旅游定价、促销渠道策略的设计及市场营销管理的实施。

此外，市场开发投入不足，景区（点）宣传介绍渠道也十分有限。

（四）旅游服务与旅游人才培养问题

黑龙江省旅游服务问题存在着如下三方面问题：首先，导游水平需进一步提高，旅游解说内容需进一步完善；其次，旅游交通运输服务、宾馆饭店营业中存在着一些违规、混乱现象，服务质量和水平有待进一步提高；最后，旅行社服务也存在着一些服务不到位，甚至出现欺骗行为等，旅游接待设施水平也有待进一步提高。

生态旅游不仅对旅游者有较高的要求，对其从业人员也有较高的要求。为谋求生态旅游产业的快速发展，旅游企业从业人员的素质有待提高。截至 2018 年黑龙江省旅游产业从业人员 200 多万人，其中旅游产业核心从业人员 30 万人。就全省旅游从业人员整体来看，其学历级别普遍偏低，多为中专、大专类，而具有高等学历的如硕士、博士类的高素质人才短缺。因此，黑龙江省必须提高生态旅游产业从业人员的专业素质。

第四节　黑龙江省生态旅游客源市场分析

一、黑龙江省旅游客源市场的现状及其特征

（一）黑龙江省旅游客源市场的现状

改革开放 40 多年来，黑龙江的旅游业从无到有，迅速发展起来，旅游客源市场也逐步得以拓展，形成了全方位开放的格局。

海外客源市场形成了多方位市场格局，其中以俄罗斯及东欧其他国家为主体，约占国际客源市场的 70%；亚洲地区以日本、韩国、东南亚等国为主，约占入境游人规模的 13%；洲际市场包括欧洲（西、北欧等国）、北美和大洋洲等国家。

国内客源市场是以省内近距离客源市场为基础，发达省份的中远距离客源市场为重点的开发格局，其中以黑龙江省内居民为主体，约占 70%，特别是经济条件较好的城镇居民游人比例最高；来自黑龙江省周边市场的游人约占 15%，以城市居民为主；来自沿海经济发达地区的游人约占 10%；中西部地区游人约占 5%；港澳台市场是黑龙江省的重要客源市场，游客重游率较高。

黑龙江省省内游客团队（单位、集体）和散客都有，主要进行休憩健身、度假和

游览欣赏;国内其他地区游客以散客居多,主要进行观光欣赏旅游;海外游客以团队方式旅游居多,以商贸及特定的参观访问为主要目的。

据黑龙江省统计局统计,2019 年全省接待国内、国外游客量分别为 110.7 万人次和 2.2 万人次,国内旅游业总收入达 2 604 亿元,外汇总收入达 6.3 亿美元,黑龙江省已成为中国最大的冰雪旅游基地和生态旅游胜地。

(二)黑龙江省旅游客源市场的特征

1. 季节性

黑龙江省由于气候具有冬冷夏凉的特点,旅游市场的季节性十分明显。冬夏两季旅游人数剧增,旅游市场的需求量增大。春秋两季旅游人数骤减,旅游市场的需求量显著下降。黑龙江省旅游市场的需求量在时间分布上的不均衡性构成了它季节性的特点,而且这种季节性是以自然界的四季交替为标准的。黑龙江省旅游市场需求的季节性特点使得供给产生较大的困难。它会增加投资者的成本,延长资本的回收期。

2. 区域性

现代旅游市场是一个以全球为活动领域的世界性旅游市场。然而,就某一个地区的旅游市场而言是有其区域特点的。黑龙江省旅游市场由于季节性、地域性和历史性的特点,使其海内外游客具有十分明显的区域性。海外游客集中于俄罗斯、日本等国家,国内游客集中于北京、广州、上海等城市。其原因是俄罗斯与黑龙江省接壤,有着悠久的相互交往历史。特别是中东铁路的建设,使得中俄两国人民之间相互了解增强,甚至许多老哈尔滨人都会说俄语。两国官方和民间之间的经济和文化交流持续增加,游客人数直线上升。日本战败以后,许多日本孤儿留在中国的土地上,由善良的中国人扶养成人。中日邦交正常化以来,他们中许多人回到了日本。战争的烙印、历史的负疚、往日的回忆等多方面的因素使得日本游客选择了黑龙江省。所以黑龙江省旅游市场海外客源以俄罗斯为主,日本为辅就不足为奇了。另一方面,与赤日炎炎的南方相比,冰天雪地的黑龙江省有着非同寻常的吸引力。因此,越是南方的游客越向往黑龙江的凉爽与冰雪。以上原因就构成了黑龙江省旅游客源市场的区域性特点。

3. 分散性

黑龙江省地域广阔,旅游资源非常丰富且呈现出多样化的特点。由于不同的旅游者对旅游目的地的需求不同,交通线路、旅游方式、导游水平等要求也不一样。黑龙江省的自然景观、人文景观和城市景观的分布比较分散。于是,游客在到达哈尔滨市后,不同游客为满足各自多样化的需求,他们的分布就表现出分散性的特点。特别是黑龙江省的交通线路是以哈尔滨市为中心,任何不同的旅游目的地一般都必须返回哈尔滨市,这就增加抱有多重需求游客旅游的难度。然而,正因为有着不同需求的游客集中于哈尔滨市，所以信息交流十分方便。这就能使多样化需求扩展开来，从而扩大客源市场的规模。

4. 成长性

1995 年我国开始实行 5 天工作制，人们周末的闲暇时间增加。加之法定假期和工作假期的存在，这就使得旅游观光有了时间保证。同时，我国经济的快速发展，极大地提高了人们的收入水平和受教育程度。解决了温饱问题的人们对精神的需求日益扩大。旅游作为满足人们精神需求的重要项目越来越受到人们的重视。特别是由于改革开放以来，人们的观念有了极大的转变。一是对自然和生态旅游随着人们追求返璞归真、回归自然而日益增加；二是全国和全省人民整体教育水平和文化程度逐年的提高，对历史文物、历史遗迹、民族文化、民俗民风等日益重视，使得人们积极参加历史文化性的旅游；三是随着人们思想的解放、创新和冒险精神的增强，对集探险与游乐为一体的旅游方式兴趣大增；四是现代社会紧张的工作与生活导致人们追求周末或假期的轻松愉快，这样提高了人们对娱乐式休闲旅游的需求；五是人们手中所持有的货币增多，对异地观光购物，特别是国外观光购物的欲望加大，于是增加了对异地、异国旅游购物的需求；六是信息交流的扩大和人们对商机的渴望增加了通过旅游了解市场的需要，这就奠定了商务旅游的基础。人们在休闲时间上的多方面的需求使旅游市场具有极大的成长性。

5. 潜在性

黑龙江省的消费特点是新、奇、特，且有排浪式消费趋势。由于长期受外国和外来移民的影响，黑龙江人在消费方面持开放的态度，易于接受各种不同的商品和消费方式。当一种新的商品或项目传入黑龙江后，许多人都想尝试一下，体验一番，赶赶时髦。至于能否长期使用和接受则是另一个问题，这种特点同样在旅游客源市场上有所反映。当一个新的旅游项目不被黑龙江人认识时，如果有外来冲击式的消费，黑龙江人往往立即追赶，于是一股新的消费热潮就形成了。黑龙江省客源市场的巨大潜在性是很难估量的。

二、黑龙江省主要旅游客源市场

（一）国内旅游客源市场

1. 省内旅游客源市场

黑龙江省省内客源市场主要是利用省内交通便利、客源广泛的优势，开发了周末度假游、滑雪旅游、漂流旅游、界江游、郊外游、冬夏令营游和森林避暑游等客源。随着经济的发展和家庭电器化、自动化程度的提高，人们家务时间减少，闲暇时间增多，娱乐观念的改变，对旅游的有效需求将继续扩大，黑龙江省内客源市场的规模和潜力仍将逐年增长。

截至2019年，黑龙江省总人口达到3 554.5万人，其中城市人口占60.9%，约为2 284.5万人，人均地区生产总值36 183元，其旅游人口市场潜力是巨大的。随着经济的发展，黑龙江省旅游客源市场的发展势头将会十分迅猛。从吴必虎等对我国城市居民旅游目的地选择和休闲出游市场随距离增加而削减等方面的研究成果看，60%的出游市场在50千米范围以内，80%的出游市场集中在500千米的范围内。可见黑龙江省经济发展产生的客源市场主要将被省域内景区（点）所瓜分，省外的仅能占去30%左右的市场，且对于黑龙江省景区（点）开发初始时期，旅游业发展初期阶段而言，市场对于旅游发展的作用是巨大的。

2. 省外旅游客源市场

黑龙江省的省外客源市场比较复杂，遍及全国各地。以下从地域层次上进行分析。

（1）东北地区及京、津、冀、内蒙古地区市场

按照吴必虎研究结果显示，这个市场对于黑龙江省而言大致是500千米左右距离范围的市场，这一层次的地区，一是地理距离较近，另一个是地区经济比较发达，人口密集，居民收入高，外出游客量大，而且经贸往来频繁，地区交通联系便利，更有北京大量返城的知青作为特殊的客源市场，这是黑龙江省省外客源市场的主体部分之一。

（2）东南沿海及东部沿海一些经济比较发达的省区

包括胶东沿海、长江三角洲、珠江三角洲、浙闽沿海等广大地区，这些地区经济发达，人口密集，人均收入多，出游人次多，出游地域范围广，市场规模大，随着中国旅游业的发展，旅游目的地中心出现由南方向北方迁移趋势的明显化，和黑龙江省冰雪旅游等特色旅游在我国旅游地中地位的奠定，这一部分的市场对黑龙江省来说是意义重大的。

（3）内陆其他省区的分散性市场

目前主要集中分布在内陆省区的各大中城市，这部分地区虽然市场密度不大，但地域范围广，人口规模大，整体的客源市场规模也是较大的，这些都应给予足够的重视和必要的开发。

以上这些地区市场经济发达，民营企业蓬勃发展，先富起来的人相对比例较多，人均收入水平高。这些地区的居民观念开放，对自然、原始生态、文化历史和经济社会环境等有着浓厚的兴趣。这部分客源对于黑龙江旅游业来说，是最重要的目标市场。为了将旅游和经济结合起来，黑龙江省通过举办冰雪节、哈洽会、哈夏会等商务、文化旅游活动，开发了冬季冰雪旅游，夏季商务旅游、避暑旅游、文化旅游。哈尔滨冰雪旅游已经成为全国春节期间的旅游热点之一。

（二）海外国际旅游客源市场

随着黑龙江省旅游市场定位、定向的转变，旅游业的发展及国内、国际政治经

济环境变化，市场规模不断扩大，国际客源市场的国别、地区构成也发生了很大的变化。认识这种结构及变化状态对于科学地预测黑龙江省旅游业的国际市场变化趋势和进一步有针对性地开发国际客源市场，发展黑龙江省的旅游业意义是重大的。

1. 黑龙江省接待海外旅游者的构成特点

（1）客源市场集中性强，少数几个国家地区集中了客源市场的大部分

1978 年，日本、美国等国家及中国的港、澳特别行政区占有了黑龙江省 76% 的海外客源市场（海外游客：指来我国内地旅游的外国人、华侨和港、澳、台同胞等）；1985 年，日本和中国的港、澳游客占有了 81% 的海外客源市场；1990 年苏联、日本及中国的港、澳、台等国家和地区占有了 81% 的海外客源市场；1995 年俄罗斯、日本，中国的港、澳、台地区，韩国等国家占有了 88% 的海外客源市场；1996 年这几个国家和地区占有的海外客源市场份额将近 90%；1999 年俄罗斯、日本、韩国及中国的港、澳、台地区占有了海外市场份额的 90%；2019 年中国的港、澳、台地区占有黑龙江省海外客源市场的 10%；同年，日本和俄罗斯各占有黑龙江省海外客源市场的 8% 和 48%。这一结果表明，一方面黑龙江省的客源市场具有较强的定位性，可以有针对性地集中开发主体市场，另一方面也透露出了黑龙江省海外客源市场的单调性，全面开发不够，存在着自然发展特征，这易受国际政治关系等影响而导致大起大落。

（2）主要客源国家地区游客普遍增多，但各国各地所占游客比重有升有降，变化幅度大

黑龙江省 9 个主要国际客源市场地区从游客规模上看都呈不断增加势态。俄罗斯在历经近 10 年的发展，游客人数增加了 200 多倍，韩国游客在近 8 年的发展中也增加了 60 多倍，新加坡、泰国的游客在近 20 年时间里增加了 50 多倍，我国台湾地区的游客在近 8 年增加 3 倍，我国港、澳特别行政区和日本的游客近 20 年也增加了 20 多倍，美国的游客近 20 年增加了近 10 倍。可见，黑龙江省各主要客源国家和地区的游客增长是普遍的，且幅度较大。苏联在 1988 年时客源才有 803 人，占全省海外游客的 1.4%，到 1994 年历经 6 年的发展，俄罗斯游客达到104 166 人，占全省海外游客比重的 75.6%，1999 年这两个数值分别达到 280 789 人和 60%。韩国 1989 年游客才有 165 人，占全省海外游客比例不足 1%，而经过 7 年发展，到 1996 年游客已超过 1 万人，占全省海外游客的比重已增加到 4% 以上，到 1999 年这两个数值分别达到 147 221 人和 3.6%。相反，我国台湾地区从 1989 年开始才有到黑龙江省的游客，1990 年人数就达到 11 656 人，占黑龙江省海外客源市场的 22.9%，到 1995 年这一比重降为 4.2%。日本所占市场比重也由 1978 年的 30% 降为 1996 年的 9.1%，美国和加拿大所占比重由 1978 年的 16.9% 降为 1996 年的 12.2% 和 1999 年的 2.7%。

（3）黑龙江省七个主体的客源国家地区市场在发展中各有特点

①俄罗斯客源市场。苏联在1988年到黑龙江省的游客只有803人，占黑龙江省海外客源市场的1.4%，自从1992年以来，黑河开通了对俄一日游和多日游线路，使得两国的旅游业得以迅速发展，每年接待俄罗斯游客30多万人次。从1998年9月到2001年底，黑河市累计接待中外游客630万人次，实现旅游收入3亿元。近十年来仅从绥芬河市入境的俄罗斯游客就达110万人次。据俄罗斯滨海边疆区旅游委员会统计，到2003年9月中旬，经滨海边疆区口岸出境旅游的人数约为29万人，入境旅游的人数为11.8万人，出境旅游人数超过入境旅游人数的1倍还多。在出境旅游人数中前往中国的人数超过了27万人，约占总数的93%；与此同时，从中国入境的游客为10.6万人，约占总数的90%。其中，2003年第一季度经黑龙江省逊克口岸入境的俄罗斯游客就有2 000余人次。东宁口岸2003年前两个月旅游购物商品出口额达480万美元。

地处中俄边境地区的黑龙江省与俄罗斯合作的历史悠久，在旅游合作方面有着地缘、资源和市场三大优势。黑龙江省的北部和东部以黑龙江和乌苏里江主航道与俄罗斯为界，在长达3 000多千米的边界线上，有漠河、呼玛、塔河、黑河、孙吴、逊克、嘉荫、萝北、绥滨、同江、抚远、饶河、虎林、密山、鸡东、穆棱、东宁和绥芬河等18个县（市），且有陆路［绥芬河、东宁—符拉迪沃斯托克（海参崴）和虎林—列索扎沃斯克］和水路［黑河、逊克—布拉戈维申斯克（海兰泡）和佳木斯、同江、抚远—哈巴罗夫斯克］等众多口岸。

近年来，到中国旅游已成为俄罗斯游客的首选。在不久前有关部门对俄滨海边疆区各旅游公司的管理人员组织的“在亚洲哪个国家最具有吸引力”的专项问卷调查中，中国因历史悠久、商品丰富、出入境方便快捷、宾馆服务质量高和价格低廉等因素遥遥领先，获得了73%的支持率，名列榜首。

俄罗斯是一个喜欢旅游的民族。大、中、小学生有寒暑假，中、小学生还有两个短暂的春秋假期；每年国家公务人员都有40～70天、职工120～150天的休假时间。每年7、8月都是举国休假的日子。面对如此之多的连休日，对于喜欢旅游的俄罗斯人来说，不得不说是一件好事。许多俄罗斯人在城里有住宅，在城郊还有自己的小别墅，称之为郊外的家，有的就住在郊区，而且愈来愈多的人希望自己的房子在城郊，别墅里有菜地、有花园。春天，他们会全家老少一起到别墅去种菜；夏天俄罗斯的男男女女都喜欢晒太阳；秋天他们喜欢打猎、钓鱼、采蘑菇；冬天大多数俄罗斯人都是溜冰、滑雪高手。

据对5 000名俄罗斯人调查的结果表明，2002年每10个俄罗斯人中就有一个人到境外旅游或从事其他事务。这也就是说，10%的俄罗斯人每年出境一次。据悉，俄罗斯人每年出境达到3 000多万人次，每年大约有800多万人出国，其中旅游者大约占250万人，这些人中前往欧、亚、美三大洲的人数最多，大约占出国总人数的87%。

中国对俄罗斯人具有很大的吸引力。近年来,随着俄罗斯经济步入稳定的恢复性发展时期和人们生活水平的提高,跨国旅游也逐渐升温,刺激了旅游业的快速发展。与黑龙江省毗邻的俄罗斯远东滨海边疆区的旅游公司数量由改革初期的1~2家发展到现在的数10家,仅在亚洲地区就开通了符拉迪沃斯托克(海参崴)到中国、日本、韩国、泰国、印度和印尼等9条专门旅游线路。

俄罗斯出境旅游的人数越来越多。根据俄罗斯国家海关和边检等提供的准确数字表明,波兰和中国这两条旅游线路最受俄罗斯人欢迎,分别占出境旅游的17.8%和17%,形成了两条旅游热线,旅游人数每年超过130万人次。其次是土耳其(15.8%)和西班牙(5.6%),旅游人数接近85万人次。

2003年"十一"黄金周对俄边境旅游十分火热,绥芬河口岸俄罗斯入境人员达1.1万人次,绥芬河市的27家星级宾馆、定点旅游饭店全部爆满。同江市接待旅游者达1万余人次(省内的旅游人数占2/3以上),同比增长了23%,实现旅游收入130多万元人民币,同比增长25%。随着中俄两国文化和经济交流日益加深,相信会有越来越多的俄罗斯人到中国旅游。

②日本客源市场。日本是黑龙江省相对比较稳定的客源市场之一。改革开放以来,从旅游者人数上看,日本到黑龙江省的旅游人数呈持续上升趋势。日本继战后提出"贸易立国""科技立国""金融立国""信息立国"战略后,进入21世纪又推出了"观光立国"战略,并从进一步改善旅游环境、放宽出入境限制、加强与周边国家在经济合作基础上的旅游合作等方面加大了政策实施力度。日本旅游业出现的上述变化和日本国际旅游发展的新态势及特点,对黑龙江省进一步开拓日本客源市场提供了有利机遇。

从1978年到1999年的22年间,旅游人数由1 131人增加到27 943人,增加了24.7倍,但是从其占黑龙江省海外的比重上看却大致呈持续下降之势,这是因为韩国、俄罗斯和中国台湾地区等黑龙江省的新客源国家与地区的迅速崛起而导致的,其份额由1978年的30%降为1999年的6.9%,降低了23个百分点。即便如此,日本作为黑龙江省稳定的主体客源国家地位并未改变,在未来市场开发上仍然要给予足够重视。

③韩国客源市场。黑龙江省居住着许多少数民族,其中朝鲜族占有很大的比例。他们与韩国有着千丝万缕的联系,市场潜力很大。针对市场需求,黑龙江省及时开发了探亲游、观光游、商务游以适应等客源市场,使之来黑龙江的旅游人数不断增加。

韩国市场发展迅速,1989年韩国来黑龙江省的游客只有165人,占黑龙江省海外客源比重为0.52%,而到1999年这两个数值分别变为14 722人和3.6%,1990年至1995年间韩国在黑龙江省入境人数以年均153%的迅速增长,可见增长速度之快。

④港澳台地区及东南亚客源市场。黑龙江的冰雪与亚热带的自然风光形成了鲜明的对比。针对这一客源市场与黑龙江的巨大气候反差和人们的猎奇心理,黑龙江省开发了冰雪游,使港澳台地区的冰雪旅游团蜂拥而至,1988 年达到了高峰。目前,港澳台地区及东南亚市场大约占黑龙江省国际入境游客的 13.93%。

1989 年到黑龙江省的台湾地区游客有 3 178 人,占海外游客比重为 10.2%,1990 年台湾地区一跃成为黑龙江的第一客源市场,到 1992 年两个数值分别为 11 656 人和 22.9%,到 1991 年又分别增长为 18 068 人和 26.9%;1992 年则分别降为 16 969 人和 12.7%,1994 年更降为 3 742 人和 2.7% 的水平,1996 年人数有所恢复,为 10 638 人,比重为 4.11%。黑龙江省 2004 年已接待台湾地区游客量近 5 万人次。开发与稳定台湾地区市场是黑龙江省旅游业发展的一个重点之一。

港澳特别行政区客源市场总体上看呈持续增长之势,中间虽有一些波动,但大都是与全国整个形势相一致的。1990 年其到黑龙江省的游客人数和占黑龙江省海外游客比重分别是 11 656 人和 21%,到 1996 年二者分别变为 23 601 人和 9.1%,人数虽有了较大幅度增加,但比重却下降了 11 个百分点。

同时黑龙江省积极开拓新加坡、马来西亚、泰国等东南亚市场,这一市场的游客大约占黑龙江省境外游客的 3% ~4%。其中,新加坡、泰国是黑龙江省入境旅游较多且增长较快的国家,1990 年至 1995 年间两国来黑龙江省游客人数分别以 93% 和 34% 的速度增长,1999 年两国来黑龙江省游客已达 6 318 人,占黑龙江省海外游客比重为 1.5%。

⑤欧美及大洋洲客源市场。美国、加拿大、英国、德国、法国和澳大利亚等北美、西欧、大洋洲国家和地区的旅游客源市场对黑龙江省的自然风光和原始生态环境有着浓厚的兴趣。为此,黑龙江省通过参加中国国际旅游博览会,外联出国促销,开发了专项特种旅游,例如,狩猎、蒸汽机车观赏、观鸟等,形成了较为固定的客源市场。欧美客源市场国已有美国、法国、德国、英国等十几个国家。

欧美及大洋洲客源市场发展相对平稳,总体比重虽由 1978 年的 24.3% 降为 1996 年的 4%,但游客人数却稳步由 914 人上升为 10 998 人;1990 年至 1995 年,美国、英国、德国、法国、加拿大、澳大利亚来黑龙江省的游人增长率分别为 33.5%,55.2%,27.9%,25%,6.8%,14.4%。

2. 国际客源市场现状格局的形成原因

俄罗斯市场是缘于苏联和黑龙江省在新中国成立前就曾有过频繁而紧密的经济、文化及人员交流往来。特别是与哈尔滨市的往来,哈尔滨曾是原沙皇俄国修筑经营中东铁路的中心,历史联系紧密,再者黑龙江省与俄罗斯有 3 000 千米以上的国界线相连接,人员往来上的地缘优势明显。随着中俄之间关系改善,边贸的发展,使俄罗斯面向我省入境的客源大增。在中俄边境上,比较大的有布拉戈维申斯克（海兰泡）、哈巴罗夫斯克和符拉迪沃斯托克（海参崴）三个城市，有很好的客源基础。黑龙江省凭借着地缘和客源的优势，采取了边境城市与大中城市各有侧重、相互协作的促销策略。黑河、绥芬河边境口岸城市利用地缘和口岸条件，重点开发了与自己对应的区域旅游市场，大力开发旅游购物游、观光游和疗养游等中、短线客源市场。哈尔滨等大中城市则利用自身的优势，与俄罗斯远东及欧洲地区有实力的旅行社建立业务关系，开发高档次的购物游、商务游和观光度假等中长线的客源市场。目前俄罗斯来黑龙江省旅游已经形成了购物、观光、疗养、滑雪、研修、美食、商务、夏令营等多类型、多层次的客源市场。

中俄两国在2002年9月已达成了《2004年共同开发黑龙江（阿穆尔河）流域旅游资源》的协议，对黑龙江沿岸的旅游资源进行建设与开发，这不仅有利于中俄两国旅游业合作的进一步开展，而且也是黑龙江省的旅游业走向俄罗斯市场的大好机遇。

日本市场是黑龙江省旅游业新时期发展以来持续稳步发展的客源市场，一方面日本对外旅游者人数较多，持续增长，各旅游国家地区都相应有日本客人。另一方面很多的日本人在伪满时期曾长期居住在黑龙江省，还有大量的遗孤、遗妇生活在黑龙江省，也有许多当年生活在此的日本人出于怀旧心理来到黑龙江。至于同位东北亚地区、经贸协作加强等导致旅游人数的增多则更是十分重要的市场发展动力。

韩国是黑龙江省近几年来发展起来的比较大的客源市场国家之一，其发展动力主要得益于中、韩新一轮政治关系的确定，韩国与黑龙江省经贸联系的加强及黑龙江省大量居住的朝鲜族人在族缘、亲缘关系上的联系等构成了韩国旅游者对黑龙江旅游热潮的兴起，再加上黑龙江省与韩国同处于东北亚地区，地缘关系相近，且经济上互补性强等使韩国对黑龙江省旅游者人数持续增加。

国内的港澳台地区客源市场的发展主要动力在于，一是有同族语言上联系的便利条件，有寻亲探友的人缘基础，有经贸协作上的前提条件，加上有东北冰雪旅游对三大地区的独特吸引力，所以旅游人数多，而且发展前景看好。

国外的东南亚地区游客对黑龙江省的兴趣热点主要是在森林生态和冰雪旅游上。由于冷、热的地域差别大，南北地域跨度大等使得黑龙江省旅游在东南亚地区有着十分独特的地位，市场前景看好。

欧、美、澳大利亚等国家是国际上较大的旅游客源市场，欧洲是出国旅游密度最高、旅游消费最大的地区，美国是世界上五大客源输出国之首，它是黑龙江省发展国际旅游业的一个巨大的潜在市场。

三、黑龙江省旅游客源市场的趋势预测和市场定位

(一)黑龙江省旅游客源市场的趋势预测

参照黑龙江省旅游业发展“十五”计划和2020年远景目标纲要指标,“十五”期间国内游人数年均递增12%,海外游人数年均递增14%的目标计算,至2020年期间,国内游人数年递增7%,海外游人数年递增7%,可以预测出:

2020年,全省风景旅游者10 090万人次,其中国内旅游者约9 870万人次,海外旅游者约220万人次;

2020年,国内旅游人均次消费按1 200元,海外旅游人均次消费按1 000美元计算,则2020年全省将实现国内风景旅游收入1 184亿元,实现旅游创汇收入22亿美元。

(二)黑龙江省生态旅游客源市场定位

根据黑龙江省生态旅游发展目标和旅游客源市场的发展趋势,黑龙江省生态旅游客源市场应划分为以下三个层次。

一级基础客源市场:黑龙江省

以城镇居民为骨干,依托全省各级风景区,利用周末、节假日开展休闲度假、观光旅游,组织青少年学生科学、文化考察旅游,以近距离短程游为主。

二级互换发展客源市场:国内北方地区

以城市居民为主体,依托国家级、省级风景名胜区,开展观光欣赏、滑雪度假旅游。

三级重点开发客源市场:国内南方地区

以大中城市客源,尤其东南部经济发达地区客源为主体,依托国家重点风景名胜区开展避暑度假、滑雪度假、观光欣赏和专项考察旅游。

第五节　黑龙江省生态旅游规划

一、黑龙江省生态旅游的开发原则

对生态旅游的产业规划,最终要落实在空间上,形成生态旅游区或生态旅游地。这类生态旅游区(地)有一个共同特点,就是它们都保持着大自然的原有风貌和良好的生态环境,有的还具有丰富的人文内涵。这些生态旅游地正受到越来越多人的青睐,成为开展可持续旅游和生态体验的理想场所。但是,生态旅游区

(地)属于自然生态环境敏感区,开展旅游业极易对生态环境造成破坏,因此,对生态旅游的开发和建设,必须制定相关的保护条例。

资源是开发的物质基础,市场是开发的导向。生态旅游开发的核心是有效地再现和组织各种生态旅游资源,为旅游者创造特殊的经历,是通过资源评价和市场分析,谋求资源与市场的匹配,同时实现游客、开发商与当地社区的价值满足。旅游资源的开发原则是指在旅游开发活动中应遵循的指导思想,以及在旅游资源开发时应注意的重要问题。旅游资源开发作为一项经济活动,只有按照旅游经济活动的规律进行,才能有获得成功的希望。旅游资源的开发必须要有严谨的科学性,如果开发的不合理,就是对旅游资源的破坏,会造成无法挽回的损失。我们绝不能以牺牲不可再生的生态环境资源为代价来换取旅游业的短时发展。为此,生态旅游的开发遵循科学的原则就显得尤为重要。

目前有不少中外学者都在研究这一问题,并提出了许多有效的意见,值得黑龙江省在发展生态旅游的过程中参考借鉴。

(一)郭岱宜在《生态旅游——21世纪旅游新主张》一书中提出了生态旅游的10项开发原则:

1. 小而美,人为操作因素、人工设施愈少愈好;
2. 重质不重量,观光人数不宜太多,他们应有良好的行为规范;
3. 局部开放与管制,并非将整个保护区全面开放,而是开放较不敏感的地区,而且要好好管制游客活动范围,避免损害未开放地区;
4. 适当联结当地文化与环境,当地民众世居于此,对当地环境特别熟悉,可开发出相应的文化活动,并将这些活动推介给游客;但不可因此而违背生态保育的大前提,如为展现原住民的狩猎活动,而去猎杀濒危的野生物种;
5. 谨慎监测,监测结果可以回馈修正目前的管理措施,使得各项管理工作臻于完美;
6. 准许行为与可接受程度的修订,在管理备忘录中应明列哪些行为是准许的,哪些活动是禁止的,并说明环境所能接受的程度;
7. 辅助管理,借助游憩规划与管理技术,辅助保护区的经营管理,如游憩机会序列、游客冲击管理、游客不良行为管理和可接受改变程度等等;
8. 保护优先,国家公园与保护区仍须将保护视为第一任务,当游憩用途与保育用途相抵触时,以保育用途为先;
9. 建私人保护区,私人保护区可扮演补充的角色,某些活动可在私人保护区内进行,以舒缓国家公园的压力;
10. 使用者付费的观念。观光者必须支付一定的费用,用以换取游憩满足。

（二）澳大利亚学者 Valentine 通过总结生态旅游的开发原则认为，生态旅游应为仅限于符合下列条件的旅游形式：

1. 以相对不受干扰的自然区域为基础；
2. 不受破坏、不降低质量并能够在生态上保持可持续发展；
3. 持续不断地保护和管理被利用的自然区域；
4. 服从于充分并适宜的管理体系。

（三）康云海、宁苹总结了生态旅游开发的4个原则：

1. 不能以牺牲生态环境为代价，相反应通过生态旅游业的发展增强人们的保护环境意识；
2. 不以牺牲当地传统文化和历史遗产为代价，相反应通过生态旅游促进对当地传统文化和历史遗产的整理和保护；
3. 鼓励当地居民直接参与，增加他们的经济收入；
4. 要有利于旅游资源的长期可持续利用。

（四）曾昆生从经济学观点研究了生态旅游的消费客体和消费主体以及生态旅游开发面临的外部障碍因素，提出了以下生态旅游的开发原则：

1. 强化生态旅游的可持续意识；
2. 加强生态旅游资源开发的规划工作；
3. 力创中国生态旅游业的名牌，指导名牌意识；
4. 大力开发生态旅游产品，将其和生态文化的融合提到重要位置；
5. 加强生态旅游景观的现场管理工作，除了要加强生态旅游管理人员的技术培训，提高现场管理人员的素质外，还要动员和鼓励当地居民积极参与资源保护工作，以增强生态旅游的吸引力。

（五）王秉洛在《风景名胜区、国家公园与生态旅游》一文中认为生态旅游开发坚持的指导思想是以下3点：

1. 以促进游人对生态认识的提高和促进自然生态保护事业为目的，只做促进生态保护性开发，不做商业性建设开发；
2. 应将游人规模严格限定在自然恢复能力范围内，生态旅游不允许造成自然生态退化的结果；
3. 在生态旅游区内不追求利润和回报，只追求促进生态保护，扩大影响。

（六）王献溥在《关于生态旅游和保护区的发展》一文中提出了以下生态旅游开发的10条原则：

1. 促进旅游者环境道德观的建立，其个人行为规范符合持续发展的要求；

2. 教育旅游者不损害和不污染自然环境，不违反保护区管理条例的规定；

3. 旅游设施的完善和服务质量的提高都不能代替自然景物的内在价值，因此，任何建议都不能以牺牲自然环境为代价；

4. 管理要围绕自然景物本身的要求，不能完全以适应人们要求为准则，不应为旅游者的方便而损害自然环境；

5. 生态旅游的发展要有利于地方特别是保护区的持续发展，大力发挥其生态、社会和经济效益；

6. 各个区域特别是保护区都应为旅游者提供有特色的自然景区，并做广泛宣传，让他们了解其基本情况和观光重点；

7. 生态旅游的发展要有利于本地方经济建设和人民生活的提高，并争取本地社区的积极支持和配合；

8. 大力开展环境保护宣传和教育，使其成为保护教育工作的一部分，生态旅游不能仅以美妙的自然风光吸引人，更重要的要使人们了解它们的形成、发展规律及其对当地发展的意义和作用；

9. 培养好导游是开展生态旅游的关键任务，应在这方面多下功夫；

10. 要制定一个周密的规划，寻找自然保护与满足旅游者欣赏自然风光之间的平衡点，使彼此都得到很好的发展。

二、黑龙江省生态旅游的开发模式

1. 管理运营——政府主导与企业化、集团化运作相结合模式

政府主导型发展战略是各个国家尤其是发展中国家旅游发展过程中的共同经验，原国家旅游局一直以云南等省区政府主导发展旅游业的实践为例证，推广和总结这一经验。

作为一种综合性很强、外部经济性明显的旅游业实行政府主导型战略可以充分发挥政府信誉好、协调力强、有一定的资金筹措能力的优势，对促进旅游业的快速发展是必要的，也是重要的。对于黑龙江省这样经济发展水平低、旅游业处在起步阶段、旅游企业小、散、弱、差现象明显的地区来说，政府的导向投入及全方位的组织、协调意义更大。

产业应该由企业主导，而不应该是政府主导，这早已被国内外经济发展的经验和教训所证明。和其他产业一样，当旅游业处在起步时期，需要政府的保护和扶持，政府主导也很必要。当发展到一定阶段，比如市场环境已经高度发达了，那时

候政府便可以进行适当调整。事实上,“政府主导”只是国外旅游业发展的模式之一,企业化、特别是集团化运作才是最主要的模式。

旅游业涉及很多部门,土地、文物、环保、城建、林业、宗教、工商等,每个部门各司其职。由于各部门的利益冲突,完全用市场的手段搞旅游,一是起步难,二是发展慢,仅一两个企业的个体行为难有大的作为。所以,旅游业应强调网络化、集团化。

针对黑龙江省各地区旅游企业多头管理,小、散、弱特点,在应对 WTO 挑战,面临国内外大旅游公司竞争的情况下,唯一的出路就是支持旅游企业联合,培育旅游集团。“政府主导与企业化、主要是集团化运作模式”即将成为黑龙江省产业运营的普遍模式。宏观协调由国家出面,基础设施建设由当地政府引导,中观操作由集团承担,微观运营由企业自主,使政府主导与企业化、主要是集团化运作很好地结合起来。

2. 资源开发——生态旅游“护源”开发导向模式

传统旅游开发均以“资源”“客源”或“资源—客源”为开发导向,成功地发展当地旅游业,但成功的后面隐藏着一个危机,即进一步发展的后劲不足,也就是旅游业的可持续发展性差。究其原因主要是保护问题,即作为旅游发展优势的主导因素,在出现旅游资源遭破坏后将导致旅游业走下坡路。为此保护旅游业发展的主导因素,无论是“资源”还是“客源”的“护源”开发导向就成了生态旅游开发的一种新模式。

近几年一些本来以闻名于世的资源发展起来的旅游热区开始出现降温,如云南的西双版纳,以特有的热带雨林和傣族风情吸引国内外游客,但由于开发利用旅游资源过程中不注意保护“绿色”自然环境和“原汁原味”的民族风情,导致旅游业出现了滑坡。因此保护旅游资源就成了旅游业可持续发展的关键。“护源”开发导向模式是指保护好生态旅游资源与客源基础上的综合开发,所以要求在保护好黑龙江省的自然环境、民俗风情、历史文化、名胜古迹等旅游资源和来黑龙江省旅游的游客的基础上,进行生态旅游开发,这是黑龙江省生态旅游可持续发展的关键。

3. 产品开发——“三优转化”模式

以市场为导向,依托优势(自然)资源开发优势名牌产品,以优势名牌产品为龙头组建企业集团,发展优势产业,把优势产业培植成主导产业,带动全地区经济的起飞。“三优转化”的本质是资源与市场结合,而不单纯地强调市场导向。

从旅游业特殊发展规律看,一般区域旅游产品开发都要经历资源开发阶段→模仿开发阶段→市场导向阶段→引导市场阶段的过程。黑龙江省各地区虽然参差不齐,但基本上是处在前两个阶段。单纯强调市场导向,会不可避免地导致盲目模仿,低水平重复建设,东施效颦,顾此失彼,没有特色。旅游业若没有特色就不会有竞争力和生命力。

黑龙江省是我国旅游资源最丰富的省份之一。世界三大黑土地带之一的“三江平原”，全国最大的原始森林“大、小兴安岭”和湿地“扎龙自然保护区”，世界上最长的界江“黑龙江”和世界第二大的高山堰塞湖“镜泊湖”以及林海雪原、冰雪世界等特殊的地理、地貌和气候条件，构成了黑龙江省“春有踏青，夏可漂流，秋能采果，冬嬉冰雪”等独具魅力的旅游资源。

以山水景色粗犷，文化古迹奇特，冰雪风光绚丽，野生动物众多为旅游特色的黑龙江省有饮誉中外的太阳岛，水天相连的兴凯湖，“地质博物馆”美誉的世界地质公园——五大连池和风景如画的二龙山、松峰山、龙凤山、香磨山、大丰河、巴兰河以及国家级森林公园等景区，是冷时观雪、热时避暑的旅游胜地。黑龙江省充分依托这些资源和优势，开发出独具特色优势产品，就能把的生态旅游业做大做强。

4. 空间布局——据点式与点轴式相结合模式

黑龙江省地域辽阔，旅游开发很不平衡，不能单纯地依靠据点式或点轴式模式，要将二者结合起来，即依托旅游中心城市或王牌景区（点）的优先发展，使其成为旅游经济的增长极或游客集散中心，带动周边地区旅游业的兴起；依托著名旅游景区（点）组织旅游线路，构造旅游产业带，进而带动相关地区旅游业的发展。

黑龙江省在旅游空间布局上应以哈尔滨、齐齐哈尔、大庆、牡丹江、佳木斯、伊春、北安、黑河为核心，加强景区建设；依托交通网向四周辐射开发新的景区（点），如松花江航线、滨绥（哈尔滨—绥芬河）铁路线、滨洲（哈尔滨—满洲里）铁路线及哈大（哈尔滨—大庆）、哈绥（哈尔滨—绥芬河）、哈伊（哈尔滨—伊春）等高速公路，构成点轴式空间格局。保证旅游景区的通达性，同时也与黑龙江省生态旅游资源分布的总体格局相一致。

5. 投入构成——生态旅游的“三 Z”开发模式

从传统“一 Z”开发投入的认识误区的分析中，我们清楚地认识到，欲使旅游业达到可持续发展，其开发的投入不应该只考虑单一的资金投入，要将资源及知识的投入也应一并考虑，形成生态旅游特有的资源—知识—资金“三 Z”开发模式。

这一模式可从下述几个方面来理解：第一，承认资源有价，让资源在旅游业经济效益中占一定股份，使人们在认识上珍惜和保护资源及环境，实践上部分资金用于维持和保护资源及环境。第二，在知识经济时代，我们应该充分认识到知识对于旅游开发的价值，知识是有“价”的，这个价值体现在旅游资源开发规划设计的特色挖掘、主题创意和宣传促销上。在资源导向型的旅游地，旅游资源开发后的“增值”效应正是旅游开发中知识有价的体现；在客源导向型的旅游地，由出奇制胜的创意建成的主题公园所获取理想的经济效益就是知识有价的体现。第三是资金投入，在三大投入中，缺一不可，资源和知识是发展旅游业的前提因素，资金投入是保证因素。

因此,在黑龙江省旅游开发过程中要资源、资金、知识并重,三者不可偏废,并且要重视旅游策划与宣传的重要性。

三、黑龙江省生态旅游开发的战略思路

从旅游资源上看,黑龙江省虽缺乏知名的景区(点),但却不乏特色性资源;从资源开发上看,虽然开发的景区(点)较多,但缺乏高选题的深度开发的景区(点);从旅游业的发展上看,速度虽然很快,但发展水平依旧较低,属于我国旅游业发展的温冷地区,发展上还处于初始阶段,旅游接待条件虽然从规模上已初步具备,但质量上还有待于提高,面对黑龙江省旅游开发的现状,进一步开发应该采取如下战略。

(一)走点轴发展之路

以中心城市为依托,交通线网为纽带,组织开发生态旅游资源。目前我国的国内旅游者主要集中在大、中、小城市,而大、中城市的旅游者行为主要表现在倾向于在大、中、小城市及其附近地区,这一点在吴必虎等人的研究成果中有明确的表达。城市居民出游目的地城市多于风景区,虽然在城市居民大尺度出游目的选择倾向上偏好于远离城市的自然风景区,但是出游行为上却是城市游多于风景游。产生这种结果的原因是到目的地通达性及风景区旅游点产品相对单一性与城市旅游产品丰富性和提供更多旅游休闲机会等。这一特点在社会经济发展相对滞后、旅游发展的温冷地区发展的初始阶段表现得更加明显。

黑龙江省居于我国旅游业发展的温冷地区,是区位相对偏远、交通相对不便的地区,在旅游资源的开发建设上依托大、中城市发展,是客观的选择。围绕哈尔滨、齐齐哈尔、大庆、牡丹江、伊春、佳木斯、北安、黑河、加格达奇等中心城市及一日游往返范围内加强景区(点)建设应该成为黑龙江省近期旅游业布局的核心策略,另外依托交通线网以城市为中心向四周辐射开发新的景区(点),诸如依托松花江航线,滨绥(哈尔滨—绥芬河)铁路线、哈佳(哈尔滨—佳木斯)、滨洲(哈尔滨—满洲里)铁路线等及哈大(哈尔滨—大连)高速公路、哈绥(哈尔滨—绥芬河)公路目的地建设,这对于保证旅游中心到旅游目的地的通达性是十分有益的。这对于发展水平相对较低、独立建立旅游通道困难且旅游景区(点)的价值、环境容量等又不是很高的景区(点)的开发建设布局选择上更是应该给以足够重视。依托城市和交通线进行旅游资源的开发建设并形成黑龙江省旅游业布局的"点—轴"格局是旅游开发布局的基本规划方向。同时这也与黑龙江省旅游资源分布的总体格局相一致。

（二）走特色发展之路

以旅游资源为依托，突出黑龙江省特色旅游的开发，靠特色产品确立黑龙江省生态旅游的全国地位，并冲出亚洲，走向世界。黑龙江省虽然景区（点）的数量较多，但是十分缺乏价值极高的景区（点）旅游资源，但一些极具特色的旅游资源相对比较丰富。针对这些旅游资源开发，突出产品特色，是黑龙江省旅游业发展的主要重心。

黑龙江省旅游资源的特色具体表现在如下几个方面：

1. 冰雪旅游资源是我国最富饶的省份，比新疆和吉林等省区优越得多；

2. 森林生态资源、寒温带森林景观为我国所独有，红松林、白桦林、落叶松景区闻名世界，东北虎、丹顶鹤、黑熊、野猪、梅花鹿、大马哈鱼、鳇鱼、芦苇为世人所瞩目，冰雪与森林是世界上三大旅游资源之二；

3. 火山景观独特，镜泊湖、五大连池为世人所向往；

4. 天文景观独具壮观；漠河极昼，乌苏镇的东方日出乃全国之最，有中国的“天涯北角”“天涯东角”之称；

5. 民族民俗旅游资源奇特，赫哲族、达斡尔族、鄂伦春族民俗旅游资源价值极高，并为全国所独有，金源文化及（唐）渤海国文化旅游资源底蕴深厚，旅游及文化价值很高。

针对这些特色旅游资源进行深度开发，形成黑龙江省的系列特色旅游产品，是黑龙江省与国家国际旅游分工协作，从而确立黑龙江省旅游地位的关键。

（三）走“精品”发展之路

抓住重点，并优先发展建设形成“拳头产品”。黑龙江省生态旅游资源从种类和数量上看也比较丰富，虽缺乏具有较大国际影响的资源景区（点），但也不乏特色性旅游资源，问题是目前各地开发建设中雷同性多，如湖泊水库景区开发全黑龙江省有20个，大多大同小异，特色不清；滑雪场的建设也近30个，而且还有不断增长的趋势，全省森林公园建设已超过50处，但真正能够闻名全国的却没有，这一问题在冰灯景区建造、狩猎旅游资源开发上也有不同程度的存在。

推不出“拳头产品”，本地特色就不能够充分发挥出来，旅游产品也难以成为商品卖出去。为此，在一般性开发基础上重点选取生态景观等旅游资源价值较高的景区（点），集中全力规划建设，应是发展的重心。同时，如冰雪旅游观赏景区（点）、滑雪、山水风景景点建设、森林生态旅游景点建设等要面向全国乃至世界重点推出几个景点，如镜泊湖、五大连池、亚布力、嘉荫茅兰沟、阿城金源文化景区等，大量投入人力、物力，重点建设推出有国家乃至国际吸引向性的旅游精品，以构筑黑龙江省旅游业发展的基本格局，并确立黑龙江省生态旅游在全国的地位。

（四）走市场发展之路

通过旅游资源开发及旅游产品生产与市场需要之间的对应耦合关系，针对市场需求，需要开发具有多层次市场的生态旅游景区（点）。

通过对黑龙江省旅游业发展现状及旅游市场地位结构状况和对黑龙江省具有全国乃至国际吸引向性旅游状况的分析结果表明，黑龙江省冰雪旅游、边境旅游、森林旅游、火山地貌景观旅游、动植物及其生态游及金源文化游等均具有较为广泛的省际、国际市场需求。它们或地域特色明显，或与全国乃至世界不断发展升温的生态游、文化游趋势相结合，又具有良好的资源基础，应面向市场重点开发。另外黑龙江省也要面对省内不断扩大的市场需求，开发一些具有省内吸引向性的旅游景区（点），以满足省内市场需求。再者，黑龙江省各地区乃至各县市也要有计划地开发一些具有县域或县际市域吸引向性的小景区（点）以满足各县（市、镇）居民不断增加的假日休闲游的需要。面向市场，实现多层次的开发是实现黑龙江省旅游业全面发展的前提。

另外，黑龙江省还有一些特殊的客源市场，如从黑龙江省返回城市的上海、北京等地的几十万知青，返回日本的曾旅居在黑龙江省的大量日本人以及与韩国、朝鲜等国民族亲缘关系密切的大量的朝鲜族人等，都相应地产生了一些特殊性的客源市场，针对这些市场开发出专门化的知青故里、遗迹回访、走亲访友游等潜力巨大，开发专门化旅游产品和对应的市场是旅游业发展的一大取向。

（五）走全面系统发展之路

黑龙江省生态旅游开发是区域旅游开发而不只是对某个森林公园或自然保护区旅游景点的开发，所以必须从全省这个区域整体出发，站在产业布局的高度，协调产业各构成要素，建立产业化发展的整体模式，对全省旅游资源进行系统的战略性的开发。在宏观的生态旅游产业布局与开发模式构筑的大框架、大前提下，局部的、微观的、个体的生态旅游景区或景点再依照自身条件进行开发和建设。

为了全面地布局和更好地实现生态旅游开发的整体目标，必须确立全省生态旅游开发的层次、重点、方向，分期分批、有计划有步骤地进行开发。对于知名度高、基础设施完善、项目上的快、效益发挥快、市场潜力大的生态旅游资源或产品要作为重点先行开发；对于不同特征的开发对象，要确立开发和发展方向。

同时，发展旅游必须向旅游市场提供要素齐全、关系协调的旅游产品。旅游产品包括旅游交通、旅游住宿、饮食供应、游览观光和娱乐项目，旅游购物服务，旅游日程和旅游路线等多种要素，是一种组合产品、各因素之间有一定合理比例关系，且要素之间存在着互补及互代关系等。每种要素内部还包括许多具体成分，总体上看旅游产品具有综合性和不可贮性、不可转移性、生产消费同时性、生产销售易波动性等特征。

据此,黑龙江省的旅游业开发当中在注重旅游景区(点)、景观设施规划建设的同时,必须全面考虑到交通住宿,接待服务方面的设施建设质量及发展提高问题,同时注意吃、住、行、游、购、娱之间协调配合,形成一个系统优化的高质量的旅游产品,这点对黑龙江省来说意义尤为重大。如在相对偏远闭塞地区旅游,存在交通上的限制性较大、住宿接待水平有待提高、服务质量也有待于提高、旅游线网优化设计有待完善,旅游商品生产上也有待于在品种上进一步增多,质量上进一步提高等问题,所以各方面因素之间在质量水平、规模上还有待进一步协调。这些情况都表明,系统发展应该是黑龙江省旅游开发的一个重要原则。

(六)走效益发展之路

旅游的开发要与经济效益和生态效益相一致。旅游的开发实际上也属于一种经济过程,因此其开发过程中必须考虑到经济效益问题,必须服从当地经济发展的总体规划,并且要保证所付出的成本不高于它所能带来的收益,尽力在开发中低投入、高产出,以获得最佳经济效益。

另一方面旅游的开发对资源本身和环境都会产生较大的影响,为此在旅游开发中必须要注意资源和环境的保护,以求获得良好的生态效益。这对于黑龙江省生态旅游资源结构中自然旅游资源所占比重较大的状况来说具有深远的意义。

参考文献

[1] 郝魏飞,谢青青.生态旅游规划研究综述[J].广西广播电视大学学报,2018,29(1):77-82.

[2] 王蔚嘉.有关生态旅游景区规划的思考[J].青春岁月,2017(25):246.

[3] 张文茜.国内生态旅游规划研究进展[J].现代商贸工业,2015(6):21-22.

[4] 石洪. 新时期生态旅游规划及其实施机制[N]. 中国旅游报,2015-06-01(010).

[5] 陈洁,王力峰,章昌平.生态旅游规划理论与方法研究[J].大众科技,2012,14(3):78-80.

[6] 董超群. 黑龙江省旅游企业生态旅游规划及评价研究[D].哈尔滨:哈尔滨理工大学,2011.

[7] 中国科学院地理科学与资源研究所,青海省旅游局.青海省三江源地区生态旅游发展规划(2009-2025)[M].北京:中国旅游出版社,2009.

[8] 张保伟.生态旅游可持续发展的选择:绿色规划研究[J].科协论坛(下半月),2009(11):125-126.

[9] 李勤.对生态旅游发展规划的探讨[J].武汉交通职业学院学报,2005(4):19-21.

[10] 王占武.生态旅游规划方法及应用[J].河北林业,2005(3):16.

[11] 田喜洲.论生态旅游规划[J].农村经济,2003(12):88-89.

[12] 闫淑君,洪伟,吴承祯.生态旅游及其规划原则[J].江西农业大学学报,2003,25(1):103-106.

[13] 李宇宏. 黑龙江省望奎县生态旅游系统规划研究与案例分析[D].哈尔滨:东北林业大学,2002.

[14] 石金莲,李俊清.生态旅游规划方法[J].林业实用技术,2002(3):42.

[15] 钟林生,肖笃宁. 生态旅游及其规划与管理研究综述[J]. 生态学报,2000,20(5):841-848.

[16] 刘家明. 生态旅游及其规划的研究进展[J]. 应用生态学报,1998,9(3):327-331.

[17] 吕永龙. 生态旅游的发展与规划[J]. 自然资源学报,1998,13(1):81-86.

[18] 李涛. 生态旅游规划与景观生态学应用研究[J]. 广东农业科学,2007(1):94-96.

[19] 许春霞. 山岳型旅游地生态旅游评价与规划研究[D]. 上海:同济大学,2007.

[20] 张红梅. 生态旅游规划理论、方法与实践研究:以长治市为例[D]. 太原:太原理工大学,2008.

第五章　黑龙江省典型自然保护区生态旅游开发

第一节　扎龙国家级自然保护区

一、扎龙国家级自然保护区生态旅游开发现状与存在问题

(一)扎龙国家级自然保护区概况

1. 自然概况

黑龙江省扎龙国家级自然保护区位于松嫩平原乌裕尔河下游,地跨齐齐哈尔市的富裕县、泰来县、昂昂溪区、铁锋区和大庆市的林甸县、杜尔伯特蒙古族自治县等6个地区。保护区地理坐标为:东经124°00′~124°30′,北纬46°55′~47°35′,保护区总面积2 100平方千米。扎龙国家级自然保护区始建于1979年,1987年晋升为国家级自然保护区,1992年被列入国际重要湿地名录。

扎龙湿地为大陆性季风气候,多年平均气温2.0~4.2 ℃,最高气温36.3 ℃,最低气温-35 ℃,多年平均降水量416毫米,年地面蒸发量900~1 000毫米,是同纬度地区景观最原始、物种最丰富的湿地自然综合体。本区地势低洼平坦,分布着多泡沼。由于地下水位高,排水不畅,土壤盐碱化现象比较普遍。嫩江支流——乌裕尔河是扎龙湿地主要水源,乌裕尔河流至该地区失去明显河道,河水漫溢形成大面积永久性或季节性淡水湿地,并以小型浅水湖泊、芦苇沼泽和草甸沼泽为主要特征,而且鱼虾众多,是水禽理想的栖息地。鸟类多达260余种,水禽有120多种,占中国水禽总数的一半以上。其中国家重点保护鸟类有35种,最为著名的是鹤类,全世界有15种,中国有9种,本区就有丹顶鹤、白鹤、白头鹤、白枕鹤和蓑羽鹤6种。

2. 社会经济状况

扎龙国家级自然保护区行政区域涉及4县2区所属的14个乡镇56个村屯及10个国有企事业单位。据统计,扎龙国家级自然保护区涉及的14个乡镇及10个国有事业单位的总人口为25.9万人,绝大部分居住在保护区外围地带。在保护区范围内仅分布有2.9万人,其中核心区内有10个自然村屯,约3 800人。

扎龙国家级自然保护区外部交通便利,齐齐哈尔市通往全国各地的交通网已经形成。由于扎龙保护区地势平缓,移动网络覆盖了大多数保护区,移动通信非常方便。

与扎龙国家级自然保护区毗邻的县经济发展缓慢,人均收入低,属于经济欠发达地区。

(二)扎龙国家级自然保护区生态旅游开发现状

由于扎龙湿地得天独厚的自然条件、丰富的鸟类资源和独特的原始湿地自然景观,吸引了大量的学者及游人进行科学考察和观光。利用保护区的资源优势开展旅游已成为人们的共识,扎龙国家级自然保护区开展旅游已有 10 多年历史,取得了较好的效果。扎龙湿地是我国最大的芦苇湿地,为鹤类提供了良好的休养生息场所。随着齐齐哈尔市近年来对湿地补水等保护规划的实施,扎龙湿地已经成为齐齐哈尔市旅游业最具竞争力的核心价值工程。

扎龙国家级自然保护区是松嫩平原保留最完整、生物种类最丰富的湿地生态系统,是黑龙江省西部半干旱地区极其重要的生态屏障,是天然的物种基因库。独特的地理位置和典型的湿地生态系统,使其成为东北亚重要的鸟类繁殖地,也是许多候鸟的重要"驿站",为观鸟活动的开展创造了得天独厚的条件。建区以来,保护区一直以保护为根本,大力开展宣传教育活动,不断扩展科研工作,在湿地和鹤类保护管理方面取得了一定成效,特别是在鹤类繁育和野化上取得了可喜的成绩。目前为止,扎龙国家级自然保护区已经建立了我国第一个丹顶鹤、白枕鹤散放驯养不迁徙种群,先后人工繁殖丹顶鹤、白枕鹤 800 多只。扎龙国家级自然保护区已成为国内主要的鹤类种源输出地和鹤类研究科研教学基地,同时也被誉为"丹顶鹤的故乡"。

(三)扎龙国家级自然保护区生态旅游开发存在的问题

1. 缺少全面的湿地价值评价机制

湿地价值主要体现在经济价值和生态价值上,人们对湿地价值往往只看到直接的经济价值,而忽视了湿地的生态价值,从而造成决策失误,破坏了湿地的许多功能和价值。例如,在现实生活中,不少湿地可以用作小型生活污水处理地,这一过程能够提高水的质量,有益于人们的生产和生活。若湿地开发过度,则它很多方面的功能就会被大大削弱。

2. 开发模式僵化缺乏必要的协调机制

湿地旅游在开发模式上大多数是按照旅游规划模式进行,照抄照搬,针对性不强,未能从环境经济学的角度来研究湿地旅游操作的可行性与可持续性。

湿地为生态脆弱地区,对环境变化十分敏感。人类在开发和利用湿地的同时不可避免地与湿地环境产生矛盾，这一矛盾在历史时期由于人类干预自然的能力较小而不突出，但随着人口的增长和技术的进步，人类对湿地的干扰和破坏日趋严重，由此产生的环境问题又进一步影响了湿地周围甚至更广大区域范围内人类的生存。在扎龙湿地旅游开发中，旅游业经济利益与环境保护和传统文化保护需求之间的矛盾是客观存在且不可避免的。

3. 缺乏有效管理模式

目前，扎龙湿地旅游资源开发处于多部门的共管条件下，各部门职责不清，而且出现了只顾及本部门的眼前利益，以牺牲资源为代价，实行掠夺式开发。个别地区出现了旅游项目设置不合理、修建人工设施以及排污设施建设不到位等现象，加之城市工业和生活废水未经净化处理直接排入而污染水体，导致旅游环境被严重破坏。

另外，在湿地旅游资源开发过程中，周围社区居民参与得比较少。旅游利益分配不均，缺乏与社区居民间有效合作的范例，导致社区居民对湿地旅游的开发参与积极性普遍不高，有时甚至发生损坏资源的情况。从而使得扎龙湿地存在着管理乏力、缺少约束机制和社区居民贫困等问题。

4. 开发资金严重不足

开展湿地旅游需要大量的资金支持，但是在现有条件下，扎龙湿地由于资金不足引发了以下一系列的问题：

(1)丰富的湿地旅游资源无力开发和利用，造成旅游资源的闲置和浪费；

(2)在资金不足的情况下，盲目地铺摊子、上项目，设施不配套，旅游产品品位不高，缺乏吸引力，从而导致旅游开发不能步入良性循环的轨道；

(3)许多急需开展的湿地保护工作尚未开展；

(4)管理工作处于较低水平，管理人员不足，素质不高，缺乏培训。

5. 水量补给严重不足

近年来，扎龙国家级自然保护区的供水量明显不足，水位持续下降，湿地大面积减少。这主要由自然因素和人类活动的影响。除 1998 年外，1999 - 2002 年以及 2004 年乌裕尔河和双阳河流域都连续干旱，使得保护区核心区的沃绿兰河奋斗桥断面 2000 年比 1957 年水位下降 1.1 米，保护区工作站地下水位 2002 年比 1999 年同期比较下降了 1.2 米。另外，为了满足灌溉和防洪的需要，在乌裕尔河和双阳河的上中游建有 60 多座水库，截流了大部分的水，使乌裕尔河和双阳河下游河流干枯、主河道断流，每年仅有 1 亿立方米的水流入湿地，与年需水量 4 亿立方米相距甚远。目前，湿地补给水量为 $13.74 \times 10^8\ m^3$，排泄水量为 $14.34 \times 10^8\ m^3$，每年仍缺水 $0.6 \times 10^8\ m^3$。

这些问题都不同程度地制约着扎龙国家级自然保护区生态旅游的可持续开发及利用。

二、扎龙国家级自然保护区生态旅游开发条件分析与资源评价

扎龙湿地生态旅游开发虽然存在很多问题，但总体来说扎龙湿地生态旅游的开发条件还是非常优越的，其湿地旅游资源非常丰富。

（一）扎龙国家级自然保护区生态旅游开发条件分析

1. 自然资源条件

（1）动物资源

扎龙湿地动物资源丰富，昆虫类、鱼类和鸟类是该区主要动物资源。保护区的鸟类有41种，其中国家Ⅰ级保护鸟类有丹顶鹤、白鹳、玉带海雕等8种，国家Ⅱ级保护鸟类有白琵鹭、大天鹅、雀鹰等33种，因此扎龙湿地成为“鸟的乐园”“鹤的故乡”。扎龙湿地还有30多种兽类，包括狼、赤狐、狍、獾和黄羊等；两栖类6种，有中国林蛙、黑斜线蛙、列斑雨蛙、花嘴蟾蜍；爬行动物有3种，包括蜥蜴、淡水龟等；水生鱼类51种，主要有草鱼、鲢鱼、鲤鱼、鲫鱼、泥鳅等，其中鲫鱼为优势种，占48%以上；本区的浮游动物由18科23属组成，生物数量约为924.7个/L，生物量0.376 mg/L，以枝角类占优势，占生物量的55%。

（2）植物资源

扎龙湿地植物资源丰富，拥有蕨类植被2科2种，被子植物65科468种，草科植物占绝大多数，除世界种及大陆广泛分布种外，蒙古植物区系成分占15.2%，达乌里植物区系成分占14.5%，满洲植物区系成分占12.7%，华北植物区系占4.1%。其中芦苇、水葱、苔草、莎草，狼尾草和星星草等植物有着广泛的分布。扎龙湿地内还生长着龙胆草、甘草、防风、芦根等中草药。

扎龙湿地内丰富的自然资源为开展生态旅游奠定了基础。

2. 人文资源条件

扎龙湿地西部边缘地区的村屯是满族人聚居的地方，历史悠久。扎龙湿地核心区居住的居民大部分为达斡尔族人，少数民族文化底蕴浓厚。满族人的舞蹈、服饰尤其是满族的美食“八大碗”，以及满族人民自己酿制的高粱酒，让来自八方的客人垂涎欲滴。达斡尔族歌舞类节目、服装、鞋帽、首饰等旅游产品，也是游客旅游欣赏的一道风景线。由于湿地内芦苇丰富，当地居民利用芦苇编织出各种古朴大方、精美细致的芦制品，是具有纪念意义的商品。

在扎龙国家级自然保护区内还有著名的望鹤楼和湿地生态宣教中心。游客可以通过望鹤楼极目远眺或通过高倍望远镜观测到丹顶鹤等珍禽的活动。在湿地生态宣教中心，可以通过电化等手段向人们展示湿地生态的形成过程、现状以及保护湿地的重要性和手段。

3. 交通便利的“绿色之都”

扎龙国家级自然保护区位于齐齐哈尔市东南部26千米处，每天早、中、晚各有一班车开往那里，车程为35分钟，另外旅游旺季时齐齐哈尔火车站也有专列直达景区。目前，齐齐哈尔市无论是铁路还是航空运输都开通了国际专列及航班，为外国游客的到达提供便利的条件，为齐齐哈尔扎龙湿地开展生态旅游添加了成功的筹码。

与此同时，齐齐哈尔市已经连续5年举办中国（齐齐哈尔）绿色食品博览会，使齐齐哈尔市获得“绿色食品之都”的荣誉称号，被列为国家级工农旅游示范点。由此齐齐哈尔市让全世界看到一个冉冉升起的生态城市，不仅提高了齐齐哈尔市的知名度，提升了其在生态旅游业中的地位，还提高了旅游者到来的数量。

4. 重视科学研究，国际交流明显

扎龙国家级自然保护区自建立之日起就非常重视科学研究工作，以丹顶鹤人工繁育研究为主攻方向，并与国内多所大学建立科研合作关系，共同开展了大量的珍稀濒危鸟类方面的研究。现在保护区设有科学研究所、鹤类饲养场等科学研究基地。科学研究从丹顶鹤人工繁育研究起步，该科研项目得到国家的高度重视，现已取得大量科研成果。保护区已经建成为闻名国内外的鹤类保护、饲养、繁殖、研究中心，每年都有来自国内外的专家、学者及大专院校师生赴扎龙国家级自然保护区开展科研工作。

因为扎龙国家级自然保护区的鸟类资源丰富，所以引起了国际上相关专家、学者的极大兴趣和高度重视。1987年扎龙湿地举办了国际鹤类学术讨论会，来自30多个国家200多名代表考察了扎龙湿地。1989－1994年我国分别与日本北海道鸟类研究所、俄罗斯兴安国家森林公园建立合作关系，其间也派扎龙湿地工作人员赴美国、日本、俄罗斯、香港参加学术交流和科学考察。2003年11月扎龙国家级自然保护区加入了“中国人与生物圈保护区网络”，2005年加入“东北亚鹤类网络”。

综上所述，扎龙湿地具有优越的地理位置、便利的交通条件、丰富的自然资源、庞大的客源、较大的环境容量等生态旅游开发的优势条件，说明扎龙湿地开展生态旅游具有很大的潜力，也为扎龙湿地生态旅游资源开发提供先决条件。

（二）扎龙国家级自然保护区生态旅游资源评价

1. 生态旅游资源评价的概念

生态旅游资源是指在自然场合或类似自然的场所中，可供生态旅游者感知、享受、体验并具有生态价值功能的自然资源及与自然环境相融合的人文资源。湿地旅游资源是发展湿地生态旅游业的基础条件，对其做出正确、客观的评价，能帮助人们更好地开发和利用湿地资源，实现最佳的经济、社会、生态效益的目标，同时也为区域旅游的开发规划工作提供指导。

所谓旅游资源评价就是以合理利用和保护旅游资源为根本,从获取最大社会、经济效益的角度出发,运用某种方法,对一定区域内旅游资源本身的价值和外部开发条件等进行综合评判和鉴定的过程。旅游资源评价是在旅游资源调查的基础上进行的更深入的研究工作,是科学地开发和利用旅游资源的前提。通过对一定区域内旅游资源的评价,可以对旅游资源的品位、特质、开发条件等有一个全面而客观的认识,从而明确该旅游资源在同类旅游资源或所处区域中的地位,确定不同旅游资源的开发序位,为制定旅游开发规划提供科学的判断标准或理论依据。湿地生态旅游资源评价是对一个区域发展湿地生态旅游的潜力进行评定,其核心任务是确定区域湿地生态旅游资源的优势与劣势,从而确定其开发的机会与约束。

2. 扎龙国家级自然保护区生态旅游资源类型

扎龙湿地位于松嫩平原的乌裕尔河下游,是乌裕尔河下游失去河道、河水漫溢而成的一大片永久性或季节性淡水沼泽地,由许多小型浅水湖泊和广阔的草甸草原、芦苇草甸组成。扎龙湿地生态旅游资源是由湿地自然生态资源和人文生态资源、农业生态资源相互融合而形成的综合生态旅游资源,种类多而丰富,为开展湿地生态旅游提供了坚实的基础。按照《中国旅游资源普查规范(试行稿)》,依据旅游资源的性状,即现存状况、形态、特性、特征划分,可将扎龙湿地生态旅游资源划分为以下类型。

(1)水域风光:扎龙湿地有乌裕尔河、双阳河、克钦湖、仙鹤湖、龙湖、南山湖等水面 1.344 平方千米以上,湿地中各个弯弯曲曲的长短河道连通各个大大小小的湖泊,形成密如蛛网的水系,衬托上翠绿的植被,景色十分壮观。

(2)野生动植物景观:扎龙湿地,包括河流湿地、滩地、水塘、湖泊湿地等,通过地表水、地下水与河流水体进行水量交换,水位的急剧变化直接影响湿地生态特征和景观格局。扎龙湿地拥有丰富的动植物资源,是许多珍稀水禽的越冬地和栖息地。扎龙湿地的芦苇荡景色优美,是游客旅游观光、垂钓、避暑、荡舟的好去处。

扎龙国家级自然保护区是保护以丹顶鹤为主的珍稀水禽野生动物及其赖以生存的湿地生态系统的国家级自然保护区,由于湿地的典型性和完整性,加之异常丰富的鸟类资源,扎龙湿地吸引了大量的学者及游人到保护区进行科学考察和观光。因此,观鸟成为扎龙湿地主要的生态旅游项目。

(3)人文景观:由于该地是满族和达斡尔族居民聚居的地方,历史悠久,少数民族民俗文化内容丰富。

(4)气象景观:扎龙湿地气象景观独特,该地区属寒温带大陆性季风气候,年均温在 0.7 ~4.2 ℃,年降水量在 400 ~550 毫米,秋季呈现独特的北方秋色自然景观。冬季,大雪无垠,白茫茫的雪是该地区冬季旅游最好的自然资源,也是冬季旅游开发的主要对象。

3. 扎龙国家级自然保护区生态旅游资源评价

湿地旅游资源评价是湿地生态旅游开发建设的基础,它决定着湿地旅游资源开发建设的模式、重点、方向和规模,是扎龙湿地生态旅游开发不可缺少的一个重要环节。

(1)扎龙国家级自然保护区类型丰富,景观独特,旅游开发价值较高

扎龙国家级自然保护区类型丰富,集湖泊湿地和河流湿地于一体,同时集碧水蓝天、珍稀水禽和丰富多彩的人文景观于一体,自然生态资源和人文生态旅游资源情景交融,构成了独具特色的湿地自然人文景观。这些旅游资源,具有较高的生态旅游开发价值,主要表现在以下方面:

①美学观赏价值:优美独特的湿地景观能给人视觉上的美感,使旅游者热爱自然、陶冶情操、净化心灵、愉悦身心;

②科学价值:人们观察了解湿地生物习性,可为研究生物学规律提供条件,通过对湿地水文、地质、地貌的研究,从中发现环境变化机理和变化规律;通过参观众多历史人文古迹,可以加深对我国历史的了解,感受我国悠久灿烂文化的独特魅力,并从中受到美的感悟、启迪和熏陶;

③教育价值:湿地也是对广大民众进行生态系统保护、湿地保护、人与自然协调共生和生态环境教育的理想场所,提醒人们保护生物多样性和生态环境的重要性;

④游憩价值:湿地为旅游者的观光、休闲、娱乐、探险提供了独特的景观、场所和旅游经历;

⑤经济价值:通过对湿地的开发可将湿地资源优势转化为旅游产品优势,取得良好的经济效益。因此,扎龙湿地生态旅游资源具有较高的开发利用价值和发展潜力。

(2)扎龙国家级自然保护区旅游资源开发不够充分,旅游品牌知名度相对较低

扎龙国家级自然保护区自然生态旅游资源和人文生态旅游资源均较突出,生态旅游业虽然有所发展,但与江苏海滨湿地、三江平原湿地等相比尚有较大差距。主要原因是宣传力度不够,旅游品牌的知名度较低。因此,充分发掘当地旅游资源潜力,找准开发重点,打造独具特色的旅游品牌,成为扎龙湿地生态旅游开发成功的关键。

三、扎龙国家级自然保护区生态旅游开发战略研究

(一)扎龙国家级自然保护区生态旅游开发理念

由于自然保护区的生态环境的特殊性,其生态旅游的开发必须以保护性开发作为最为重要的开发原则。结合齐齐哈尔市及扎龙湿地生态旅游工作的实际,扎

龙湿地的生态旅游开发着力需要做好以下几项重点工作。

1. 努力优化旅游业发展的大环境

旅游业综合性强，关联度高。需要各级政府加强领导、大力促进。近年来，齐齐哈尔市委市政府领导高度重视旅游业发展，使齐齐哈尔市旅游产业定位不断提升、财政投入逐年增加、政策环境日益完善、发展氛围日益浓厚。

2. 重点打造旅游精品

近年来，齐齐哈尔市邀请国内知名专家，结合旅游业发展实际，打造精品旅游项目。重点开发扎龙国家级自然保护区湿地观鹤和明月岛度假休闲"两大主线"，打造生态观光和休闲度假旅游产品。同时依托资源优势，整体推进齐齐哈尔市旅游产品的建设，并积极培育滨江度假、乡村度假、温泉疗养、冰雪、会展、宗教文化、体育等旅游产品，建设一批度假旅游精品。

3. 大力开展旅游宣传促销

齐齐哈尔市集中社会各群体的智慧推出"世界大湿地，中国鹤家乡"这一呈现城市核心文化和地域特色的主题形象，同时还继续通过国内外主流媒体广泛开展宣传推广活动。

4. 切实加强区域旅游合作

继续推进黑龙江省西部区域旅游合作，切实实现客源与资源共享，人流与资金流互通，消除区域间障碍为目标，达到经济效益的新增长。同时，利用关东文化旅游节等载体，积极与相关城市联系沟通，共同打造大东北旅游。

5. 切实提高管理服务水平

齐齐哈尔市旅游局在加强职业技能培训，全面提升从业人员素质的同时，对相关宾馆、景区、旅行社，从软、硬件上同时着力，强化标准化服务，加强质量管理，加大检查、监督和指导力度。

总之，振兴旅游是一个系统工程、全民工程，需要资金、组织、体制、政策、人才、环境等方方面面的支撑，既要着重研究和协调解决当地旅游业发展中的重大问题，加大旅游工作的推进力度，又要积极协调各有关部门，促进生态旅游的可持续发展。

（二）扎龙国家级自然保护区生态旅游开发战略研究

1. 品牌战略

品牌（brand）来自古英语"火焰、火炬（brand）"，引申为"烙印、铭刻"的含义。现代社会把它定义为"一种商品或制造商的商标或特有名称"。

品牌是强化旅游目的地差异化的有力手段，是旅游目的地赢得竞争优势的关键环节。旅游目的地最主要的压力是争取客源，占有旅游市场份额的大小取决于客源的多少，而比较低的重游率是旅游目的地普遍存在的问题。如何保持较高的重游率，其中树立旅游地鲜明的旅游形象，提高品牌的知名度是一条重要途径。通过建立品牌的核心价值，创立品牌识别系统，设计品牌符号结构并大力推广，使之能够在旅游消费者心目中形成独特的市场卖点，进而占有较大的市场份额。旅游地一旦拥有强劲品牌，旅游者对旅游目的地的认知度就大大提高了，旅游地的独特形象也就随之形成。

树立强烈的品牌意识并加强管理，已成为全国乃至世界的一种潮流，以品牌为核心的一系列深层次问题愈加突显出来。齐齐哈尔市旅游业已经发展到一个崭新的阶段，黑龙江省也明确提出把旅游产业建设成为支柱性产业的发展战略。如何实施好扎龙湿地的生态旅游建设，机遇与挑战总是并存的。如何扬长避短、趋优避劣，全新塑造扎龙湿地生态旅游的品牌形象，已成为迫切需要解决的问题。

扎龙湿地的生态旅游在齐齐哈尔市的旅游行业中虽然已经树立了品牌，说到齐齐哈尔的旅游业，人们就会想到扎龙，似乎扎龙已经成了齐齐哈尔市旅游业的代名词，然而，扎龙湿地的生态旅游开发还是需要在品牌战略的指导下进行。一是随着一系列的品牌定位，在建设档次的定位上，要因地制宜，按照生态的可持续发展原则，充分考虑到生态的维护和利用，在客源档次的定位上，要充分考虑不同群体的文化素养和消费档次，以确保能吸引适当的消费人群；二是市场因素要充分考虑，利用好优质资源；三是项目制定要到位，增强鹤文化和环境保护教育，符合循环经济的理念和环保的要求，在景观区内既有观赏旅游，又有环保教育意义。所有这些，都是站在发展的角度，为吸引更多的投资预留下了一定的空间。例如，扎龙湿地可以继续加大打造“雪地观鹤”特色精品的力度。齐齐哈尔观鹤节首届始于1992 年，至今已举办 28 届，关东文化旅游节在齐齐哈尔市也连续举办两届，且因为“雪地观鹤”品牌的推出，而引起国内外广大游客的关注，效果不菲。然而，作为刚刚起步的“鹤文化旅游”主题活动，其发展空间还很大。从立意上，紧密“旅游”与“鹤”的联系，突出“旅游——到鹤的家乡”，唱响“世界大湿地，中国鹤家乡”的主旋律；在主办主体上，不仅要争取国家相关组织、团体的关注，还要争取世界旅游组织的支持、对外友好协会的参与，既要体现“鹤旅游”在世界旅游大家庭中的特殊地位，又要借此扩大旅游节庆在社会各界的影响力；在内容上，要以“鹤文化”为中心，同时配套开发以“鹤”为主要表现形式的旅游商品、纪念品，打造精品“鹤工程”。

2. 区域联动与一体化开发战略

近年来，齐齐哈尔市旅游业在市委市政府的高度重视下，紧紧围绕“世界大湿地，中国鹤家乡”的城市旅游形象品牌，尤其是“中国优秀旅游城市、中国绿色食品之都、中国魅力城市”三项桂冠的获得，使齐齐哈尔市旅游业的发展拥有了新的加速度，实现了新的跨越，旅游项目规划建设成果突出。一是围绕鹤主题，开发出以扎龙湿地为代表的生态旅游、以明月岛景区为代表的休闲度假游、以一重装备工业和华安兵器工业为代表的工业游、以甘南兴十四村绿色观光为代表的农业游、以和平广场为代表的红色旅游、以黑龙江将军府和金长城为代表的文化古迹游、以大乘寺和清真寺为代表的宗教特色游、以劳动湖和党政办公中心为代表的都市观光游、以哈拉新村达族风情园为代表的民俗风情游等九大系列旅游产品,形成连线、成片、结网的旅游精品网络。二是明月岛顺利通过国家 AAAA 级旅游景区的评定,使齐齐哈尔市拥有扎龙和明月岛两个国家 AAAA 级旅游景区,旅游景区层次再上新台阶。三是铁锋区温泉地热旅游资源规划,填补了齐齐哈尔市一项资源的空白,并具有良好的开发和市场前景。四是累计争取到黑龙江省旅游发展专项资金 780 万元,为扎龙国家级自然保护区、尼尔基水库生态旅游度假区、达斡尔族风情园等景区的基础建设给予了支持。

近年来,齐齐哈尔市一直强力推进黑龙江省西部旅游的合作进程,使齐齐哈尔的大湿地、大庆的大油田、五大连池的大火山、黑河的大界江等独特的生态旅游资源进一步得到整合,区域间无障碍旅游基本形成。例如,2008 年 4 月,扎龙保护区管理局与五大连池风景名胜自然保护区管委会缔结了“友好保护区”。作为黑龙江省著名的两大景区,“大火山”牵手“大湿地”,将对黑龙江省的西部旅游业发展产生积极的影响。双方以“大火山”和“大湿地”生态资源为依托,打破地域界限,树立区域整体理念,共同以市场为导向,打造旅游精品和品牌,推动区域旅游的联合与互动。总之,开展好区域联动战略及一体化开发战略,对扎龙湿地生态旅游的合理开发具有强大的推动作用。

3. 大旅游战略

齐齐哈尔历史文化丰富多彩,是宗教文化、中原文化和边疆少数民族文化相融合的产物。为加快旅游资源的开发,齐齐哈尔市先后投资 3.82 亿元,对扎龙、明月岛、龙沙公园、大乘寺、嫩江公园、红岸公园、沿江湿地省级自然保护区、劳动湖风景区等现有景区(点)进行改造。

在北京专家的帮助下,齐齐哈尔市初步完成了高起点、高立意、高水平的旅游发展规划,提出了打造“中国大湿地,世界鹤家乡”品牌的目标。将生态旅游、湿地旅游、冰雪旅游作为发展主体,形成“四线六区”的旅游大格局,即:生态旅游线、冰雪旅游线、度假休闲线、中俄旅游线,湿地观鹤旅游区、拜泉生态农业旅游区、甘南音河水库风景区、昂昂溪古文化遗址旅游区、碾子山风景旅游区、尼尔基水库风景旅游区。

近 3 年来,齐齐哈尔市接待海外旅游者年均递增 36%,接待国内旅游者年均递增 35%。旅游业已经成为齐齐哈尔市发展速度最快、关联带动作用较强、最具发展潜力的产业,成为齐齐哈尔市新的经济增长点。

(三)扎龙国家级自然保护区生态旅游可持续发展对策

1. 主打品牌效应,开发新项目

把握好旅游形象,不失时机推广旅游形象,这是提高旅游者对旅游资源和产品的认知度，更广泛地占领市场的先决条件之一。齐齐哈尔市是世界珍禽丹顶鹤的故乡，素有“鹤城”的美誉。每年举办的“观鹤节”吸引了广大的中外游客。因此，深入挖掘“鹤”的主体形象，将“鹤城”这个名字叫响。在规划上，全力打造“中国大湿地，世界鹤故乡”的城市旅游品牌，实现了生态观光游，湿地赏鹤游等为主体的特色旅游，形成品牌效应。

扎龙湿地资源丰富，可以利用天然景观开发湿地观鸟、观光、摄影、绘画、水上垂钓以及冬季的冬泳比赛等生态旅游项目。为了增加旅游项目和提高接待能力，扎龙湿地需要在湿地边缘修建人工游乐场和简单的别墅，为游人提供休闲度假的场所和服务。开发以“鹤”为主体的相关产品，如亚麻制品、木制品等纪念品、工艺品，这些商品的设计生产需要有明确的地方性、艺术性特征，具有一定的旅游纪念意义。

2. 加大宣传力度，开发生态资源

要实现旅游资源的可持续利用，必须加大宣传力度。积极采取在各大媒体上播放宣传片，举行新闻发布会，举办保护区自然风光图片展，印制保护区生态旅游画册、明信片，发行挂历等多种形式并且加大保护区旅游资源及生态旅游业务的宣传力度。这样，既起到了宣传环保知识的作用，也达到了吸引游客的目的。

除此之外，扎龙湿地还可以利用电视、广播、互联网等高科技手段大范围地宣传，也可以借助外界条件来进行宣传教育工作，如：放映爱鸟护鸟宣传片，开展“爱鸟周”“野生动物保护月”“世界湿地日”等活动，召开座谈会等灵活多样的形式，对游客广泛开展宣传教育。

3. 增加进水量，改善生态环境

面临扎龙湿地愈加严重的缺水问题，各部门采取了相应的措施，积极进行多方协作，加大引嫩江水补充湿地水源及地下水补给的方式。不仅提高了水体的自净能力，治理了水体污染，还缓解扎龙湿地目前面临的缺水危机。另外，合理利用和调控乌裕尔河、双阳河水，减少中上游截流、分流河水，同时加强天然水资源的保护和涵养。所有这些措施均可以增加扎龙湿地的进水量，改善其生态环境。

4. 治理污染源保护水资源

根据扎龙国家级自然保护区水质现状、水污染发展趋势制定扎龙湿地水资源保护规划，管理过程中要认真贯彻执行《中华人民共和国水法》《中华人民共和国水污染防治法》《地质环境监测管理办法》等法规，并结合实际情况制定管理办法，对严重污染水资源的工厂、企业及个体要依法惩处。本着“谁污染，谁治理，谁开发，谁保护”的指导方针，大力推广生态农业，建立城镇生活用水处理系统，采用生物工程等技术来治理湿地水体的富营养化。同时严格控制新污染源的增加，和直接或间接向水体排放污染物各种项目。必须严格执行环境影响评价制度，进而保护湿地赖以存在的水资源环境。另外，建立定位监测站，对保护区生态资源的数量、质量、生长、分布及消长变化进行动态监测，并建立预警预报系统做到及时制止突发污染事件，为保护湿地生物资源提供科学的管理手段。

5. 科学规划管理，多源筹措资金

根据2003年8月1日施行的《黑龙江湿地保护条例》第三十二条规定：湿地应当由所在地的市级以上人民政府设立管理机构，湿地跨两个以上市的，由省人民政府设立湿地管理机构。因此黑龙江省政府要加大执法力度，将管理权限划分清楚，使其各个部门对其职责有明确的认识。管理机构还要进行自然资源管理、游客管理、导游管理，提高生态环保意识。这样才能有效地保护生态资源，使扎龙湿地生态旅游开发步入正轨。

资金不足制约着扎龙湿地生态旅游的开发与保护。这一问题解决的渠道有几个方面：首先，深入改革湿地旅游资源开发管理体制，将湿地旅游产业保护性开发引入股份制、合作制、外资独资、民营制等多种形式的融资渠道；其次，设立湿地资源保护和开发基金，成立基金会，由政府机构、企业公司、各界名人、当地群众、游客等为其提供部分资金；最后，在现有事业经费基础上，扎龙国家级自然保护区还应该积极争取国家立项拨款以及国际、国内有关组织的捐赠。此外，保护区还可以通过开展多种经营项目以筹集资金。

为了有效地保护扎龙湿地资源，还应加强国际学术交流，引进国外湿地生物多样性保护和持续性利用的先进经验和技术。政府也应当继续加大投入，建立保护区水文、气象、土壤、生物等监测机构，形成保护区生态环境的监测网络，为有效保护及可持续利用湿地资源提供科技手段和科学依据。

第二节　南瓮河国家级自然保护区

一、南瓮河国家级自然保护区概况

(一)自然概况

黑龙江南瓮河国家级自然保护区于1999年经黑龙江省人民政府批准组建，2003年6月被国务院批准晋升为国家级自然保护区，2011年成为国际重要湿地的新成员。它以保护区内的森林、沼泽、草甸、水域及野生动植物保护为重点，是我国仅有的一个寒温带水域内陆湿地生态系统类型的自然保护区。区内保存了完整的原始森林湿地生态系统、草丛湿地森林系统、岛状林湿地生态系统、冰湖湿地生态系统等景观。

1. 地理位置

南瓮河国家级自然保护区位于黑龙江省大兴安岭林区东南部，北以伊勒呼里山为界与新林林业局相邻，东以二根河为界与呼玛县林业局相望，南与加格达奇林业局毗邻，西与松岭林业局接壤，距大兴安岭地区首府加格达奇约160千米。地理坐标为东经125°07′55″～125°50′05″，北纬51°05′07″～51°39′24″。自然保护区总面积为2 295.23平方千米，其中湿地面积为809.16平方千米。

2. 地质地貌

南瓮河国家级自然保护区位于大兴安岭支脉伊勒呼里山的南坡，属于低山丘陵地貌，地形起伏较小，地势可概括为东、南方向低，西、北方向高，最低海拔为370米，最高海拔为1 044米，多数地方海拔介于500～800米。

保护区自上古生代海西运动时期至今，经历了漫长的地质变化，在各种内、外营力的共同作用下，形成了一些独特地貌特点。保护区在流水侵蚀、风蚀、冰川作用和地质不断变化的共同作用下，呈现丘陵地貌，山顶圆润，山峰分散，相对高差较小。山峰多分散，孤立。保护区内河网密布，河曲明显，其流向大体由北（西北）向南（西南），流速不大，故多沼泽化，而使其流域几乎全部形成沼泽，从而形成特有的森林湿地景观。

3. 土壤

由于保护区相对高差较小，土壤垂直分布不明显。保护区地带性土壤为棕色针叶林土（典型棕色针叶林土、生草棕色针叶林土），此外分布土壤类型还有暗棕壤、草甸土、沼泽土（泥炭沼泽土、草甸沼泽土）、泥炭土（低位泥炭土、高位泥炭土）。

4. 气候条件

南瓮河国家级自然保护区地处寒温带，为我国最寒冷地区之一，气候属寒温带大陆性季风气候，冬季受西伯利亚寒流的影响，晴燥少雪，冬季漫长，长达9个月，年平均气温－3 ℃，极端最低温度－48 ℃。温暖季节较短，夏季通常不超过1个月，极端最高气温36 ℃，无霜期为90～100天，初霜多发生在9月中旬，晚霜多终于5月中旬。植物的生长期持续时间较短，为110天左右。

保护区年降雨量较高，可达500毫米左右，多皆集中于7～8月，形成了夏季植物生长的有利条件。春秋两季由于受蒙古草原风作用，蒸发量较大，尤以5～6月常有明显旱象，形成云雾少，日照强，温度低的气候特点，致使林木草原火险增多。故而大多阳向陡坡受火灾的影响，皆发育为草原化的千山坡。一般9月末、10月初开始降雪，冰雪在5月左右开始融化，稳定积雪覆盖日数可达200天以上，最大积雪厚度达30～40厘米。

5. 水文

从本区地形地势看，呈西北高东南低的趋势，境内河流均流入嫩江。主要河流有南瓮河、南阳河、砍都河、二根河、依稀康河等。同时由于地势低平，流水不畅，常年积水和季节积水沼泽洼地以及大小水泡较多。河流水源主要由降水、冰雪消融和地表径流补给。

6. 植被

在大兴安岭植被区划中，南瓮河国家级自然保护区属南部蒙古栎—兴安落叶松林区，植被较丰富，并且植被的组成具有寒带与温带相混合的综合特点。保护区现有植物资源61科442种，列为国家重点保护植物的有樟子松、钻天柳、黄菠萝、草苁蓉、黄芪和五味子6种。还有珍稀兰科植物紫点木勺兰、大花木勺兰、小斑叶兰、手参、鸟巢兰和绶草6种。

7. 野生动物和矿产

南瓮河国家级自然保护区内野生动物种类较多，其中国家一级保护动物有黑嘴松鸡、黑鹳、白鹳、白尾海雕、白鹤、丹顶鹤、紫貂、金雕、熊貂9种；国家二级保护动物47种。其他陆地野生动物还有野猪、狍子等；鱼类有细鳞鱼、鲤鱼、鲇鱼等；两栖、爬行类有极北小鲵、花背蟾蜍等。

矿产资源主要有煤、黄金、铅、锌、石英石等。

（二）历史沿革与社会经济概况

1. 历史沿革

1999年12月，南瓮河国家级自然保护区由黑龙江省人民政府批准建立为省级自然保护区，2003年6月，南瓮河国家级自然保护区被国务院批准晋升为国家级自然保护区。2011年，在亚洲湿地论坛上，南瓮河国家级自然保护区接受了国际湿地公约组织的正式授牌，成为目前大兴安岭地区唯一一个列入《中国国际重要湿地名录》的自然保护区。保护区总面积0.23万平方千米，是属于湿地生态系统类型的自然保护区，也是我国寒温带林区较大的湿地类型自然保护区。

2. 行政区域、人口及民族组成

大兴安岭是我国纬度最高的地区，大兴安岭地区行署与国家林业局所属的大兴安岭地区林业管理局合署办公，总面积8.46万平方千米，其中黑龙江省6.66万平方千米，大兴安岭集团公司下辖3县、4区、10个林业局，人口54万。

南瓮河国家级自然保护区的行政区域隶属大兴安岭林业集团公司管辖。保护区外围西临松岭林业局的壮志林场、新天林场，东临呼玛县林业局十二站林场。三林场均以林业生产为主，人口共计15 000余人，多为汉族，少数民族主要是鄂伦春族。

3. 交通与通信

保护区交通、通信很落后。区内只有简易防火公路80千米，进入保护区的路有保护区到十二站公路和壮志林场、古源林场通往保护区的公路。通信设施全无，现阶段只有用电台联络。

4. 土地资源现状与利用情况

黑龙江南瓮河国家级自然保护区总面积为2 295.23平方千米，其中森林面积1 477.51万平方千米，疏林面积2.28平方千米，荒山荒地3.43平方千米。湿地总面积809.16平方千米，其中水域13.07平方千米，沼泽地796.09平方千米。保护区内未进行开发利用，保留原始状态。

5. 区域经济、社会发展情况

保护区是在松岭林业局南瓮河林区南阳河、石头山和南瓮河等林场的基础上建立起来的，南瓮河林区大兴安岭开发初期原规划为南瓮河林业局，由于规划中的铁路停建，该林区始终没有得到开发。1991年根据原林业部有关文件内容，将待开发的南瓮河林业局北部的砍都河、南阳河、石头山、那源和南瓮河等五个林场划给松岭林业局经营管理。因开发资金没有落实和国家实施了天然林资源保护工程，所以南瓮河林区基本处于未开发状态。松岭林业始建于1964年，调整后将本局南部的四个林场划归加格达奇林业局管辖，目前松岭林业局施业区总面积为9 070.28平方千米，区划为新天、壮志、大扬气、古源、绿水、砍都河、南阳河、那源、石头山和南瓮河十个林场。经过30多年的开发建设，该局已建成各种设施配套、项目齐全的大型林业综合企业。建局以来，累计生产商品材1 030万立方米，更新造林871.33平方千米，上缴利税22 014.5万元。目前，全局木材生产能力为32.8万立方米。

林业局辖5个主伐林场，设有5个贮木场，5个场属汽车运输队，机修厂1个。其他产业也具规模，现有木材综合加工厂17处。胶合板厂1处、卫生筷子厂1处、以及苗圃、雪糕厂、酒厂、黄金公司、煤炭公司等生产经营单位。建局以来，林业局营林事业也取得了较大的发展，确定了“以营林为基础，采育结合，多种经营，综合开发”的发展战略，已经由单纯生产型向生产经营型转变。各项工作取得了显著成绩。全局人工更新造林保存面积达871.33平方千米，中心苗圃1处。

松岭林业局与区政府实行政企合一体制，区政府辖5镇，有较为完整的公、检、法、商、粮、银、邮、文教、卫生、社会服务体系。辖区内总人口39 666人，职工10 040人。建有中学5所，小学7所，技工学校1所，职工医院1处，医疗卫生院5个，服务网点400多个，基本满足了社会需要。

邮电通信业发展迅速，已实现电话程控化。林业局还建成装机2 000门的林业专项用的微波通讯网络，辖区内交通十分方便，国铁嫩林线贯穿5个林场，是林业局外部运输的总干线。加塔公路沿嫩林线贯通，是林业局通往外部陆路运输的主脉。截至1998年，全局公路总里程为1 580.46千米，由于开发程度的差别多集中在西部地区，呈现西密东疏的特点，全局平均路网密度为每公顷1.74米(1公顷=0.01平方千米)。而南瓮河国家级自然保护区内路网密度仅为每公顷0.4米。

(三)保护区的类型

黑龙江南瓮河湿地属于自然生态系统类,为“森林沼泽湿地生态系统类型保护区”。保护区内分布着保存良好、未被干扰破坏的原始森林草甸沼泽生态系统。保护区内具有多种生态系统,几乎包含了整个大兴安岭原始森林内的所有生物种类,保护区内的野生动植物及其生存环境所构成的森林湿地生态系统为保护区的主要保护对象。南瓮河湿地共分为以下6种类型。

1. 典型性

南瓮河国家级自然保护区为典型的森林沼泽湿地生态系统保护区。保护区地处寒温带,历史最低气温为-48 ℃,年平均气温-3 ℃,年降雨量500毫米,由于气候条件、地理位置和独特的冻土条件,决定了保护区内独特的水生、湿生、森林植物特征。区系组成以东西伯利亚植物区系为主,混有长白和蒙古植物区系成分,具有典型水域、沼泽、草甸、灌丛和原始森林植被湿地植物群落组成,具有森林植物群落结构外貌特征及演替和波动规律,类型分布具有明显的代表性。

2. 稀有性

保护区位于大兴安岭寒温带针叶林区东南端,具有较为丰富的野生生物资源,在东亚地区及世界上具有较高代表性和稀有性,在国内也是绝无仅有的。区内野生动物资源丰富,多为国家一、二级保护动物,其中国家一级保护动物有9种。二级保护动物47种。区内有许多珍稀植物,国家重点保护植物种类有6种,珍稀兰科植物有6种。该区是我国唯一的一个以寒温带森林湿地生态系统为保护对象的自然保护区,区内具有发育良好的池塘、沼泽、草甸、灌丛和森林5种植被类型,其中栖息着大量的寒温带类群野生动物,这一独特的环境类型,在国内同类保护区中具有较高的稀有性。

3. 多样性

保护区的森林湿地生态系统,在其所处的气候带和地理景观带具有高度丰富的生物多样性。保护区内生物繁多。维管束植物约800余种,包含药用植物400余种,昆虫460余种,野生动物300余种,野生菌类150余种。包括野生动物、森林昆虫、大型真菌的几乎所有寒温带针叶林生物都能在保护区中找到。丰富的种质资源为人类采种、育种提供了良好生态基地。同时保护区内具有丰富的生态系统,其中有森林生态系统、草甸生态系统、沼泽生态系统、水生生态系统,各种生态环境为各类动物提供了充分且又多样的栖息地,也为它们提供了丰富的食物资源。

4. 自然性

保护区具有保存完好的原始森林,水生沼泽生态系统,各系统处于正常自然的发育阶段,具有良好的自然性。保护区开发较晚,远离城镇,自1991年才开始筹备开发,由于投资没有到位,区内的湿地和森林生态系统仍处于原始状态,未受任何人为干扰和破坏,特别是湿地自然生态系统仍保持着自生自灭的原始状态。

5. 脆弱性

保护区独特的生态系统具有明显的脆弱性,易受人类扰动,一旦破坏将难以恢复,同时会对鱼类,特别是植物生存带来不可逆的破坏。大兴安岭位于我国最北部,处于欧亚大陆冻土带南缘,是我国高纬度多年冻土带,上面生长着以落叶松为优势的明亮针叶林及谷地灌丛和湿草甸,多年冻土的存在直接影响着森林生态和气候环境,其温度高低,对大气温度升高和外界变化极为敏感。近年来由于气候变暖和人为扰动影响,保护区冻土已经出现退化,出现冻土温度升高,厚度减薄,季节性融化,深度增大等现象,这种变化是很难恢复的。而寒温带针叶林区演替是漫长的过程,一经破坏将很难恢复。

6. 科学潜力

该湿地对于研究我国寒温带地区生态系统的演变、水生生物系统的演替、候鸟的迁徙、留鸟繁殖以及冻土、水文、土地生产力等方面均有一定的科研潜力,同时也是开展科研的理想基地。

(四)保护区的生态地位

湿地是重要的自然生态系统,为优势水禽和鱼类提供了重要的栖息地,具有极高的生物生产力和丰富的动植物资源,也是生物多样性保护的一个巨大基因库。湿地含有大量的泥炭和植物,可为人类提供大量的矿产资源和生物资源。同时湿地在生态环境保护方面也具有极其重要的地位。

南瓮河国家级自然保护区地处嫩江上游,是嫩江水系的主要发源地。具有特殊地质地貌和气候条件形成的生态结构,是东北松嫩平原和内蒙古呼伦贝尔草原的天然生态屏障,对于嫩江流域的松嫩平原粮食基地和呼伦贝尔草原牧业基地具有重要的保护作用。众所周知,湿地素有大地的肾脏之称,是陆地上天然的蓄水库,对于阻止和延缓洪水,调控水流、水量,补充水源,缓解干旱等方面具有重要的生态作用。在蓄洪防灾、调节气候、控制土壤侵蚀、促淤造陆、降解环境污染等环境功能方面发挥着积极的作用。因此,该保护区在维持大兴安岭地区的生态平衡和嫩江流域的生态环境方面占有重要位置。

(五)保护区功能划分

根据《中华人民共和国自然保护区条例》《黑龙江省自然保护区管理办法》、原林业部《自然保护区工程总体设计规范》等有关的区划原则与方法,并结合保护区内动植物和湿地资源的分布情况,将南瓮河国家级自然保护区划分为三个区域:核心区、缓冲区和实验区。

1. 核心区

保护区内核心区面积为747.85平方千米，占保护区总面积的32.6%。该区位于南瓮河与南阳河交汇处，地理坐标为北纬51°29′48″～51°08′42″，东经125°07′12″～125°24′42″。区内沼泽264.42平方千米，河流湖泡水面3.69平方千米，此区拥有保存良好的原始沼泽湿地景观和森林景观，是保护区的核心地带。该区是保护原生性生态系统、保护对象及其原生地、栖息地、繁殖地集中分布的区域，目的是便于对最有价值部分进行严格保护。主要是保持生态系统不受人为干扰，在自然状态下进行更新和繁殖，保持物种多样性，成为本地区的一个遗传基因库。

2. 缓冲区

缓冲区面积为638.29平方千米，占保护区总面积27.8%。是生态自然性景观向人为影响下的自然景观的过渡区域。主要目的是将核心区隔离在实验区域以外。在核心区周围划定一定面积的缓冲区，以防止和减少核心区受到外界的影响和干扰，此区只准从事科学研究和观测活动的人员。

3. 实验区

实验区面积为909.09平方千米，占保护区总面积39.6%。是保护区内除核心区、缓冲区以外的其他区域。由于保护区的北边和西边都是以山脊为界，海拔高、坡度大，最高海拔达1 044米，生态环境脆弱，所以在保护区的北部和西部的缓冲区外没有区划实验区。实验区主要是探索自然资源与环境可持续利用与发展途径区域，因此可以从事科学实验，旅游及珍稀动、植物驯化和繁殖等活动，同时还可根据实际情况有计划地开展生产实验活动，以增强保护区的经济活力。

二、南瓮河国家级自然保护区生态旅游资源现状与评价

（一）湿地景观资源

保护区内湿地类型多样，湿地面积809平方千米，占总面积的35.25%，南瓮河岛状林湿地是“兴安十大名片”之一。这里的原始森林广阔，水体资源丰厚，山溪密布，河湾曲折，湖泊相连，水量舒缓，水体清澈，堪称世外桃源。湿地景观是保护区最具特色的旅游资源，是生态旅游的最佳卖点和宣传点。岛状林湿地有着不可估量的生态意义和科学研究价值，是生物科学研究、冻土研究和科普教育的理想基地。生物学家把这里看作是研究生物衍化及演替规律的基因库；鸟类学家视这里为研究亚洲鸟类生存、栖息、迁徙规律的特殊地域；水土保持学家则把这里看作是反映嫩江流域治理成效的晴雨表。

（二）野生植物资源

南瓮河国家级自然保护区是以森林湿地及其生物多样性为保护对象的保护

区，具有森林生态系统和湿地生态系统的符合性，因此在寒温带落叶针叶林区具有生物多样性最为丰富的特点。保护区内植物资源十分丰富，已发现的植物资源有61科442种，其中被列为国家重点保护植物种类的有樟子松、钻天柳、黄菠萝、草苁蓉、黄芪、五味子6种，珍稀兰科植物有紫点芍兰、大花芍兰、小斑叶兰、手参、鸟巢兰、绶草6种。具有较高药用价值和开发价值的经济植物有草苁蓉、小玉竹、红花鹿蹄草、蒙古黄芪、唐松草等。保护区内可直接食用的野菜，坚果及可加工利用的各种野生小浆果主要有榛子、草莓、笃斯越橘、红越橘、桔梗、蕨菜、悬钩子、蓝靛果忍冬等。

南瓮河国家级自然保护区为寒温带落叶针叶林区，在大兴安岭植被区划为属大兴安岭南部蒙古栎—落叶松林区。由于地理气候等环境因素，全区植物较为丰富，组成以东西伯利亚植物区系成分为主，并混有大量长白植物区系成分，是温带与寒温带植物交错过渡地区。

（三）野生动物资源

南瓮河国家级自然保护区位于大兴安岭地区伊勒呼里山南麓，是大兴安岭二大水系中嫩江水系的源头。保护区生境类型复杂多样，河流纵横，该区所特有的气候条件和栖息生境，使该地区的动物资源十分丰富。据统计，南瓮河国家级自然保护区内有野生动物有309种，其中兽类49种，鸟类216种，两栖爬行动物和鱼类共44种。被列为国家一级保护动物9种，二级保护动物47种，保护区内野生动物种类占整个大兴安岭野生动物种类的90%以上。据调查，该地区共有脊椎动物与5纲74科、309种。

1. 鸟类

保护区所处的地理位置和生态环境一直受到许多专家学者的关注，特别是丰富的鸟类资源，是亚洲鸟类的重要分布地。该地区的鸟类区系组成及分布既有寒温带森林鸟类区系组成的特殊性，又有受到该地区环境因子影响的特征，即冬季鸟类种类较少，鸟数量明显多于其他地区，水禽的数量大。鸟类种类为216种及亚种。国家一级保护鸟类7种，二级保护鸟类40种。

区系成分：从鸟类区系组成看，古北种占优，有136种及亚种，占63%，广布种为80种及亚种，占37%。该地区松鸡科鸟类与大兴安岭其他地区的分布数量有所不同。黑嘴松鸡的数量明显少于伊勒呼里山以北地区，而黑琴鸡的数量较伊勒呼里以北较多，花尾榛鸡与伊勒呼里山以北相差无几。柳雷鸟在该地区已没有分布。

因气候和其他因素，雉科的雉鸡在本区有一定的数量分布，而在伊勒呼里山以北则很少见。除雉鸡外，还有山斑鸠为这里常见的夏候鸟，岩鸽常见于山崖附近。

由于该区河流纵横交错，有大面积的林间湿地、沼泽，因而该地区的水禽资源十分丰富。计有6目9科73种。此外，该地区独特的自然环境和良好的气候条件,使这里成为天然的水禽繁殖场和栖息地。据统计,在大兴安岭分布的水禽近90%均在此繁殖或栖息。

涉禽计4科10种。其中包括该区的夏候鸟和旅鸟。鹄形目种类在该区数量较多,计有2科27种,大都在此繁殖。

猛禽在该区计有2目4科19种,其中鸮形目10种,它们在控制啮齿类数量、维持生态平衡,保护物种多样性方面起着重要作用。隼形目中绝大部分为夏候鸟,苍鹰、矛隼为该区的冬候鸟。金雕为留鸟,但数量较少。鸮形目大都为留鸟,猛鸮、短耳鸮较为常见,雪鸮的数量很少。

鸣禽依然是该区鸟类种数最多的一个生态类群,它包括雨燕目和雀形目95种。山雀依然为该地区的优势种,特别是在冬季。由于该区所具有自然环境和气候特点,很多鸟类,特别是水禽应在此繁殖,这是有待于进一步研究的问题。

2. 兽类

南瓮河地区的兽类种类现已知有6目16科49种。依动物区划,该区属于古北界、东北区的大兴岭亚区,东洋界的种类不多。该地区的兽类组成明显表现出寒温带针叶林群落和山地—草甸群落的特征。北方型兽类与东北型兽类相混杂,有蹄类占据主要地位,以驼鹿、马鹿、狍和野猪最为普遍,而狍的数量依然占据首位。鼬科的动物中,以黄鼬占优势,紫貂、熊貂已很难发现踪迹。兔形目中的雪兔、草兔、东北兔中,雪兔的数量居多。兽类中被列入国家保护动物的有9种,即紫貂、猞猁、水獭、棕熊、熊貂、马鹿、驼鹿、原麝和雪兔,占大兴安岭地区保护兽类的78%。这些保护动物均属《中国濒危动物红皮书》中所列物种。

3. 两栖、爬行类

南瓮河地区的冬季气候寒冷且漫长,各种生存条件较为严酷,作为变温动物,两栖、爬行类动物在此分布的种类比较少,共有4目13种。现有种类都是比较耐寒的种类,而且具有冬眠的生态习性。在南瓮河地区的两栖、爬行动物中,从动物地理区系来看,绝大多数都属于古北界种类,个别种古北界、东洋界均有分布。南瓮河地区7种两栖动物中,花背蟾蜍,中华大蟾蜍,黑斑蛙,为广布种。从动物地理区系看,南瓮河地区两栖动物均为古北界成分,其中以东北区成分为主。

4. 鱼类

南瓮河地区属于嫩江水系。为嫩江源头地区,主要河流有南瓮河、南阳河、砍都河等。水系特点是河谷开阔、河道弯曲,流急水浅,除主干流外,冬季易连底冻。根据近年调查及历史文献记载,在南瓮河地区水域中,共有鱼类31种,分别隶属于12科。南瓮河地区鱼类以鲤科占比重最大,鲑科次之。根据起源和地理分布及生态习性,南瓮河地区鱼类在区系组成可分为6大类群即北方山麓鱼类类群、北方平原鱼类类群、北极淡水鱼类类群、上第三纪鱼类类群、江河平源鱼类类群、热带平原鱼类类群,主要经济鱼类有哲罗鱼、细鳞鱼、乌苏里白鲑、黑斑狗鱼等。

（四）自然地貌景观

保护区主要地貌为低山丘陵，绝大部分山顶浑圆，相对高度不大，且山峰多分散，无过峰岭现象，独特的地形地貌和自然条件形成以“奇”“寒”“白”为特点的自然景观。由道旁两块天然大石头形成的金蟾石景观，十分罕见。寒温带的原始森林、丘陵山体、沼泽、湖泊与河流以及独特的生境和冰雪资源形成了独特南瓮河景观结构。

（五）保护区的生态效益

湿地广泛分布于世界各地，是指陆地上常年、季节性积水或过湿的土地，它与生长、栖息的生物种群构成了独特的生态系统，具有极高的生产力，对发展畜牧业具有广阔的前景，同时湿地作为一种重要的自然资源，也是人类赖以生存和发展的重要基础。南瓮河国家级自然保护区地处大兴安岭支脉伊勒呼里山南麓，为嫩江的源头。保护区内湿地面积 809.16 平方千米，有丰富的动植物资源，是一个巨大的物种基因库；保护区内有大量的持水性较好的泥炭和植物，可为人类提供矿产资源和生物资源；湿地的特殊景观，为发展生态旅游提供了良好的基础；保护区内的湿地对阻止和延缓洪水，调控水流、水量，储蓄水源，调节气候，维持生态平衡等也具有重要的作用。南瓮河国家级自然保护区不仅是对大兴安岭林区的生态环境的保护具有举足轻重的作用，更是松嫩平原和呼伦贝尔草原的重要生态屏障，对松花江流域的保护也具有特别重要的意义，所以保护好该区的森林生态系统具有深远的意义。

1. 蓄水防洪，涵养水源

森林不但可以对降水进行三次再分配，还可以改善土壤结构，增加孔隙度，非毛管孔隙是森林土贮存降水的场所，非毛管孔隙越大，蓄水量越多。森林就是一个巨大的天然水源，对防止洪涝灾害及保证水资源的有效益利用起着无可替代的作用。

湿地是自然界巨大的生物蓄水库，被称为“地球之肾”，具有良好的防洪补旱作用，通常蓄水量为土壤本身的 3 ~9 倍或者更高，湿地底层土壤黏重，其不透水性及永冻层的作用，进一步提高了它的蓄水能力。在降雨和水量较大季节，湿地和森林都具有较强的蓄水防洪作用。在水量减少的干旱时节，湿地生态系统能释放蓄水以减缓旱情。如按每公顷林地每年蓄水量 1 500 立方米，湿地每公顷林地每年蓄水量 2 000 立方米，保护区每年蓄水量 3.8 亿立方米。

2. 减少水土流失，提升土壤肥力

茂盛的森林植被，密密层层的枯枝落叶，不仅减缓了雨水对土壤的直接侵蚀，减少了水土流失，同时也提高了土壤的肥力，提高了固土保肥的能力。湿地地势低注,可接纳不同方位的来水,使泥浆泥沙得以充分的沉淀淤积。按同等条件下每公顷荒地土壤流失量为35.6吨,林地为0.05吨,每年保护区减少土壤流失量约为520万吨。

3.净化水质,修复土壤

因为森林土壤的自然过滤及一系列的离子交换作用能够达到水质净化的效果,湿地又能将河水和地表径流的泥沙废弃物等不利物质,通过植物吸收和生化作用以收获量形式排出系统达到水质净化,所以南瓮河国家级自然保护区内的溪水不仅清澈透明,而且水质良好,符合国家饮用水标准,可直接饮用。

4.净化空气,吸附尘埃

森林和湿地都是天然的碳贮库。据测定,森林每生长1立方米大致可吸收、固定350公斤的二氧化碳,同时也可吸收二氧化硫、一氧化碳等有害气体,并能大量杀灭病菌,从而起到净化空气的作用。每公顷(1公顷=0.01平方千米)绿地每年能从空气中吸收同化约200吨的污染物。森林和湿地主要通过稀释、分解、吸收及固定大气中有毒有害的污染物质,再经过光合作用形成无害有机物质的方式来净化空气。

5.珍稀动物的乐园,野生植物的生境

正是因为南瓮河国家级自然保护区内有良好的生态环境,所以成为鸟类等动物理想的栖息地,吸引了大量的候鸟和留鸟到此繁衍生息。这些鸟类也对森林资源、湿地资源、生态平衡的保护起着极其重要的作用。各种类型的植物以不同方式依附在湿地之上,形成了独特的寒温带生态系统,几乎容纳了大兴安岭地区所有的水生植被类型。

(六)保护区的经济价值

保护区内可再生资源主要有野生食用植物、野生浆果、野生药用植物及其他植物种类。通过保护规划可使可再生植物资源得到合理的开发与利用,粗略估算年创收600万元左右。保护区内生态资源丰富,如在合理的规划范围内开展动植物养殖等绿色产业项目。既可以实现保护区资源的合理开发利用,从经营角度来说,也有利于自然保护区的长期发展,实现以区养区,自给自足。

保护区总体规划的实施所带来的间接经济效益也是十分巨大的。生态环境的改善,林木蓄积量的增加,野生动植物种群的扩大对整个环境的影响,都有着潜在的、无法估量的经济效益。同时,自然保护区的建立对周边社会乃至于嫩江流域的经济发展也有不可估量的拉动力,也为周边社会提供了更多的就业机会。

(七)保护区的社会效益

南瓮河国家级自然保护区地处嫩江上游,是一座原始的自然博物馆,通过宣教工程、生态旅游工程的建设,可使更多的人了解保护区,理解、支持自然保护事业,增强环保意识。与其他保护区相比较,南瓮河国家级自然保护区有鲜明的特殊性,是大兴安岭寒温带针叶林区的典型代表。独特的自然条件与区位优势,为研究大兴安岭寒温带针叶林区的植被演替、地质构造、湿地气候等提供了一个天然实验室,是科研和教学的天然课堂,也是环境保护的宣传教育基地。保护区位于嫩江上游,区内河流纵横,水域宽阔,是嫩江水系的主要发源地,也是松嫩平原农业生产和嫩江流域的一个重要生态屏障。通过对保护区涵养水源、防洪蓄水能力的研究和保护,有利于大兴安岭林区及整个嫩江流域的生态安全和经济发展。同时保护区的建立为嫩江水质研究和污染防治提供了良好的本底资料,但还应加强以下方面研究:

1. 基础研究

基础研究包括生态定位站的建立、水源涵养、气候变化及各生态系统内部演替规律,生物多样性保护等方面研究;

2. 保护技术的研究

建立珍稀动植物繁育中心,开展各种珍稀动植物、生物、生态学、保护技术的研究;

3. 资源开发利用的研究

各种动植物资源,湿地草甸资源的开发利用技术的研究。

通过以上科研工程的实施,可以积累大量可靠、全面的监测资料、档案资料,为有关科研单位进行专题性科学研究,做好基础配套工作,为我国自然保护网络的建设和管理做出贡献。

(八)生态旅游资源定量评价与等级划分

南瓮河国家级自然保护区具备独特的岛状林湿地景观、老头林景观、金蟾石景观、野生动植物景观等资源,具备开展旅游业的优势资源,但目前为止实质性的旅游开发还没有真正开始,有待于政府进一步主导与推动,明确开发主体,通过科学合理的规划,达到可持续发展的目的。原始的自然本底资源是发展的最大优势,保护区内开展适当规模的旅游项目,定能使之成为我国北部边陲的生态旅游胜地。同时,由于区内资源、环境的特殊性,旅游开发必须坚持保护优先与可持续发展的原则。

1. 风景资源质量等级评价

依据中华人民共和国国家标准《中国森林公园风景资源质量等级评定》(GB/T 18005—1999),南瓮河国家级自然保护区风景质量评价结果如下。

(1)保护区风景资源质量评价结果

风景资源包括地文资源、水文资源、生物资源、人文资源、天象资源5类,其中每类包括5个评价因子,资源质量值评价满分为30分,南瓮河国家级自然保护区资源质量得分为26.06分。

(2)保护区环境质量评价结果

环境质量评价指标包括大气质量、地表水质量、土壤质量、负离子含量和空气细菌含量。环境质量评价结果由各项指标评分累加获得,满分为10分,南瓮河国家级自然保护区环境质量评价得分为10分。

(3)保护区旅游开发利用条件评价结果

保护区开发利用条件评价指标包括面积、旅游适宜期、区位条件、外部条件、内部交通、基础设施条件6个项目。开发利用条件评分分值为各项指标评分累加获得,满分10分,南瓮河国家级自然保护区开发利用条件得5分。

(4)风景资源质量等级综合评定

依据森林公园风景资源质量等级评定分值计算公式:$N = M + H + L$。经计算,南瓮河国家级自然保护区风景资源质量等级评定得分为41.06分,等级为Ⅰ级。南瓮河国家级自然保护区资源价值和旅游价值高,应该在坚持保护的基础上进行适当、合理的开发。

三、南瓮河国家级自然保护区生态旅游开发的SWOT分析

SWOT分析法是20世纪80年代初期,由旧金山大学教授海因茨·韦里克(Heinz Weihrich)首次提出的,也被称为态势分析法。该分析方法能够客观准确的分析研究对象的内部情况与所处的外部环境,通过系统的评价制定最优的发展战略和计划。S、W、O、T四个字母分别代表着优势、强项(strengths),劣势、弱势(weaknesses),机会、机遇(opportunities),威胁、挑战(threats)四个单词,其中优势与劣势是对研究对象内部情况的分析,机会与威胁是对研究对象所处外部环境的研究。目前,该法已被广泛应用于定性定量分析评价生态环境的可持续发展和自然保护区的开发、管理,通过系统准确的评价,对自然保护区的开发条件进行分析。

(一)优势分析

1. 丰富的自然资源

因为南瓮河国家级自然保护区开发利用较晚,所以保存了完好的寒温带森林湿地自然本底。保护区内分布着我国寒温带地区最重要的沼泽湿地生态系统、森林生态系统和丰富的珍稀野生动植物资源,是我国寒温带生态系统多样性、生物多样性、基因多样性、遗传多样性和景观多样性的重要保护基地。

保护区地处我国高纬度岛状冻土分布区,具有丰富的物种资源和寒温带特有的珍稀动植物,原始生态价值很高。根据调查统计,保护区内已发现的植物资源有61科800余种,其中有6种国家重点保护植物,6种国家珍稀兰科植物。野生动物

309种,其中国家一级保护动物9种,国家二级保护动物47种,基本涵盖了大兴安岭寒温带原始林区内所有的陆生、湿生、水生生物类群物种,其中被列为保护区所处的地理位置和生态环境一直受到许多专家学者的关注,特别是丰富的鸟类资源,是亚洲鸟类重要的分布地。

2. 优美的自然环境

保护区也是我国唯一以寒温带森林湿地生态系统为保护对象的自然保护区,其独特的生态系统在国内的保护区中极其罕见,有发育良好的池塘、沼泽、草甸、灌丛、河流、湖泊、森林等生态系统。寒温带的原始森林、丘陵山体、沼泽、湖泊、河流、野生珍稀动植物等独特的旅游资源,特别是水产资源和珍稀水禽以及独特的生境和冰雪资源构成了南瓮河独特的生态景观结构,原生态湿地和神秘的原始森林会让人体验到回归自然感觉,不愧为中国北方独特的风景名胜旅游地。

3. 良好的社会美誉

在2011年亚洲湿地论坛上,黑龙江南瓮河国家级自然保护区已接受了国际湿地公约组织的正式授牌,成为大兴安岭地区目前唯一一家列入《中国国际重要湿地名录》的国家级自然保护区。保护区所在地大兴安岭具有良好的社会美誉。在由《国家地理》杂志以及国内100多名旅游摄影记者评选出的中国三大低碳旅游区中以综合成绩18分排在第二位,还荣获过“中国最美十大森林”“中国最佳生态旅游目的地”“中国最令人向往的50个地方”和“中国大学生最喜欢的旅游城市”等荣誉称号,同时南瓮河岛状林湿地景观也是“兴安十大名片”之一。超高森林覆盖率的大兴安岭,号称中国最大的氧吧,空气中的负氧离子每立方厘米达到3.8万个。

4. 理想的森林浴地点

南瓮河国家级自然保护区总面积为2 295.23平方千米,其中森林面积1 477.51平方千米,湿地面积809.16平方千米,是我国东北最大的森林湿地自然保护区,保护着我国寒温带地区重要的沼泽湿地生态系统、森林生态系统和丰富的珍稀野生动植物资源,是我国寒温带生态系统多样性、生物多样性、基因多样性、遗传多样性和景观多样性的重要保护基地。区内保存完好的寒温带森林湿地自然本底,将为游客身入森林,享受自然,体验原始生态景观提供优良的场地。保护区内森林景观与湿地景观融为一体,是寒温带野生动植物,特别是珍稀水禽繁衍栖息的重要场所,是人们追求回归原始的大自然怀抱的理想去处。保护区开发较晚,是未被干扰破坏、保持完整的原始森林草甸沼泽生态系统,内部生态系统完整,充满原始生态气息,游人在保护区内能够身心放松。

5. 优良的外部环境

经国务院批复的《东北地区振兴规划》将“东北地区建设成为国家生态安全的重要保障区”列为实现东北地区全面振兴的重要目标之一,规划要求对大兴安岭继续实施天保工程,发展生态特色产业。并明确提出,要积极发展森林草原湿地旅游，重点发展大兴安岭森林旅游，湿地生态旅游，打造森林旅游精品。随着国家对生态的重视不断提升，大小兴安岭生态功能区建设和“天保工程”二期的实施、《大小兴安岭林区生态保护与经济转型规划（2010—2020年）》等政策文件的出台，大兴安岭地委、行署将旅游业作为重要产业，南瓮河国家级自然保护区必将乘上生态旅游产业快速发展的列车，认真贯彻省政府发展生态主导型经济的思路，充分利用政策上的优势，进一步加强、完善河保护区的基础设施建设，深入落实旅游牵动战略，将生态旅游打造成当地的支柱产业，深入挖掘潜力，整合资源，构建区域联盟，提升科研能力。在开展环境承载力研究的基础上，坚持自然与原始的最北森林特色，合理布局，科学规划，积极开发北国风光游、森林湿地生态游、养生避暑度假游、狩猎滑雪游、地质观光游等旅游产品和精品线路。丰富旅游文化内涵，充分挖掘大兴安岭森林生态文化、“北”文化、历史文化和民俗文化，为保护区的生态旅游带来新的机遇。

（二）劣势分析

1. 融资渠道不畅，缺少管理人才

南瓮河国家级自然保护区地处大兴安岭，属于欠发达地区，人口较少，经济发展相对落后。经费紧张始终是困扰南瓮河生态旅游发展的一个关键问题，缺少资金导致生态旅游区的开发受到制约，基础设施建设落后。目前保护区的融资渠道并不畅通，多渠道集资机制没有形成。限于资金的制约，保护区生态旅游的宣传力度不够，知名度不高，保护区的管理，基础设施建设和服务相对落后。目前保护区的融资渠道并不畅通，多渠道集资机制没有形成。保护区的生态旅游开发正处在初级阶段，由于缺少专业的规划管理人才，目前开发的旅游项目仅是小规模的观光旅游，并且服务设施不足，基础设施不健全。

2. 生态系统脆弱

由于独特的地理位置与自然条件，保护区夏季较短，冬季漫长寒冷。近几年的气候变化与降水减少，使南瓮河国家级自然保护区的生态系统变得比较脆弱，一旦保护不当使保护区遭到破坏，原始生态环境将很难恢复。保护区的开发与生态旅游的发展必然将产生环境保护与资源开发之间的矛盾，如果开发规划与管理不善，必将造成保护区生态环境的恶化以及生态旅游资源的破坏。

3. 知名度较低、基础设施不完善

黑龙江南瓮河国家级自然保护区地处大兴安岭，由于保护区知名度不高，宣传力度不够，吸引投资较少，生态旅游开发规划不足，所以目前旅游开发仍处于原始状态。保护区内基础设施建设落后，条件较差，宾馆、酒店等规模较小，档次不高，住宿、餐饮条件有待提高，游客接待能力有限。

（三）机遇分析

1. 资源机遇

全球变暖问题受到了世界性的关注，有关拯救地球的各种会议相继召开，“低碳旅游”也在世界范围内风靡起来，生态旅游已成为新时期旅游业发展的趋势。在世界旅游热潮的影响下，我国旅游业处于迅速发展阶段，原国家旅游局对旅游者的一项抽样调查结果表明：旅游者感兴趣的旅游资源主要集中在山水风光、民俗风情及文物古迹等方面。因为南瓮河国家级自然保护区是我国历史上形成最早的森林区域，是保护我国寒温带生态系统多样性、基因多样性、生物多样性、遗传多样性和景观多样性的重要基地且自然资源丰富，所以这正是南瓮河国家级自然保护区利用其保存完好的森林资源、湿地资源、绿色食品、野生动植物、冰雪资源等原生态资源发展生态旅游的大好机遇。

2. 产业机遇

旅游业已成为我国第三产业中最具活力、发展最快的产业之一，有些地方已将旅游业的发展程度视为衡量区域社会经济发展的一个重要指标。自 1998 年国家投入 0. 12 亿元专项资金用于建设深林旅游项目以来，大兴安岭旅游业一直持续高速地发展。旅游业各项指标连创新高。2010 年大兴安岭地区接待游客量达到历史新高 223 万人次，同比增长 51. 8%；旅游收入达到 12. 49 亿元，同比增长 61. 6%。随着市场经济的发展和人民收入水平的不断提高，计划外出旅游的人越来越多，人民对旅游的认识也有了进一步上升。闲暇时间的增多，带薪假期的普遍实行，旅游条件的改观，人民的生态旅游热情进一步焕发，生态旅游必将成为一种时尚，选择到自然保护区必将成为游客休闲、度假的首选。

3. 政策机遇

黑龙江省委、省政府明确提出要把旅游业作为带动全省经济发展的先导产业和特色支柱产业，要把黑龙江省从旅游资源大省变为旅游强省。《黑龙江省旅游发展总体规划》和《黑龙江省旅游业发展“十一五”规划与到 2020 年总体规划纲要》都提出要重点发展生态旅游。保护区生态旅游开发正好迎合了这一新的发展趋势。南瓮河国家级自然保护区所处的大兴安岭是黑龙江省内唯一享受西部大开发政策的地区，西部大开发的政策给保护区旅游业的发展提供了新的机遇，当地基础设施建设力度不断加大，为原加格达奇嘎仙机场（2021 年 2 月 25 日，更名为大兴安岭鄂伦春机场）的通航提供便利的交通条件，给保护区生态旅游产业的发展带来新的机遇。在国家加快发展旅游产业、大小兴安岭生态功能区建设机遇的推动下，当地政府招商引资力度也不断加大，新一轮的资金进入必将为南瓮河国家级自然保护区生态旅游开发提供充分的机遇与资金保证。省委、省政府对大兴安岭生态旅游产业的支持，也进一步坚定了保护区开发生态产业的信心。《大小兴安岭林区生态保护与经济转型规划(2010—2020)》中明确提出要突出生态旅游业产业,充分利用草原、森林、湿地、冰雪等特色资源,形成区域结盟,打造产业联盟,联合开发特色旅游资源,完善保护区基础设施建设,提升景区景点品位,打造国内外知名的,集避暑、度假、康体和健身等休闲旅游于一身的综合生态旅游目的地。南瓮河国家级自然保护区集湿地、森林、冰雪等特色自然景观于一身,只要合理、充分地利用好政策所提供的优势条件,必将为生态旅游产业的发展提供保证。

4. 市场机遇

随着全球化进程的不断加快、经济的快速发展、收入的不断提高,人们对旅游消费的需求持续上升,旅游产业已成为朝阳产业,据世界旅游组织对 2020 年国际旅游业的展望中预测,旅游业将是 21 世纪创造就业和倡导环境保护的先导产业。生态旅游已成为新时期旅游业的发展趋势。随着大兴安岭生态旅游知名度的不断提升,将会有越来越多的游客来到南瓮河国家级自然保护区,去感受原始森林的神秘、清新。保护区应充分利用这个发展的机会,与其他景区联合,形成精品生态旅游路线,加大宣传力度,满足游客需求。

(四)威胁与挑战

1. 生态环境遭到破坏

由于独特的地理位置与自然条件,保护区的生态系统比较脆弱。随着全球性气候变暖的影响,原始自然生态系统受到日益严重的威胁,保护区内乃至整个大兴安岭冻土区,都在不断地退化和北移,其变化势必影响保护区及大兴安岭的环境质量。全球气候变暖、降雨量减少,加之当地居民"靠山吃山"的传统观念,乱捕乱猎,不法渔猎,不正当的采伐方式和山野药材的掠夺性采集都对保护区的生态环境造成威胁。所以保护区的生态旅游开发一定要控制在环境容量范围内,避免生态环境遭到破坏。

2. 生态旅游竞争激烈

目前已进入到旅游产业发展的快速时期,国内的保护区也相继开发生态旅游项目。由于大兴安岭旅游线路较多,景点分散,所以目前游客多以短期旅游为主。北极村等地的知名度和客源都远超于南瓮河国家级自然保护区。

3. 市场需求多样化

随着经济的发展和人们生活水平的不断提升,旅游者对旅游产品的要求已不仅限于简单的观光,一些强调收获的游客更青睐集参与性、文化性、教育性于一体的旅游产品。针对打造国际知名的生态旅游目的地提出的新要求,所以保护区面向不同游客的差异化,有针对性地推出生态旅游产品,开发旅游项目,打造精品旅游线路。

四、南瓮河国家级自然保护区生态旅游开发策略

(一)南瓮河国家级自然保护区生态旅游开发建议

生态旅游是以生态学和可持续发展理论为指导,以自然区域和文化区域的特点为对象,以回归、享受、观赏自然为过程,以研究自然景观、野生生物及文化景观为目的,以保护自然和人文生态资源及环境为宗旨,以使当地居民在经济上受益为基本原则等特征内容的特殊旅游形式。开发生态旅游必须具备以下基本条件:一是属于基本不受干扰的区域;二是在严格的管理制度下,不破坏生态环境或导致环境质量下降;三是为社会提供一个有吸引力的环境教育场所;四是保持生态可持续发展。

1. 生态旅游开发指导思想

(1)生态旅游开发要以保护自然资源和生态环境为前提,合理适度开发并利用旅游资源,实现生态效益、社会效益、经济效益三统一。

(2)生态旅游开发要以大兴安岭旅游为整体依托,充分发挥自然保护区内山清水秀、自然资源丰富的优势,坚持围绕生态旅游的主题,打造精品特色旅游项目,逐步提高自然保护区的自养能力。

(3)生态旅游开发的范围要严格地控制在实验区范围内。

2. 生态旅游开发的基本原则

(1)坚持保护优先原则

自然保护区与其他景区不同,建立保护区的主要目的就是为了保护,只有在保护的基础上将科学研究、教育、生产和旅游等活动有机地结合起来,才能使生态、社会和经济效益都得到充分展示。南瓮河国家级自然保护区是保护我国寒温带生态系统多样性、基因多样性、生物多样性、遗传多样性和景观多样性的重要基地,森林资源、湿地资源、绿色食品、野生动植物资源等都是其发展生态旅游的优势,对优势资源的保护是生态旅游可持续发展的关键,保护的情况决定了其生态旅游的发展未来。坚持保护第一的原则,保持自然景观的原始特色,以自然风景为主,保护好森林湿地生态系统,发挥自然环境的主导作用,使发展生态旅游和保护自然生态环境有机地结合起来。

(2)坚持生态优先原则

生态旅游的开发必须遵照生态学的基本原理和方法,遵循自然和社会发展规律,以促进自然保护区生态环境的良性发展为目标。在保护好自然资源和自然环境的前提下,分析优势和不足,根据自然保护区的总体规划,有计划、有步骤地进行适度开发,真正达到保护和可持续发展的目标。

(3)坚持生态、经济、社会效益相统一原则

自然保护区开展生态旅游活动,应当满足旅游者欣赏自然风光和获得精神享受的要求,但又不能以牺牲环境为代价,要坚持生态效益、社会效益和经济效益协调统一的原则。在保护资源与环境的同时又能够带动当地经济,并促进社会发展,为当地居民提供多种就业机会,使其从生态环境保护和生态旅游活动中获益,实现在保护中进行发展,在发展中实施保护。

(4)坚持可持续发展原则

开展生态旅游的目的就是要以当代人的享受不损害后代人的利益为准则,探索一种能够较好地协调人与自然、保护与利用之间关系的可持续发展的生态旅游方式。开发生态旅游资源应在资源环境可承受范围内,一旦超出这一范围,生态环境将遭到破坏,生态旅游资源质量也随之下降。而且生态旅游追求的是综合效益的最大化与可持续化。衡量自然保护区生态旅游可持续发展,不仅是经济的增长,还是一个综合的评判,包括了自然保护区生态的协调性、环境的稳定性、资源利用的持续性,以及区域发展的平衡性。

(5)坚持重点突出原则

开展生态旅游要以原始森林沼泽湿地景观为主体,重点打造以岛状林湿地为特色的生态旅游产品,围绕保护区景观特色,资源特色等进行开发,杜绝景点千篇一律,要用特色吸引游客,用品牌招揽游客。游步道和漂流河段可形成一条水陆相济的精品旅游风景线,在精品旅游线之上再适当地辅以景点建设,使之形成点、线、面有机结合的景观布局。

(6)坚持适度开发原则

保护区的发展最终要落到合理的开发利用上来,这样保护区的发展才会有活力,才会有利于我国保护区的管理建设。在生态旅游开发过程中,以严格保护南瓮河湿地生态系统为前提,要坚持适度开发原则,严格控制开发范围和游客数量。核心区要严格禁止任何形式的生产建设活动;缓冲区严格限制除科研、试验、基础调查以外的活动;实验区可在科学规划的基础上,适当开展生态旅游等开发活动,但必须经过管理部门审批,要严格限制其他生产建设活动。

3. 生态旅游发展目标

大力实施旅游牵动战略,把生态旅游业发展成为支柱产业。统一规划,挖掘潜力,整合资源,在资源环境承载能力内,以保持自然生态和自然、文化原生性为前提,推动旅游景点科学开发、合理布局。积极开发以北国风光游、森林湿地生态游、养生避暑度假游、狩猎滑雪游、地质观光游等为特色的生态旅游产品和精品线路。丰富生态旅游文化内涵,以原始生态为主题,充分挖掘森林生态文化。

4. 加强人才队伍建设

目前保护区的生态旅游开发处于初级阶段,管理水平不高,管理手段比较落

后，管理队伍力量薄弱，资源监测和科学研究能力较低，缺少专业型管理人才。要想使保护区在竞争激烈的旅游业中凸显出来，人才是关键，保护区既需要高素质的服务、导游人才，更需要具有理论深度、了解生态旅游业发展趋势的策划和经营管理人才。

5. 加大宣传及基础设施建设力度

南瓮河国家级自然保护区拥有良好的社会美誉度，但由于宣传的不足，其知名度仍有待于进一步提高，充分利用媒体的高效、迅速的特点，与国内知名网站、电视台、快捷酒店等合作，建立自己的宣传渠道，不但可以提升南瓮河国家级自然保护区的知名度，同时也可以起到拉动客源、为游客提供生态旅游信息的目的。针对目前保护区基础设施不完善，餐饮、住宿条件较差，接待游客能力不足等问题，在今后的旅游业开发过程中要加大旅游基础设施的建设力度，为旅游业发展提供保障。

6. 提升科研能力

保护区保存了完好的寒温带森林湿地自然本底，又是我国高纬度岛状冻土分布区，具有丰富的物种资源，该湿地为研究我国寒温带地区生态系统的演变、水生生物系统的演替、候鸟的迁徙、留鸟繁殖以及冻土、水文、土地生产力等方面的内容提供了理想基地。为了更好地实现保护与开发的目标，保护区应努力提升科研能力，大力引进科技人才，加大科研基础设施建设力度，加强国际合作，开展生态环境容量、资源开发阈值等项目的研究，有效处理好生态旅游发展中的问题。

7. 完善监测站点，建立动态监测系统

保护区以寒温带森林沼泽湿地生态系统定位研究、生态功能研究和生物多样性保护为重点，充分发挥保护区科学研究基地的巨大潜力，为保护区的有效管理和生态旅游开发提供可靠的科学依据，促进保护区的建设和发展。在资源开发利用阈值、生态容量计算方法等研究的基础上，加强国际国内合作，找出解决制约生态旅游可持续发展的问题，科学的做好保护区生态旅游开发规划。同时还应加强生态旅游的动态监测工作，建立多种类型的固定观测样地和永久观测站，完善科学研究档案管理，使它保持长期的连续性。定期将生态旅游开发区与核心区内观测站监测数据进行对比研究，及时发现环境变化信息，为保护区生态旅游的可持续发展提供保障。运用RS（remote sensing，遥感技术）、GIS（geographic information systems，地理信息系统）等技术，建立保护区生态环境动态监测系统，以第一时间掌握保护区生态系统动态，为保护区的管理、科学研究、分析提供可靠且及时的资料。

8. 区域结盟，整体发展

合作在区域旅游业发展中具有重要意义，可以有效地整合优势资源，避免重复建设，提高区域整体竞争力，实现更大的生态效益、社会效益与经济效益。南瓮河生态旅游的发展要与大兴安岭地区突出“生态旅游”的定位相一致，体现出“神州北极”品牌，发挥最北的自然优势。依托加格达奇与漠河现有的知名度，并在已有的精品旅游线路上大做文章，加大宣传力度，突出湿地、森林等优势资源。

(二)南瓮河国家级自然保护区生态旅游产品策划

南瓮河国家级自然保护区是嫩江主源头，位于大兴安岭寒温带针叶林区南端，具有较为丰富的野生动植物资源，在世界上有较高的代表性和稀有性，也是我国唯一的以寒温带森林湿地生态系统为保护对象的自然保护区，有发育良好的池塘、沼泽、草甸、灌丛、河流、湖泊、森林生态系统，其独特的生态系统在国内的保护区中极其罕见，是我国北方独特的风景名胜旅游地之一。

1. 林海科普游

南瓮河国家级自然保护区的原始森林湿地、草丛湿地、灌丛湿地、冰湖湿地、岛状林湿地、湖泊湿地齐全完整，同时也容纳了大兴安岭寒温带森林所有的陆生、湿生、水生生物物种，这给人类采种育种提供了天然基因宝库，也给各种动物生物提供了充分多样的栖息地和丰富的食物资源，也为对寒温带生态系统的演变、水生生物系统的演替、候鸟迁徙、留鸟习性繁殖的研究工作以及冻土变化、水文、气象各项指标、土壤各项理化指标、植物演替规律的各项指标、动物种群变化的各项指标、森林可持续健康发展的各项指标的监测提供了可靠的基地。游客可以跟随保护区内的工作人员一起完成日常工作，通过工作人员专业的讲解让游客认识、了解更多的自然现象、动物的生活习性及森林知识。

2. 森林探险游

原始森林探险要满足游客的好奇与冒险心理，在线路设计上可增加一些特殊路段，以充分发挥森林探险的原始性与趣味性。但在线路建设上要注意尽量减少人工修饰，尽量保持原始状态，危险路段可以修栈道、增加保护设施。

3. 野生动物观赏游

南瓮河国家级自然保护区是目前我国寒温带最大的一个森林湿地自然保护区，具有寒温带森林湿地生态系统的典型特征及丰富的动植物资源。涵盖整个大兴安岭90%以上的野生动物种类。包含5纲74科309种脊椎动物，以具有高观赏价值鸟类种类丰富为特点。猛禽中的国家一级保护动物金雕等也具有较高的观赏价值。在大兴安岭分布的水禽近90%在此繁殖或栖息，来此以欣赏飞鸟与水禽为首要旅游为目的游客一定不会失望。湿地是鸟类活动的天堂，在春、秋季节定期组织观鸟活动，定能吸引大批的游客。

通过人为的科学干预，采取严格的保护措施和科学的管理手段，为野生动物创造适宜的生态环境，使其繁衍生息，让一些大兴安岭地区的珍稀动物复原到大自然中，增加它们的种群数量，同时适当饲养、繁殖具有较高的经济价值的野生动物。通过森林动物园的形式，把适宜在保护区内生活的野生动物汇集于园内。以人工饲养为主，结合野养、保护和繁殖，逐步过渡到野养状态，同时进行科学研究、教学和观赏活动。

4. 森林采摘游

南瓮河国家级自然保护区植物资源十分丰富，已发现的植物资源有61科442种，被列为国家重点保护植物种类的有6种，珍稀兰科植物有6种，还有较高药用价值和开发价值的以及可直接食用的植物等。根据“孤岛”理论，不能把自然保护区完全隔绝，绝对保护、禁止一切人为活动，并不是最好的保护手段。人类活动本身也是大自然的一部分，将自然保护区和周边居民的生产生活有机结合起来，才是还原最真实的自然，也有利于自然保护区中动植物的生存、生长。因此可以在保护区生态旅游容量和资源开发利用阈值内，开展适当的采摘活动，让游客回归原始，享受自然。

5. 休闲度假游

南瓮河国家级自然保护区是我国寒温带地区较大的沼泽湿地生态系统、森林生态系统和珍稀动植物保护区，随着人们生活水平的提高和生活方式的改变，旅游已成为健身、见世面、长知识的主要的渠道之一。有些地区的旅游业已经成为地方经济的支柱产业，从大趋势看其生态旅游的前景是广阔的。保护区周边的松岭区、新林区、加格达奇区随着生态旅游的开发与建设，保护区必将成为附近地区居民、团体休闲、娱乐活动和休闲度假的首选场所。休闲度假区主要包括木屋别墅区、森林观光区等，是南瓮河短暂休闲娱乐向度假养生的过渡区域。

6. 冰雪文化游

保护区无霜期为100天，年平均积雪期较长，为165～175天，独特的森林湿地景观和寒冷的气候资源，为保护区开展以“冷”“北”“白”为地方性特色的冬季旅游项目提供了基础。保护区冬季寒冷漫长，千里冰封，白雪皑皑，在低温作用下，空气中水汽凝结成雾，遮天蔽日，使莽莽草地巍巍林海，充满原始与野性，是感受冰天雪地、北极之寒的最佳之选。

7. 摄影采风游

南瓮河国家级自然保护区保存了完整的大兴安岭原始森林湿地生态系统，具有典型水域、沼泽、草甸、灌丛和原始森林植被。保护区内野生动植物资源丰富，在东亚地区及世界上具有较高的代表性和稀有性，在国内也是绝无仅有的。区内原始生态类型齐全，具有垄断性、稀缺性，几乎容纳了大兴安岭寒温带原始林区所有的陆生、湿生、水生生物类群的物种，是开展休闲漂流、湿地摄影采风、原始森林湿地飞行观光游和航拍摄影体验游的理想去处。

8. 景点建设

（1）野营度假观光区

保护区内雾海日出、岛状林湿地景观是生态旅游的精品项目，可在保护区内建设固定观光塔，游客可以在塔上俯瞰保护区内景色，欣赏雾海日出、岛状林湿地、冬季雪海、野生动植物等景观。观光线路可选择沿途景色优美、易通行的路线,可以和野营度假相结合,突出森林的野趣。保护区南部,地处山麓下部阳缓坡,地势宽阔平坦,是开展野营活动的理想场所,并可在连环湖划船垂钓,建设部分亭台辅助设施。

(2)森林湿地景观科普教育区

科普教育区要突出寒温带森林沼泽湿地的科普知识教育主题,道路两侧有各种不同的森林沼泽湿地景观,其中特别吸引游客的有连环湖、月亮泡、老头林等景观。保护区内有一种特殊的兴安落叶松,因其生长非常缓慢、树龄在一百年以上的胸径一般不超过 14 厘米,树高不足 12 米,故被人们亲切地称为“老头林”。“老头林”很难成材,具有较高的观赏价值和科教意义。

(3)观鸟、漂流和垂钓区

实验区东南砍都河下游植被类型丰富,河流两岸风景秀丽。丰富的水资源孕育了各种鱼类和无脊椎动物,为鸟类提供了良好的栖息地和充足的食物,形成了鸟群翔集的特点,具有极高的观赏价值。漂流河段东南河弯稳水区有大面积鸟类栖息,并有连环湖分布其侧,是开展观鸟、漂流、垂钓的理想地点。

第三节　胜山国家级自然保护区

一、黑龙江胜山国家级自然保护区生态旅游开发的基础条件分析

(一)黑龙江胜山国家级自然保护区概况与生态旅游发展现状

1. 区位条件

黑龙江胜山国家级自然保护区位于黑龙江省黑河市爱辉区西南部,保护区中心距黑河市区 110 千米。地理坐标为北纬 49°25′ ~ 49°40′,东经 126°27′ ~ 127°02′。保护区南邻孙吴县,西接嫩江县,东部与黑河市平山林场接壤,北部为爱辉区二站林场,行政区隶属爱辉区二站乡。

胜山国家级自然保护区交通比较方便,保护区境内有公路干线 1 条,全程近 30 千米,位于试验区内。规划区到周边各乡镇均有县乡公路相通。同时保护区所在地黑河市是中俄边界主要经济贸易口岸,交通便利,具有开展生态旅游的地缘区位优势。

2. 自然地理环境

(1)地质、地貌

黑龙江胜山国家级自然保护区地质构造上属于霍尔沁—新开岭—北师河—团

山子—西岗子封闭曲线连线之内的“铁犁骆驼围子复背斜”南部的“塔溪复向斜”。保护区位于小兴安岭岭脊及两侧，是小兴安岭山地西北端的主体部分，东南部又系结雅—布列亚凹陷（黑河盆地）边缘，小兴安岭由北向南绵延于全区的中西部，使本区的地势形成中部高，两侧低，西部与北部高，东南部低。地势平缓，山顶浑圆，河谷开阔，为低山丘陵地貌类型。平均海拔 450 米，相对高度为 100 ~ 200 米，最高峰松木山，海拔 753 米，平均坡度 10°，个别地段达 40°。

(2)气候条件

该自然保护区位于黑龙江省东北边陲，纬度较高，属温带大陆性季风气候，四季明显。冬季受西伯利亚极地大陆气团的影响和蒙古高压控制，漫长寒冷而干燥，多西北风；夏季受东南季风影响，气候温和，多东南风和大雨，降水量大而集中；春季来得迟，解冻晚，风大，多偏南风，降水少；秋季短促温湿，降温急剧，早霜、多风。由于地形比较复杂，小区域性气候明显。年平均气温 -2 ℃，极端最低气温 -40 ℃，极端最高气温 36 ℃，年平均≥10 ℃，活动积温为 1 600 ~ 1 800 ℃。无霜期 80 ~ 90 天，保护区年降水量充沛，年平均降水量为 519.9 毫米。夏季 6 ~ 8 月是降水集中期，占全年降水量的 65.7%，年蒸发量 855 ~ 1 200 毫米。年日照时数 2 500 ~ 2 600 小时。

(3)水文

保护区内的河流分属于黑龙江水系。境内有黑龙江的一级支流——逊别拉河，由西向东注入黑龙江。保护区内水资源丰富，河流密布，支流纵横，泡沼众多，有南河、小红河、烟火砬子沟、黑瞎沟、果松沟等逊别拉河的源头支流。河流两侧多为平坦低阶地，由于冻层的作用，透水性差，而使低洼处积水，发育了大面积的沼泽、草甸和草塘。整个水系的水流量受季节性影响，特别是雨季的影响变化较大。

该区地下水含量丰富，山区以基岩裂隙水为主，含水体为花岗岩，白岗质花岗岩。在河谷两侧的全新世松散沉积物中有较丰富的潜水，为山区河谷潜水，主要存在于逊河流域的河漫滩和阶地之中。

(4)土壤

胜山国家级自然保护区所处纬度较高，土壤受自然及人为因素的影响，具有不同的发育方向，地带性植被是以兴安落叶松为主的针阔叶混交林。区内地带性土壤为暗棕壤，非地带性土壤有草甸土、沼泽土、泥炭土等。由于受地形、植被、母质和水文等地方性条件的影响，该地区的土壤有明显的地域性分布规律。一般以河流和河谷洼地为起点，向两侧垂直等高线方向前进，土壤则随着海拔升高、地形、植被、水文、和母质等条件的变化而呈现有规律的土壤组合的变化。根据本区土壤发育程度与发育特征及以往土壤普查结果，保护区共有 8 个土壤类型，23 个亚类，21 个土属，50 个土种。常见的土壤类型有暗棕壤、草甸土、沼泽土、黑土、泥炭土、石质土。

(5)野生动植物资源

保护区具有较高的生物多样性和丰富的野生生物物种资源,共有野生生物物种2 053种,其中国家Ⅱ级保护植物7种、国家Ⅰ级重点保护动物6种,为紫貂、原麝、白头鹤、东方白鹳、金雕、黑嘴松鸡,国家Ⅱ级保护动物43种(鸟类35种、兽类8种)。

3.社会经济概况

保护区所处的黑河市地处黑龙江省东北部,东南与伊春市、绥化市接壤,西南与齐齐哈尔市毗邻,西部与内蒙古自治区隔嫩江相望,北部与大兴安岭地区相连,东北与俄阿州隔黑龙江相望。全市总人口174万,其中城镇62万、农村112万,分别占35.3%和64.7%,人口密度25.3人/平方千米。除汉族外,有满、鄂伦春、达斡尔、回等38个少数民族,人口7万,占总人口的4%。2008年全市生产总值实现2 056 219万元,同比增长15.2%,连续五年保持两位数增长。人均地区生产总值11 817元,增长15%。

胜山国家级自然保护区位于黑河市爱辉区西南部,行政区隶属黑河市爱辉区二站乡。保护区总居住人口主要为汉族,另外还有满、回、蒙古、鄂伦春、达斡尔等少数民族。居民主要集中在大岭、三站、胜山管理站。核心区无人居住,其余人口分别居住在保护区以外的局址及其他林场、经营所等。保护区经济相对发达,保护区涉及的3个林场的年产值可达590万元。

4.保护区功能区划

根据保护区的资源特点和保护对象分布状况,将保护区划为核心区、缓冲区及实验区3个功能区。胜山国家级自然保护区考虑到黑—嫩公路东西走向横穿保护区,将保护区分成南、北2个区域,因而在3个功能区域的划分除考虑公路的影响因素外,还以森林的基本类型和保护动物物种进行划分,如驼鹿的分布进行功能分区,形成核心区、环形缓冲区、实验区的格局。道路周围设置为缓冲区。动物分布集中,水系发达,并且远离人为干扰的区域设置为核心区。

(1)核心区

核心区位于保护区的中南部,总面积182平方千米,占保护区总面积的30.34%。核心区是保存完好的天然状态的北温带针叶林生态系统及珍稀野生动植物集中分布区。有大面积的森林和河流,人为干扰小,是国家一级重点保护动物白头鹤、东方白鹳、黑嘴松鸡、金雕、紫貂、原麝,国家二级重点保护动物驼鹿、黑熊、棕熊等珍稀野生动物的集中分布区,是该保护区生境类型和生物多样性最丰富的地区,也是该区域森林生态系统的典型分布区。

(2)缓冲区

缓冲区分布在核心区周围,对核心区起着屏障与缓冲的作用。总面积为131平方千米,占保护区总面积的21.83%。缓冲区内多分布有针叶林、针阔混交林、阔叶林、灌木林、疏林地和湿地。可供研究人员从事多种科学研究的观测、调查等工作，但绝对禁止任何形式的森林采伐。

(3)实验区

实验区分布在保护区边界以内，核心区和缓冲区以外的地带，总面积为 287 平方千米，占保护区总面积的 47.83%。根据保护区资源现状和可持续发展的需要，同时为兼顾森林生态系统研究的要求，将实验区划分为科研监测区、生态旅游区和多种经营区。全方位开展科学研究、生态旅游、珍稀动物养殖实验、珍贵稀有树种的培育及多种经营合理利用等工程项目。区内可以在国家法律、法规允许的范围内开展科学实验、教学实习、参观考察、旅游、野生动物繁殖驯养、野生植物培育及其他资源合理利用的活动等。

5. 旅游发展现状

黑龙江胜山国家级自然保护区的旅游业还处于起步阶段，目前保护区规划修建道路，已经设置了部分导游标志。但是在旅游活动开展方面做的工作比较少，对待来保护区旅游的游人没有进行日常管理，也没有收取门票，所以到目前为止旅游直接收入为零。

(二)黑龙江胜山国家级自然保护区旅游资源类型及丰度

1. 旅游资源类型

根据《旅游资源分类、调查与评价》(GB/T 18972—2003)，调查得出黑龙江胜山国家自然保护区共有 8 大主类 13 亚类 27 个基本类型的旅游资源，自然人文资源类型较丰富。

2. 旅游资源类型丰度

类型丰度是指普查区域所赋存的单体类型数量的丰富程度，一般用普查到的旅游资源亚类或基本类型数占国家标准所列旅游资源亚类或基本类型总数的百分比表示。

旅游资源类型丰度计算公式如下：

$$Y = L/B$$

式中　Y——旅游资源单体亚类丰度或基本类型丰度；

L——普查区域旅游资源单体亚类或基本类型数量；

B——国家标准所列旅游资源亚类数量或基本类型数量。

通过实地调查，结合相关资料，计算得出旅游资源单体亚类丰度和基本类型丰度分别为 41.94% 和 17.42%，保护区内的旅游资源比较丰富。

(三)黑龙江胜山国家级自然保护区生态旅游资源评价

生态旅游资源是发展生态旅游业的基础条件，对其做出正确、客观的评价，是保护区旅游开发规划工作的重要基础。目前对于自然保护区生态旅游资源的评价,还缺乏统一的标准。国内外学者分别从不同的角度对旅游资源评价的研究,目前,旅游资源评价的方法宏观上可以概括为定性和定量两种。旅游资源定性评价的方法可以分为一般体验性评价和美感质量评价等方法。近年来还有一些学者在原有方法的基础上,提出了一些新的定性评价方法,如卢云亭的“三三六”评价法、黄辉实的“六字七标准”评价法等。

旅游资源定量评价的方法主要有菲什拜因·罗森伯格模型、美学评分法、层次分析法(analytic hierarchy process,AHP)、Fuzzy 模糊综合评判法和旅游吸引力指数评估法等。本文在借鉴相关研究成果基础上结合黑龙江省胜山国家级自然保护区的特点,对黑龙江省胜山国家级自然保护区生态旅游资源进行定性和定量相结合的评价。

1. 旅游资源定性评价

(1)自然旅游资源丰富,旅游资源以生物景观为特色

胜山国家级自然保护区内有优越的森林气候条件,是野生动物觅食、卧息和逃避天敌的重要活动空间或场所。目前保护区共有野生生物物种 2 053 种,其中国家二级保护植物 7 种、国家一级重点保护动物 6 种(紫貂、原麝、白头鹤、东方白鹳、金雕、黑嘴松鸡)、国家二级保护动物 43 种(鸟类 35 种、兽类 8 种)。置身其中可以让游客感受到野生动植物带来的独特自然之美。

(2)保护区生态环境优良,负氧离子含量高

保护区内森林覆盖率高,森林的调节作用使得保护区内负氧离子含量高,生态环境优越。此外森林释放的芳香气体及杀菌素在低空停留时间长,使得旅游区内空气清新、洁净,大气质量优良,有益于人的身心健康。

(3)伐木、营林等林业生活与生产情景,独具地方特色和魅力。

保护区内保留了一些当年伐木、营林作业的遗址遗迹,通过独具林区特色的设施及活动,既让游客体验到了林区人伐木、锯木、劈子、抬木头的劳作过程,也反映特定历史阶段的林业发展。

当年伐木、营林作业的遗址遗迹作为旅游者体验林业生活、融入林业文化的绝佳场所,独具特色和魅力。

(4)缺乏高知名度的垄断性资源

胜山国家级自然保护区的旅游资源在省内不具备旅游资源的唯一性。与省内著名的扎龙、五大连池等国家级自然保护区相比,不论在等级还是在知名度上都无法与之匹敌。保护区缺乏高知名度的垄断性资源。

2. 旅游资源定量评价

(1)景观质量评价

对自然保护区景观质量评价是根据国家标准《旅游区(点)质量等级的划分与

评定》(GB/T 17775—2003)中景观质量评分细则来评价的,保护区景观质量评价得分为 63 分,资源吸引力较高,达到了国家 AAA 级旅游景区的景观质量要求,总体认为生态旅游开发具有一定的市场吸引力。

①选取评价指标构建 AHP 模型。层次分析法(analytic hierarchy process, AHP),它是对定性问题进行定量分析的一种简便、灵活而又实用的多准则决策方法。根据黑龙江省胜山国家级自然保护区生态旅游资源的具体情况,参照保继刚等建立的旅游资源质量评价体系和傅文伟的旅游资源综合评价体系。

黑龙江省胜山国家级自然保护区生态旅游资源评价要素,由 1 个总目标层、4 个评价综合层、21 个评价项目层和 25 个评价因子层组成。评价要素以生态旅游资源要素价值和社会经济条件为重点,兼顾资源环境质量和客源条件。其中生态旅游资源要素价值分为生态旅游资源规模、游憩使用价值、珍稀奇特程度、科学价值和生态旅游资源优美度等 5 项评价项目层;资源环境质量包括气候适应性(舒适度)、负离子浓度、大气环境、地表水环境、声环境和旅游环境容量等 6 项评价项目层;客源条件包括客源地区位条件、区域人口出游条件和与相邻旅游地关系等 3 项评价项目层;社会经济条件包括区域社会经济发展总体水平、开放开发意识与社会承受力、城镇依托及人口劳动力条件、交通等基础设施条件、物产和物资供应条件、资金条件、旅游地建设用地条件等 7 项评价项目层。

②评价要素的权重及其等级评分标准的确定。依据黑龙江胜山国家级自然保护区生态旅游资源的分类和开发条件等,按照聚类分析方法,确定各评价项目层的权重以及每个评价因子层的等级评分标准。以黑龙江胜山国家级自然保护区生态旅游资源总体为 100 分,其中生态旅游资源要素价值的权重占 40% 即 40 分(生态旅游资源规模 5 分、游憩使用价值 10 分、珍稀奇特程度 5 分、科学价值 10 分和生态旅游资源优美度 10 分);资源环境质量的权重占 15% 即 15 分(气候适应性 3 分、负离子浓度 3 分、大气环境 2 分、地表水环境 2 分、声环境 2 分、旅游环境容量 3 分);客源条件的权重占 15% 即 15 分(客源地区位条件 5 分、区域人口出游条件 5 分、与相邻旅游地关系 5 分);社会经济条件的权重占 30% 即 30 分(区域社会经济发展总体水平 5 分、开放开发意识与社会承受力 2 分、城镇依托及人口劳动力条件 8 分、交通等基础设施条件 10 分、物产和物资供应条件 2 分、资金条件 2 分、旅游地建设用地条件 1 分)。依据专家打分法,每个评价要素分别按 1、3、5 三级制定评价标准。

③评价结果。依据上述评价要素的评价标准,邀请 38 位旅游业的专家和学者对黑龙江胜山国家级自然保护区生态旅游资源逐项进行评价计分,并依据层次分析法的计算原理,将计算过程在 Microsoft Office Excel 中编写程序,再运用计算机对专家的打分表进行统计,从而得出各评价因子的具体分值。具体函数表达式如下:

$$E = \sum_{i=1}^{m} \left(\sum_{j=1}^{n} Q_i P_i \right) W_i$$

式中　E——总得分即综合评分值；

Q——单项指标的评分值；

P——单项指标在该层次下的权重；

W——四大综合评价层所占权重。

分项评价计分后，按合计总分在 80 分以上，评定为“优良级”；总分在 60 ~ 80 分，评定为“中等级”；总分在 60 分以下，评定为“一般级”。

根据以上评价标准，黑龙江胜山国家级自然保护区生态旅游资源评价的结果为 67 分，属于“中等级”。

二、黑龙江胜山国家级自然保护区生态旅游开发的 ASEB 栅格分析

（一）ASEB 栅格分析法概述

ASEB 是一种新型的以消费者为导向的管理手段，它专门针对由体验性消费引发的问题而设计，是对传统的 SWOT（strength，weakness，opportunity，threats analysis）分析方法的改进。

ASEB 栅格分析法将曼宁—哈斯—德赖弗—布朗（Manning - Hass - Driver - Brown）需求层次分析与 SWOT 分析结合起来的一种综合分析方法。

曼宁—哈斯—德赖弗—布朗需求四层次分别是：活动的需求（第一层次）；人们在特定游憩环境中对某种活动的需求（第二层次）；从这些活动中获得的体验的需求（第三层次）；体验后最终收益的需求（第四层次）。这样，不同层面的有形或无形需求形成了一个等级层次结构。ASEB 栅格分析法从概念上是一个矩阵，在分析过程中要将曼宁—哈斯—德赖弗—布朗需求层次与传统 SWOT 分析中的不同要素相互对应结合起来，按顺序从 SA（对活动的优势评估）到 TB（对利益的威胁评估）对行列交叉所组成的 16 个单元逐次进行研究。从旅游者的角度对活动、环境、体验与利益的优势、劣势、机遇与威胁四方面的分析与评估。

（二）胜山国家级自然保护区生态旅游开发的 ASEB 栅格分析

对胜山国家级自然保护区生态旅游开发的 ASEB 分析主要以调查问卷为基础。本次调查共发放调查问卷 180 份，被访问者主要有旅游专家学者、旅游景区管理者、旅行社负责人和在黑河市及哈尔滨市等地随机选取的旅游者。其中有效问卷 171 份，因被访问者不能完成所有问题而产生无效问卷 9 份，有效率达 95%。通过对调查问卷的分析和整理，可以得出游客体验程度和满意度然后将分析所得的结果填入 ASEB 栅格分析法的各个单元格之中形成分析结果。

三、黑龙江胜山国家级自然保护区生态旅游开发设想及开发对策

（一）黑龙江胜山国家级自然保护区生态旅游开发设想

1. 生态旅游总体布局

根据黑龙江胜山国家级自然保护区的地形地貌、植被及水文特点、保护区旅游资源的价值、市场吸引力的大小、基础设施状况，结合未来发展新兴旅游业的要求，在研究区域空间发展潜力，优化旅游区空间结构的基础上，规划形成“一心、两带、四区”的总体布局模式：“一心”即综合服务中心，“两带”即西部大岭观光带、逊别拉河激情漂流带，“四区”为西北部森林养生体验区、北部科普运动休闲区、东北部林业工程休闲体验区、东南部科考区。

2. 生态旅游产品开发

（1）生态旅游产品开发的总体思路

①在原有旅游产品的基础上，发掘特色生态旅游资源，调整旅游产品结构；

②开发主导产品和生态旅游精品，推动产品更新换代；

③充实生态旅游产品的文化内涵，提高其品位。

（2）生态旅游产品系列策划

①生态观光旅游产品。生态观光旅游产品最具普及性和大众性，是以游览、观赏自然风光等为主要内容的旅游活动。保护区内众多的旅游景观，可供游人游览观赏。其中大岭观光带和果松沟的景观独特，别具一格，作为近期重点建设项目。

②科普考察旅游产品。胜山国家级自然保护区的保存良好的森林生态系统、生物物种多样性可作为大、中学校师生的教学实习基地和素质教育基地，国内外生态学专家的科研基地。此外，保护区内优美的自然风光，可作为艺术类大、中学校师生的野外写生、艺术创作的教育基地。依托这些优势可以开发青少年科教基地、夏令营、冬令营、课程实习、科教考察等项目。

③森林度假养生型旅游产品。森林度假养生型旅游产品是以放松身心，回归自然、养生度假为主要内容的旅游活动，在保护区山间或水域岸边可以建设别墅、度假村等。开展森林浴、阳光浴等活动。近期重点建设森林养生康体中心、负离子呼吸区和林区特色生态美食餐厅等项目。

④户外探险旅游产品。结合保护区内的地形地貌和资源状况，通过在保护区内开展登山、徒步旅行、森林探险等运动，可以达到增加旅游活动的参与性、健身强体的目的。主要开发大黑山、松木山森林探险项目和户外极限运动基地。

⑤节庆会展型旅游产品。节庆会展型旅游产品是以节庆会展活动为载体，以经济效益为目标的一种特殊的旅游活动，主要规划开展如胜山森林旅游节、登山节、森林美食节等。

3. 旅游线路设计

（1）旅游路线设计的原则

①旅游路线应根据游客目的及旅游方式的不同进行组织，如休憩度假、科考探险、观光游览等旅游形式对应各自不同的旅游路线；

②观光游览路线应能将各景区（点）组群有机地联系到一起，使游客能在有限的时间内，游览完主要景区（点）并获取最大的旅游享受；

③旅游路线应有鲜明的景观空间序列变化的节奏感，如序曲、主题展开、高潮、尾声的渐次变化；

④旅游路线应能形成网络，使其具有随机性和选择性，在可能的条件下，要尽量使旅游路线形成环路，以避免游客在旅游活动中走回头路；

⑤旅游路线的组织应有利于旅游资源和生态环境的保护，应有利于保障游客旅游活动的安全和方便。

（2）专题旅游线路设计

①生态观光游线路：综合服务中心——负离子呼吸区——大岭生态观光步道——观鸟台——大岭抗俄遗址；

②科普教育游线路：宣教中心——野生动物救护中心——三站现代化苗圃——药用植物园——林业博物馆——伐木、营林作业的遗址——伐木工人客栈；

③休闲游线路：野营场（夏令营基地）——户外极限运动基地——逊别拉河休闲漂流——休闲娱乐小区——林间采摘乐园。

4. 生态旅游环境容量与控制

（1）确定合理环境容量的原则

①忍耐度原则。合理的环境容量必须在保证旅游资源质量不下降和生态环境不退化的条件下，使旅游活动取得最佳经济效益。

②满足性的原则。合理环境容量应满足游客的舒适、安全、卫生、方便等旅游需要，环境容量估算必须保证游客游兴与观光要求的满足。

③安全性的原则。在自然资源、环境质量得到保护、游客的游兴得以满足的前提下，必须保证游客的安全。

（2）测算方法

根据自然保护区的具体情况，在其环境容量的测算中采用游路法和面积法两种进行计算，并结合保护区的旅游现状推算客源趋向分析等方法确定保护区年环境容量。

①游路法。

完全游道法

$$C = \frac{M}{m} \cdot D$$

不完全游道法

$$C = \frac{M}{m + (m \cdot E/F)} \cdot D$$

式中　C——环境日容量(人次);

M——游道全长(m);

m——每位游客占用合理游道长度(m);

D——周转率,D = 游道全天开放时间/游完全游道所需时间;

E——沿游道返回所需时间;

F——游完全游道所需时间。

②面积测算法

$$C = \frac{A}{a} \cdot D$$

式中　C——环境日容量(人次);

A——可游览面积(m^2);

a——每位游人应占有的合理面积(m^2/人);

D——周转率,D = 景点开放时间/游完景点所需时间。

③年环境容量测算

以上述方法测算的日环境容量为基础,按以下公式测算:

$$C_{年} = \sum Q(C_{max} \cdot P)$$

式中　$C_{年}$——年环境容量;

Q——平、淡、旺季各占的天数;

C_{max}——最大日环境容量;

P——平、淡、旺季容量比例,根据不同景区的具体情况采用相应值。

(3)环境容量的计算结果

①日环境容量。根据保护区生态旅游的特点,环境容量采用面积法和线路法进行测算,按单位面积指标 5 000 m^2/人, 单位公路指标 40 m/人, 单位游道指标 20 m/人, 经分析计算,保护区生态旅游日环境容量为4 000 人次/日。

②年环境容量。自然保护区的夏、秋季是游人避暑休闲,徜徉林海的好季节;冬、春季又是观赏雪景、体味寒冬的好时机;一年四季均可游览。据调查,在这里当年 10 月 ~ 次年 3 月为旅游淡季,6 ~ 8 月为旺季,4、5、9 月为平季。又据资料分析,旺季以理论容量 60% 计算,平季以 30% 计算,淡季不计算,由于一年四季可进行不同内容的游览,则年环境容量为 32. 4 万人次。

自然保护区的旅游发展必须建立在生态环境承受能力之上,黑龙江胜山国家级自然保护区应根据自身条件,通过及时公布旅游信息,对线路上的景点游览顺序提前进行灵活的安排,对进入保护区的游客提前做好时空分流工作,严格控制进入保护区的游客量。

5. 生态旅游环境保护措施

自然保护区生态旅游的建设开发，必须与生态环境的保护相结合起来。生态旅游开发建设中对环境存在的威胁主要有生活污水、旅游垃圾、废气等。针对旅游活动所造成的环境污染问题，提出以下防治措施。

（1）水体环境的保护措施

①认真贯彻执行《中华人民共和国水污染防治法》《水污染物排放许可证管理暂行办法》等有关水环境保护的法律、法规；

②完成水环境功能区划和饮用水源保护区划定工作，实施排污许可证申报登记和排污许可证制度，逐步实施污染物排放总量控制；

③加强废水处理设施的管理，提高其运转率、处理率和达标率，在重要地段设立污水处理设备；

④加强水源涵养林的保护和管理，改善林分结构，不断提高其水源涵养能力；

⑤禁止向地下水体排放污染物，加强地下水的保护，划定地下水源保护区；

⑥不上可能污染水质的旅游项目，要防止服务区内的污水直接排入水中；

⑦在景区内树立提示设施，防止游客在游览时，污染水体及其环境。

（2）旅游垃圾的处理措施

在游人相对集中的区域内要设置垃圾箱、桶、袋，组织专门清洁人员清理垃圾，并进行垃圾分类，然后按环保部门的要求定点分类处理。要建立卫生管理范围责任制，制定景区卫生管理制度及处罚方法。要建立统一的垃圾处理系统。

（3）大气保护的措施

①控制进入保护区车辆或者在景区内实施环保电瓶车运营，减少大气污染；

②加强保护区大气环境的定期监测，规划每年定期组织环保部门对保护区范围内的大气等环境因子进行监测，随时掌握生态环境变化，及时采取应对措施进行调整和纠正；

③使用清洁能源，餐饮燃料采用液化气，严禁使用煤炭。减少烟尘、二氧化硫排放，采用电热水器、太阳能热水器，不使用锅炉，以免锅炉燃煤、燃油排放出污染物，对大气环境造成影响；

④控制厨房油烟排放，厨房油烟经油烟净化器过滤后，脱烟排放。

（4）噪声污染防治措施

①在景区内，限制和禁止汽车鸣笛，景点面向公路一侧，要种植高而密的树木，消除噪声，同时遮挡视线；

②保护区内的餐馆、娱乐场所不允许使用高音喇叭，厨房、舞厅等房屋，在室内的墙面或顶棚上饰以吸声材料、吸声结构，或者空间悬挂吸声板、吸声体，采用吸声降噪；

③游步道上人群适当分散,以免游人群集嘈杂,导游讲解时不使用高音喇叭。

(5)植物资源的保护措施

保护区地处小兴安岭西北坡,毗邻大兴安岭林区,为大、小兴安岭交错过渡地带。保护区内山体广阔,森林类型齐全,生态条件优越,生物物种丰富,动植物分布具有明显的过渡性特征。应采取以下保护措施:

①对森林资源进行科学管理;

②注意森林防火,把火灾的危险降到最低点;

③设计相关景区(点)时,要尽可能地避免或减少树木的砍伐和植被的破坏;

④游步道的设计要尽量减少对植物的破坏。

(6)动物资源的保护措施

①严格执行国家的有关法律、法规,在旅游区范围内及周边地区,严禁任何形式的非法狩猎和捕捞活动,对非法狩猎者、盗猎者要依法处理,对于鱼类、林蛙等的捕捞也要按有关法规进行处理;

②尽量为野生动物创造生息繁衍的良好环境,维护生态系统的平衡;

③定期调查野生动物资源的分布及消长情况;

④保护区应制定相应的野生动物保护措施,以实行长期有效的保护,可通过挂鸟巢,安放水槽、食槽等帮助益鸟、益兽适应恶劣的气候环境;

⑤加强对游客爱护动物的宣传教育,不惊扰、恐吓野生动物,不破坏野生动物的栖息地和繁衍场所,做到人与动物的和谐相处。

(二)黑龙江胜山国家级自然保护区生态旅游开发对策

1. 拓宽投资渠道,理顺投资模式

众所周知,旅游业已经由"低投入、低风险、高产出"转变为"高投入、高风险、高产出"的产业。保护区旅游开发建设及运营需要大量的资金。能够持续稳定地提供生态旅游发展建设所需的资金也是保护区生态旅游快速发展的重要因素。因此,保护区的旅游开发采取投资主体多元化、融资模式多样化的投融资模式,既要力争国家和地方政府投资,又要善于招商引资,积极参加各种类的招商洽谈会,鼓励民营、集体、外资等其他经济成分参与到生态旅游开发中。

近年来,黑龙江省每年拿出近亿元作为旅游专项资金用于各旅游景区的基础设施建设。这笔资金分别由省发改委、财政厅等政府机构负责,建议黑河市及爱辉区政府积极沟通协调,阐明本保护区在全省旅游资源中的突出地位,争取上级部门的大力支持,解决保护区基础设施建设等方面的资金问题。其次,建议组建胜山旅游开发有限公司,使保护区开发管理实行公司化、股份化的模式,并且面向全社会招聘管理总经理。

2. 加强社区共管

社区参与和社区管理是自然保护区生态旅游可持续发展的必然选择,保护区社区管理的核心是社区共管。社区共管可使保护区居民在生态旅游发展中受益,传统旅游只有少数居民能从旅游开发中得到实惠,而大多数人会感到旅游开发所带来的物价上涨、拥挤等社会成本上升,这样必然会引起当地居民对游客和旅游的不满情绪。以社区为基础的生态旅游,目的就是让当地人或企业成为旅游开发的主体,充分参与生态旅游,从中获益。黑龙江胜山国家级自然保护区要不断加强社区共管工作,保护区当地社区居民、非营利组织机构及科研学者、环保主义者等都应积极参与保护区的开发和管理。

首先,保护区要大力对周边社区群众进行科技扶贫,如营造经济林、大力推广经济动物饲养等,促进社区居民经济收入的增加。这样既可以有效地保护保护区内的资源,又可以促进保护区与周边社区之间的和谐发展。

其次,要不断扩大保护区居民的广泛参与。目前参与到保护区生态旅游中的是少数家庭,需要更广泛的保护区居民参与到生态旅游中来。可以在保护区及地方政府的引导下,开发一些具有浓郁地方风情的旅游项目,深化游客的人文体验,同时要加大对社区居民的扶持力度,促进没有接待能力的社区居民参与到保护区生态旅游中。

3. 积极吸收国外先进经验,加强国际合作

胜山国家级自然保护区一方面要积极学习国外政策法规、科研监测、环境管理体系以及先进的生态管理技术和方法等;另一方面要广泛开展国际技术交流,邀请国内外专家来自然保护区担任科学顾问,进行技术指导、讲座、科学实验、人才培养,提高保护区职工综合素质和技术业务能力。此外,胜山国家级自然保护区还要不断加强与周边国家保护区的协作。目前,中俄两国不断加强两国保护区的合作及跨界自然保护区网络建设。胜山国家级自然保护区要积极利用好这一机遇,加强与俄罗斯等国保护区的国际技术交流与合作。

4. 积极培养生态旅游专业人才

生态旅游专业人才主要是指生态旅游管理人才、市场开发人才和接待服务人才等。生态旅游管理人才主要包括行政管理人才和企业管理人才,生态旅游行政管理人才,需要较高的文化素质,对生态旅游业有深刻的了解与认识,有较强的管理能力,能够带动保护区生态旅游业的发展。企业管理人才是未来保护区拟成立的旅游企业的核心,应该对旅游业务熟悉,具有较强的企业经营能力。生态旅游市场开发人才需要具有较强公关能力,熟悉市场开发,会运用各种宣传手段,其中应有掌握一门以上外语的人才。接待服务人才是旅游业最基层的人员,也是为旅游者提供直接服务的人。保护区内及周边的宾馆、景点、娱乐场所等都需要一批职业接待服务人员,如导游、服务员、厨师、商品销售员等。

随着胜山国家级自然保护区旅游业的发展，必然需要大量的生态旅游专业人才。保护区一方面应充分利用请进来、派出学习等方法培养一大批生态旅游专业人才。具体做法是采取特殊政策、措施引聘生态旅游专业人才，或定点、定向与有关高校和科研院所联合举办培训班及派出工作人员强化学习，尽快建立起一支能适应现代生态旅游开发建设、科学管理和优质服务的、真正懂自然保护、懂生态、懂文化的高素质生态旅游专业队伍。另一方面要按照国家制订的旅游行业服务标准，不断加强现有人才的培训，尤其是要加强对接待服务人员的培训，不断培养优秀分子，才能整体提高保护区旅游业的服务质量。

5. 加大环境保护的宣传力度

加大环境保护及生态旅游宣传工作的力度，强化人们对环境保护及生态旅游的认识观念，提高生态旅游者和支持者的生态素质是今后保护区的一项重要任务。

首先要对生态旅游开发、经营管理人员进行教育，使他们了解环境保护及生态旅游开发的最新知识，认识到当今旅游发展的趋势，在生态旅游开发、经营中推出真正的生态旅游产品，促进生态旅游开发与保护环境协调发展。

其次，胜山自然保护区在旅游开发中要不断加强对社会公众和游客进行生态环境保护的宣传，以增强环境保护意识。通过精心开发生态旅游活动，让游客在享受回归大自然的乐趣的同时提高环境保护意识。可以设立更多的指示牌提醒游客注意保护生态环境，也可以购进生态解说系统，利用多媒体，使旅游者接受多渠道的环境保护意识教育。同时保护区要积极利用本地及本省各类大众传播媒体，如报纸、杂志、广播电台、电视台，开辟生态旅游和环境保护的专栏及专题节目，开展生态旅游及环境保护宣传教育，更大范围提高人们的生态意识、环境意识、可持续发展意识，形成对生态环境及生态旅游资源承担保护责任的良好社会氛围和价值观念。

6. 加强法规及相关制度建设

保护区及其相关管理部门要不断加强保护区旅游法规和相关制度的建设，宗旨在于制定调整旅游活动关系的一系列法律规范，以保证保护区生态旅游事业的健康发展。因此，不但要贯彻国家和黑河市已经成文的旅游法律法规制度，还应根据保护区的实际情况，制定一系列可操作性强的地方性管理条例。

除此以外，还要健全各相关产业和部门的规章制度，保证保护区旅游业的发展有一个健康、成熟的大环境。

参考文献

[1] 黎洁. 我国自然保护区生态旅游资源价值实现方式研究[J]. 农村生态环境，2002，18(3)：61－64.

[2] 李敏. 自然保护区生态旅游景观规划研究：以目平湖湿地自然保护区为例[J]. 旅游学刊，2002，17(5)：62－65.

[3] 黄晓玲,林盛.论自然保护区生态旅游的内涵实质与基本特征[J].林业经济问题,2003,23(3):172-175.

[4] 方躬勇,李健,马莉.中国自然保护区生态旅游开发对策[J].东北林业大学学报,2003,31(4):56-57.

[5] 朱青晓.生态旅游与我国自然保护区旅游生态化研究[J].国土与自然资源研究,2004(1):69-70.

[6] 万绪才,朱应皋,吴芙蓉.自然保护区生态旅游开发与规划研究[J].农村生态环境,2004,20(3):15-19.

[7] 陈金华,李洪波.试论自然保护区生态旅游社区参与:以武夷山为例[J].北京第二外国语学院学报,2005(1):11-15.

[8] 刘洋,吕一河,陈利顶,等.自然保护区生态旅游影响评价:进展与启示[J].自然资源学报,2005,20(5):771-779.

[9] 唐永锋.自然保护区生态旅游规划设计[D].咸阳:西北农林科技大学,2005.

[10] 于爱水.我国自然保护区生态旅游研究进展[J].国土与自然资源研究,2005(4):68-71.

[11] 刘权.扎龙自然保护区的生态旅游与可持续发展研究[D].大连:辽宁师范大学,2009.

[12] 于洪贤,戴放.安邦河湿地自然保护区生态旅游资源评价与开发[J].东北林业大学学报,2006,34(2):87-89.

[13] 李树信,陈学华.卧龙自然保护区社区参与生态旅游的对策研究[J].农村经济,2006(2):43-45.

[14] 崔向慧,褚建民,李少宁,等.我国自然保护区生态旅游现状及开发与管理对策[J].世界林业研究,2006,19(4):57-60.

[15] 刘青,王智,钱谊,等.我国自然保护区生态旅游存在问题分析[J].生态与农村环境学报,2009,25(3):11-15.

[16] 高靓.黑龙江省扎龙湿地生态旅游景区开发研究[D].长春:长春大学,2019.

[17] 刘秋颖.扎龙湿地保护区生态旅游资源开发策略及途径研究[J].商场现代化,2016(14):224-225.

[18] 梅索南措,程鲲,仇福臣.扎龙自然保护区基于社区的生态旅游态度与收益调查[J].野生动物,2013,34(3):174-177.

[19] 张蔚鹤,何瑛超,董莹.扎龙自然保护区发展生态旅游存在的问题及解决对策[J].中国西部科技,2011(21):69-70.

[20] 任大威.扎龙自然保护区生态旅游的发展研究[J].高师理科学刊,2010,30(1):75-78.

[21] 石长波,徐艳红.黑龙江省湿地旅游资源开发与保护对策[J].对外经贸,2016(9):59-60.

[22] 陈凯.扎龙自然保护区生态旅游开发研究[D].长春:东北师范大学,2009.

[23] 刘权,高红娟.扎龙自然保护区的生态旅游与可持续发展[J].科技信息,2009(5):94,108.

[24] 李秋月.扎龙湿地保护区生态旅游研究[J].东北农业大学学报(社会科学版),2007,5(2):110-111.

[25] 张海鹰.扎龙自然保护区生态旅游发展模式探究[J].理论观察,2004(1):20-21.

[26] 刘婷婷,杨旭,刘希玉.基于湿地保护的扎龙湿地生态旅游发展策略[J].国土与自然资源研究,2012(3):82-83.

[27] 吴炳岩,侯武才. 南瓮河国际重要湿地资源现状与保护管理建议[J]. 湿地科学与管理,2012(4):32-33.
[28] 任健滔. 南瓮河自然保护区生态旅游资源评价与开发策略研究[D]. 哈尔滨:东北农业大学,2012.
[29] ZHANG B, HU C X. Diversity and composition of ground-dwelling beetles in cold temperate zone wetland, Nanwenghe national reserve, northeast China[J]. Advanced Materials Research, 2012(393-395):672-677.
[30] 林建军. 南瓮河国家级自然保护区湿地资源现状及保护对策[J]. 内蒙古林业调查设计,2010,33(1):3-5.
[31] 于耀辉,李慧凯,林春芳. 南瓮河自然保护区生态旅游资源的保护与开发[J]. 四川林勘设计,2003,28(2):46-48.
[32] 林春芳,李慧凯,于耀辉. 南瓮河湿地自然保护区生态旅游资源保护与开发对策[J]. 林业科技,2003,28(3):60-62.
[33] 李家新,车宏韧,田丰. 南瓮河森林湿地保护区的开发利用[J]. 内蒙古林业调查设计,2002,25(1):27-28.
[34] 赵壮,王文. 黑龙江胜山国家级自然保护区景观质量评价及生态旅游开发对策[J]. 中国城市经济,2010(12X):242.
[35] 赵壮. 黑龙江胜山国家级自然保护区生态旅游开发研究[D]. 哈尔滨:东北林业大学,2010.

第六章　黑龙江湿地生态旅游的开发

第一节　湿地与湿地类型

一、湿地与湿地类型

“湿地”一词,最早是1956年美国政府在进行湿地清查时提出来的。此后,许多国家及研究人员从不同的角度阐述了湿地的含义,但被广泛接受的是1971年2月2日,18个国家的代表在伊朗的拉姆塞尔签署的《关于特别是作为水禽栖息地的国际重要湿地公约》(简称《湿地公约》)中给出的定义:湿地是指不问其为天然或人工、长久或暂时性的沼泽地、泥炭地或水域地带,带有静止或流动的淡水、半咸水或咸水水体,包括低潮时水深不超过6米的水域。

依据第二次全国湿地资源调查结果显示,全国湿地总面积53.60万平方千米(含香港、澳门和台湾),湿地面积占国土面积的比率(湿地率)为5.58%。实际调查范围湿地总面积53.60万平方千米,其中近海与海岸湿地5.796万平方千米,河流湿地10.552万平方千米,湖泊湿地8.59万平方千米,沼泽湿地21.73万平方千米,人工湿地6.75万平方千米。其中,自然湿地面积46.67万平方千米,占全国湿地总面积的87.08%。从分布情况看,青海、西藏、内蒙古、黑龙江等四省(自治区)湿地面积均超过5万平方千米,约占全国湿地总面积的50%。全国湿地植物4 220种,湿地植被483个群系;脊椎动物2 312种,隶属于5纲51目266科,其中湿地鸟类231种。

调查结果表明,与第一次调查同口径比较,湿地面积减少了3.396万平方千米,较少率为8.82%,其中,自然湿地面积减少了3.376万平方千米,减少率为9.33%。

湿地的类型多种多样。依据《湿地公约》对湿地的定义,通常将湿地划分为自然湿地和人工湿地2大类42型(详见表6-1)。

表 6－1　《湿地公约》的湿地类、型及划分标准

湿地类	湿地型	划分技术标准
海洋/海岸湿地	永久性浅海水域	多数情况下低潮时水位小于 6 m，包括海湾和海峡
	海草层	包括潮下藻类、海草、热带海草植物生长区
	珊瑚礁	珊瑚礁及其邻近水域
	岩石性海岸	包括近海岩石性岛屿、海边峭壁
	沙滩、砾石与卵石滩	包括滨海沙洲、海岬以及沙岛；沙丘及丘间沼泽
	河口水域	河口水域和河口三角洲水域
	滩涂	潮间带泥滩、沙滩和海岸其他咸水沼泽
	盐沼	包括滨海盐沼、盐化草甸
	潮间带森林湿地	包括红树林沼泽和海岸淡水沼泽森林
	咸水、碱水潟湖	有通道与海水相连的咸水、碱水潟湖
	海岸淡水湖	包括淡水三角洲潟湖
	海滨岩溶洞穴水系	滨海岩溶洞穴
内陆湿地	永久性内陆三角洲	内陆河流三角洲
	永久性的河流	包括河流及其支流、溪流、瀑布
	时令河	季节性、间歇性、定期性的河流、溪流、小河
	湖泊	面积大于 0.08 km^2 永久性淡水湖，包括大的牛轭河
	时令湖	大于 0.08 km^2 的季节性、间歇性的淡水湖；包括漫滩湖泊
	盐湖	永久性的咸水、半咸水、碱水湖
	时令盐湖	季节性、间歇性的咸水、半咸水、碱水湖及其浅滩
	内陆盐沼	永久性的咸水、半咸水、碱水沼泽与泡沼
	时令碱、咸水盐沼	季节性、间歇性的咸水、半咸水、碱性沼泽、泡沼
	永久性的淡水草本沼泽、泡沼	草本沼泽及面积小于 0.08 km^2 泡沼，无泥炭积累，多数生长季节伴生浮水植物

表 6－1(续)

湿地类	湿地型	划分技术标准
内陆湿地	泛滥地	季节性、间歇性洪泛地，湿草甸和面积小于0.08 km^2的泡沼
	草本泥炭地	无林泥炭地，包括藓类泥炭地和草本泥炭地
	高山湿地	包括高山草甸、融雪形成的暂时性水域
	苔原湿地	包括高山苔原、融雪形成的暂时性水域
	灌丛湿地	灌丛沼泽、灌丛为主的淡水沼泽，无泥炭积累
	淡水森林沼泽	包括淡水森林沼泽、季节泛滥森林沼泽、无泥炭积累的森林沼泽
	森林泥炭地	泥炭森林沼泽
	淡水泉及绿洲	—
	地热湿地	温泉
	内陆岩溶洞穴水系	地下溶洞水系
人工湿地	水产池塘	例如鱼、虾养殖池塘
	水塘	包括农用池塘、储水池塘、一般面积小于0.08 km^2
	灌溉地	包括灌溉渠系和稻田
	农用泛洪湿地	季节性泛滥的农用地，包括集约管理或放牧的草地
	盐田	晒盐池、采盐场等
	蓄水区	水库、拦河坝、堤坝形成的一般大于0.08 km^2的集水区
	采掘区	积水取土坑、采矿地
	废水处理场所	污水场、处理池、氧化池等
	运河、排水渠	输水渠系
	地下输水系统	人工管护的岩溶洞穴水系等

我国依据《湿地公约》的定义，结合我国湿地资源调查和研究，依据《湿地公约》中的分类系统和标准，把我国湿地类型划分为近海与海岸湿地、河流湿地、湖泊湿地、沼泽湿地和人工湿地 5 大类 34 型(表 6－2)。

表 6－2　我国的湿地分类及划分标准

湿地类	湿地型	划分技术标准
近海与海岸湿地	浅海水域	浅海湿地中，湿地底部基质为无机部分组成，植被盖度 < 30% 的区域，多数情况下低潮时水深小于 6 m，包括海湾、海峡
	潮下水生层	海洋潮下，湿地底部基质为有机部分组成，植被盖度≥30%，包括海草层、海草、热带海洋草地
	珊瑚礁	基质由珊瑚聚集生长而成的浅海湿地
	岩石海岸	底部基质 75% 以上是岩石和砾石，包括岩石性沿海岛屿、海岩峭壁
	沙石海滩	由砂质或沙石组成的，植被盖度 < 30% 的疏松海滩
	淤泥质海滩	由淤泥质组成的植被盖度 < 30% 的淤泥质海滩
	潮间盐水沼泽	潮间地带形成的植被盖度≥30% 的潮间沼泽，包括盐碱沼泽、盐水草地和海滩盐沼
	红树林	由红树植物为主组成的潮间沼泽
	河口水域	从近口段的潮区界（潮差为零）至口外海滨段的淡水舌锋缘之间的永久性水域
	三角洲/沙洲/沙岛	河口系统四周冲积的泥/沙滩、沙洲、沙岛（包括水下部分）植被盖度 < 30%
	海岸性咸水湖	地处海滨区域有一个或多个狭窄水道与海相通的湖泊，包括海岸微咸水、咸水或盐水湖
	海岸性淡水湖	起源于潟湖，与海隔离后演化而成的淡水湖泊
河流湿地	永久性河流	常年有河水径流的河流，仅包括河床部分
	季节性或间歇性河流	一年中只有季节性（雨季）或间歇性有水径流的河流
	洪泛平原湿地	在丰水季节由洪水泛滥的河滩、河心洲、河谷、季节性泛滥的草地以及保持了常年或季节性被水浸润内陆三角洲所组成
	喀斯特溶洞湿地	喀斯特地貌下形成的溶洞集水区或地下河（溪）

表 6-2(续)

湿地类	湿地型	划分技术标准
湖泊湿地	永久性淡水湖	由淡水组成的永久性湖泊
	永久性咸水湖	由微咸水/咸水/盐水组成的永久性湖泊
	季节性淡水湖	由淡水组成的季节性或间歇性淡水湖(泛滥平原湖)
	季节性咸水湖	由微咸水/咸水/盐水组成的季节性或间歇性湖泊
沼泽湿地	藓类沼泽	发育在有机土壤上的、具有泥炭层的以苔藓植物为优势群落的沼泽
	草本沼泽	由水生和沼生的草本植物组成优势群落的淡水沼泽
	灌丛沼泽	以灌丛植物为优势群落的淡水沼泽
	森林沼泽	以乔木森林植物为优势群落的淡水沼泽
	内陆盐沼	受盐水影响,生长盐生植被的沼泽。以苏打为主的盐土,含盐量应 >0.7%;以氯化物和硫酸盐为主的盐土,含盐量应分别大于1.0%、1.2%
	季节性咸水沼泽	受微咸水或咸水影响,只在部分季节维持浸湿或潮湿状况的沼泽
	沼泽化草甸	为典型草甸向沼泽植被的过渡类型,是在地势低洼、排水不畅、土壤过分潮湿、通透性不良等环境条件下发育起来的,包括分布在平原地区的沼泽化草甸以及高山和高原地区具有高寒性质的沼泽化草甸
	地热湿地	由地热矿泉水补给为主的沼泽
	淡水泉/绿洲湿地	由露头地下泉水补给为主的沼泽
人工湿地	库塘	为蓄水、发电、农业灌溉、城市景观、农村生活为主要目的而建造的,面积不小于 0.08 km^2 的蓄水区
	运河/输水河	为输水或水运而建造的人工河流湿地,包括灌溉为主要目的的沟、渠
	水产养殖场	以水产养殖为主要目的而修建的人工湿地
	稻田/冬水田	能种植一季、两季、三季的水稻田,或者冬季蓄水或浸湿的农田
	盐田	为获取盐业资源而修建的晒盐场所或盐池,包括盐池、盐水泉

二、湿地生态旅游

湿地生态旅游研究可追溯到旅游发展的整个历史，在湿地定义没被正式确定之前，湿地包含的很多资源同时也是旅游资源。湿地生态旅游研究的萌芽期为1971年《拉姆萨尔公约》(Convention on Wetlands of Importance Especially as Waterfowl Habitat)中湿地概念的形成至1983年提出生态旅游概念的这段时间。在此期间，自然旅游、野外旅游、绿色旅游和可持续旅游等相关概念及研究成果相继出现。1983—2000年，伴随着生态旅游的发展，湿地生态旅游作为生态旅游的一种形式已逐步形成。自2000年以来，随着湿地国际成员国的逐步增加，以及全球范围内湿地保护和信息交流活动的日益频繁，湿地生态旅游也逐步发展。2002年，湿地作为一种旅游资源被提出。生态旅游的相关理论和方法被应用到湿地生态旅游研究中，随之出现了湿地生态旅游资源分类、湿地生态旅游影响和湿地生态旅游规划等一系列的研究。

湿地生态旅游已成为生态旅游的主要类型之一，所谓湿地生态旅游，丁季华将其定义为具有观赏性和可进入性的湿地作为旅游目的地，对湿地景观、物种、生态环境、历史文化等进行了解和观察的旅游活动。这种旅游活动的开展不应改变湿地原有的生态系统，同时还应创造经济发展机会，让当地在财政上受益。湿地生态旅游是指旅游者以湿地作为观光、游览、研究的对象，观察湿地的景观、物种、生境和生态系统等，并维持湿地自然环境原貌的旅游活动。湿地生态旅游是生态旅游的主要类型之一，它具有保护自然、环境教育和提高社区经济效益等一系列的功能。同时它还是生态旅游中的一种旅游模式，诸如“海滨游”“湖泊游”“水乡游”“休闲垂钓”等。湿地生态旅游开发的宗旨是让游客认识湿地、享受湿地的同时提高湿地生态环保意识，是以生态旅游为目标使湿地生态旅游延伸为绿色旅游。湿地生态旅游的基本原则是人类与湿地互为一种伙伴关系共存共荣、协调发展。从2011年5月到10月，黑龙江省哈尔滨市举办了近百项湿地旅游系列活动，湿地旅游景区共接待游客612万人次。同年的6月5日至20日，哈尔滨市还举办了“首届中国·哈尔滨松花江湿地旅游文化节”。大庆市至今已经召开了十三届湿地文化节(2008年6月18日首届举办)，为国内外游客提供多项浪漫的体验之旅和多场视觉盛宴。

三、国内外湿地旅游的研究现状

国外对湿地的研究起步比较早，从20世纪50年代就对湿地开始进行深入的研究。随着生态旅游的发展，湿地资源的旅游价值得到了重视。Cowardin 于 1979 年提出了分类体系，Brinson 于 1993 年提出的水文地貌学分类方法（hydrogeo morphic，HGM）。在资源评价方面的主要成就包括 Brinson 等人在湿地水文地貌分类体系的基础上提出了湿地功能评价的方法；Ainslie 在 Brinson 的 HGM 评价方法的基础上进一步提出了一种快速的湿地功能评价方法；Larson 和 Mazzarese 简述了美国 20 年来湿地评价工作的历史，并指出快速湿地评价方法作为湿地观景规划的有效方法正被越来越多的国家和地区采用；Maltby 等利用动力模型和定期的观测来确定湿地功能分析阈值；Novitzki 提出的利用地景级别的标志来评价湿地管理地域性湿地功能；奥地利的 Kosz 使用费用效益分析来确定建立“Donau-Auen”（多瑙河湿地）国家公园的不同方案的经济影响，其中保存湿地的环境效益使用自愿付费调查的方法确定。1998 年 Platt 对英国、澳大利亚和法国等湿地开展娱乐活动的案例研究，结果指出成功的湿地旅游要有足够的持续的资金、人力、规章制度的保障，同时还要有科学的信息管理。加拿大学者 Wall 认为全球气候变化直接影响湿地旅游业。2002 年 Shufordetal 研究了湿地如何用作旅游娱乐。这些国外学者对湿地开展生态旅游的研究主要集中在湿地的旅游活动与环境的相互影响方面。由于国外生态旅游理论相对成熟，湿地生态旅游也取得了明显的成效，湿地生态旅游发展迅速。据统计，目前美国每年仅湿地观鸟的人数就达 2 400 万，在湿地的旅游消费达 52 亿美元以上。

湿地生态旅游具有代表性的国家主要有美洲的巴西、加拿大、美国，亚洲的中国、印尼、马来西亚、日本以及大洋洲的澳大利亚等国家。主要开展的生态旅游活动为湿地鸟类观赏、湿地植物观赏以及河口瀑布观赏等。

我国是世界上记述湿地现象较早的国家，但到新中国成立之初，湿地研究几乎空白，仅在 20 世纪中期长春地理研究所和东北师范大学成立了沼泽研究机构。

1989 年，陆健健写了首部中国湿地简志《中国湿地》，以湿地为主体的学刊到 21 世纪才公开问世。随着生态旅游的兴起，国内也有些学者对湿地的生态旅游进行了研究。

我国湿地研究起步于 20 世纪 50 年代，直至 90 年代才完成全国湿地资源初步调查，由于不同类型湿地的研究还比较薄弱，所以国内对湿地旅游的研究仍处于起步阶段。现有湿地旅游的理论研究主要集中在湿地生态旅游经济价值的评估和湿地旅游资源保护性开发层面上。鲁铭、龚胜生针对湿地生物、景观和文化多样性等特点对湿地旅游价值进行探讨；丁季华阐析了湿地旅游资源的定义、湿地旅游的基本内涵及开发思路；董明辉、杨岚等对湿地生态旅游资源的保护与开发利用进行了研究；陶奎元研究了湿地生态旅游的特点与特性；陈久和、杨欧等探讨了湿地旅游的可持续发展；庄秀琴、庄大昌分别探讨了洪泽湖区、洞庭湖区湿地旅游资源开发模式，对两个湖区湿地的旅游资源特点及产品类型进行了研究；2001 年董明辉对洞庭湖湿地生态旅游资源的保护提出建议；2003 年庄大昌和丁登山对中国湿地生态旅游资源的保护提出了建议；2005 年张建春研究了安徽湿地旅游资源的开发；盛正发在 2006 年以东洞庭湖湿地为例研究了湿地的开发；2006 年任宪友以洪湖湿地为例对湿地生态旅游开发进行探讨；2007 年李万莲研究了安徽省五河沱湖湿地自然保护区生态旅游开发。

随着生态旅游的发展，湿地生态旅游得到快速发展，有关湿地生态旅游研究的学术论文从 2000 年开始逐渐增多，直至 2015 年达到顶峰，共计 101 篇。截止 2021 年在中国知网上搜索湿地旅游文献可以查到 1 741 篇，其中包括硕士博士论文、会议论文、期刊论文。从文献主题分布来看，涉及生态旅游主题的论文达到 386 篇，占总论文数的 22. 1%。湿地生态旅游主题 291 篇，占比 16. 7%。国外研究文献主要集中在对海岛和海滨湿地生态旅游研究方面。

第二节　黑龙江省湿地旅游资源

黑龙江省现有湿地总面积为 5. 23 万平方千米，占全国湿地面积的 9. 23% 属湿地大省，其分布的特点是区域分布不均，区域差异明显。其中，灌溉水田面积为 0. 80 万平方千米；沼泽地面积 2. 36 万平方千米；芦苇沼泽面积 0. 27 万平方千米；河流水域面积 0. 48 万平方千米；湖泊水域面积 0. 22 万平方千米；水库水域面积 0. 12 万平方千米；坑塘水域面积 0. 28 万平方千米；滩涂面积 0. 72 万平方千米。湿地相对集中成片的有 3 块，它们分别是：乌裕尔河沼泽湿地，在黑龙江省境内西部的林甸、杜蒙、富裕、泰来、齐齐哈尔等 5 个市县，流经这里的松花江、嫩江和乌裕尔河在海拔 150 ~ 200 米的松嫩平原内湿溢、侵蚀和冲积，形成大片的湿地和沼泡，总面积 0. 22 余万平方千米；三江平原沼泽湿地，分布在黑龙江省东部的同江、抚远、友谊、富锦、饶河、宝清、萝北等 7 个市县，在平均海拔 50 ~ 100 米低洼地区，由黑龙江、松花江、乌苏里江长期冲刷，形成大面积的沼泽，总面积达 0. 11 万平方千米；松阿察河湿地，在密山市东部，由穆棱河、松阿察河长期侵蚀而形成的大片沼泽、湖泡，总面积达 0. 03 万平方千米。

一、黑龙江湿地资源的分布

黑龙江省具有丰富的湿地资源，现有湿地总面积为 8. 67 万平方千米，列居全国第1位,占全省面积的11.8%,天然湿地83.4万平方千米,占全国天然湿地面积的1/7。黑龙江省拥有国际重要湿地8处,居全国之首,占世界重要湿地的1/6,拥有湿地自然保护区78处,其中国家级的19处,省级的59处。黑龙江省是我国面积最大的淡水湿地,也是世界上最重要的湿地之一。"十一五"期间,黑龙江省天然湿地面积不断扩大,其中沼泽湿地4.27万平方千米,约占全国的30%。现有湿地面积约为556万平方千米,占全国湿地面积的14.4%,居全国首位。黑龙江省的湿地分布相对集中,黑龙江省的湿地主要分布在三江平原、松嫩平原和大兴安岭、小兴安岭及东部地区(表6-3)。

三江平原湿地是黑龙江省湿地资源的主要部分,三江平原湿地位于东北边陲,是由黑龙江、松花江和乌苏里江冲击形成的低平原。由黑龙江、松花江、乌苏里江汇合形成,包括众多的支流和大、小兴凯湖,主要分布在佳木斯市、双鸭山市、鹤岗市、七台河市、鸡西市及部分国有农牧场和国有林业局境内,湿地面积约为2万多平方千米。三江平原的沼泽中多无泥炭积累,是我国著名沼泽集中分布区。"棒打獐子瓢舀鱼,野鸡飞到饭锅里"是昔日三江平原流传的民谚,似陆非陆、似岛非岛、似湖非湖、似河非河,是昔日三江平原的生态景观。代表性的湿地有:七星河湿地、安邦河湿地、洪河湿地、兴凯湖湿地、三江湿地等。

松嫩平原湿地是由乌裕尔河汇入嫩江的众多支流及湖泊沼泽而形成的湿地。盐碱沼泽分布广泛,这是松嫩平原湿地的重要特征,以芦苇为主体的沼泽湿地为主。乌裕尔河是"无尾河",到下游没有明显的河床,河水漫溢,形成大面积湖泊沼泽。该区的湿地分布在除拜泉县、克山县、克东县以外的齐齐哈尔所辖9个县(市)、绥化地区(安达市、肇东市和兰西、明水、青冈3个县的一部分)、大庆市所辖4个县及哈尔滨市所辖的双城区的嫩江下游湿地,面积大约有1万平方千米。大、小兴安岭位于黑龙江省西部和西北部。这里有著名的扎龙、南翁河国家级自然保护区,并且列入国际重要湿地名录。代表性的湿地有:龙凤湿地、扎龙湿地、珰奈湿地、连环湖湿地、南瓮河湿地等。

黑龙江以南阿尔山以北为大兴安岭。大兴安岭沼泽主要分布在北段的阿穆尔河、大林河、老漕河、呼玛河和嫩江的中上游及其支流,山阴坡及其平缓分水岭顶部。大兴安岭的中段和南段沼泽较少。嫩江—北安—哈尔滨一线以北至黑龙江岸,东至松花江畔为小兴安岭。小兴安岭沼泽主要分布在伊春以北地区,集中于汤旺河及其支流、山缓坡和山麓地带,湿地面积2万多平方千米。

表 6-3 黑龙江省湿地概况

名称	湿地面积/km^2	土壤	水体	植物种类	动物种类
黑龙江东方红湿地	286.53	暗棕壤和白浆土、草甸土等	低矿化淡水，含沙量极小	苔藓植物37科101种，蕨类植物12科28种，种子植物95科674种	脊椎动物342种，鱼类68种，两栖类7种，爬行类7种，鸟类216种，兽类44种
黑龙江扎龙湿地	1 710.66	草甸沼泽土为主	有机物污染较重，Ⅲ－Ⅳ类水质	高等植物468种	脊椎动物354种，兽类5种，鸟类286种，爬行类11种，两栖类8种，鱼类44种
黑龙江洪河湿地	216.99	白浆土、草甸土、沼泽土、泥炭土等	天然水属于重碳酸－钠型水	森林植被、草甸植被、低洼地沼泽草甸植被和水生植被4种，1 012种	鱼类25种，两栖爬行动物11种，鸟类215种，兽类33种
黑龙江兴凯湖湿地	1 726.79	细沙土和淤泥质亚黏土	水质良好，Ⅰ类水体	高等植物460多种，木本植物37种，藤本植物22种，草本植物263种，苔藓植物1种，药用植物138种，食用菌类9种，蜜源植物61种，浆果植物13种，水生浮游植物52种	脊椎动物357种，兽类39种，鸟类234种，爬行类7种，两栖类7种，圆口类2种，鱼类68种
黑龙江三江湿地	557.87	白浆土、草甸土、沼泽土、泥炭土等	天然水属于重碳酸－钠型水	高等植物500余种	兽类43种，鸟类257种，爬行类7种，两栖类5种，昆虫500余种，鱼类77种

表 6 - 3(续)

名称	湿地面积/km^2	土壤	水体	植物种类	动物种类
黑龙江七星河湿地	161.99	暗棕壤、白浆土、草甸土、沼泽土等	Ⅲ类水质	植物 388 种	脊椎动物 163 种占全国动物种数 3.17%，占黑龙江动物种数 29.42%，鱼类 15 种，两栖类 6 种，爬行类 2 种，鸟类 123 种
黑龙江南瓮河湿地	785.25	棕色针叶林土、暗棕壤、草甸土、沼泽土、泥炭土等	水质状况良好，淡水	植物 800 余种	鸟类 216 种，哺乳类 49 种，爬行类 7 种，两栖类 6 种，鱼类 31 种
黑龙江珍宝岛湿地	185.97	白浆土、暗棕壤、沼泽土、草甸土河淤土	重碳酸钠型为主，总体水质为Ⅱ类	87 科 221 属 393 种	脊椎动物 289 种，其中鸟类 251 种、鱼类 61 种、兽类 41 种、两栖类 8 种、爬行类 8 种
大庆龙凤湿地	50.50	草甸土和沼泽土	Ⅲ类水质标准，水体的有机污染较严重	维管束植物 314 种，隶属于 64 科。可划分为草甸、沼泽和水生植被 3 个植被型，兼有药用植物、纤维植物、饲用植物等植物类群	野生动物 207 种。区域内的鸟类共有 76 种，爬行类 16 种，两栖类只有 11 种，鱼类 45 种，隶属 5 目、10 科

2. 黑龙江湿地资源的特点

湿地是黑龙江省重要的旅游资源，黑龙江省有自然湿地5.56万平方千米，湿地斑块共有2 500个，自然湿地率达到11.75%。现有湿地类型的自然保护区138处，其中国家级23处，省级64处，其他为县(市)级。拥有东方红、扎龙、兴凯湖、三江、洪河、七星河、南瓮河、珍宝岛8处国际重要湿地和13处国家重要湿地。黑龙江省湿地主要分为四个类型：河流湿地、湖泊湿地、沼泽湿地和沼泽化草甸湿地。境内湿地主要分布在三江平原、松嫩平原和大小兴安岭。

黑龙江省共建立省级以上湿地类型自然保护区57处，总面积2.51万平方千米。扎龙、三江、兴凯湖、洪河等8处湿地被列入国际重要湿地名录，占全省天然湿地总面积的80%。

黑龙江省湿地旅游资源具有三大特点：一是面积大，且湿地文化具有多样性。黑龙江省现有天然湿地5.56万平方千米，占全省土地总面积的9.18%，约占全国天然湿地面积的1/8。湿地文化是人们在改造、利用湿地的过程中，创造出来的物质和精神财富的总和，是自然生态和人文生态的和谐统一。黑龙江省湿地文化的多样性具体表现在以人类历史和地理环境的变迁而留下的物质和精神文化遗产为依托的历史文化，如黑龙江大、小兴凯湖之间湖岗上的新开流遗址、古代文化遗址等；以民俗风情所具有的吸引力而存在的民俗文化，如朝鲜族以庆祝六十大寿为目的节日—回甲节、蒙古族的那达慕大会、具有灿烂达斡尔农业文化的达斡尔族的民间时岁节等；以湿地为基础比较独特或质朴或精粹的饮食文化，如满族的美食“八大碗”、当地的农家菜系、“边塞三珍”等独具特色的文化；还有突出湿地文化特色、民族特色的独特造型或具有特殊意义包装的文化商品，如大庆湿地的芦苇产业：芦苇画、芦苇工艺品等。这些湿地文化的多样性具有较高的生态旅游开发价值。

二是湿地景观多样性。湿地是景观的重要组成部分，水生植物和水生动物湿地中栖息繁衍，形成了一道独特的风景。按照拉姆萨尔公约中的“湿地类型分类系统”，结合黑龙江省湿地资源的分布，将黑龙江省的湿地景观资源可分以下几类。

(1)江河、湖泊旅游资源

黑龙江省流域面积超过50平方千米的河流有1 918条。最具特色的是“三江一河”，即黑龙江、松花江、乌苏里江和绥芬河。全省有大小湖泊沼泽6 000多个，其中主要有兴凯湖、镜泊湖、连环湖和五大连池4个湖泊。这些江河、湖泊自然风景奇特，如兴凯湖是中俄界湖，水面面积比鄱阳湖、洞庭湖都大，而且水资源污染极少，沼泽化面积较大，野生动植物资源丰富，是我国北方重要的候鸟栖息地；镜泊湖和五大连池是典型的火山堰塞湖，素有“天然火山地质博物馆”之称。

(2)沼泽、苇地、泥炭旅游资源

沼泽、苇地和泥炭湿地以其特殊地理位置和地貌，优越的水文条件，使得多种生物类型互相渗透，复杂的生物区系与生态环境共同构成了其奇特的背景，衬托和渲染了这里的原始野趣和秀丽景色，使这些景观贵在原始，美在自然。如三江平原湿地为我国最大的淡水沼泽湿地。

(3)人工湿地旅游资源

人工湿地主要包括水田、水渠、水库等。黑龙江省有49座大中型水库，其中已开发的有莲花湖、西泉眼、龙凤山、双阳河等水库风景旅游区。这些水库绿水青山，波光粼粼、游鱼穿梭，或观鸟、或垂钓、或游泳、或听涛声、或游览于山水烂漫之中，带给人们返璞归真、回归大自然的感觉。

(4)湿地保护区旅游资源

黑龙江省已建立扎龙等40多个湿地生态系统类型自然保护区；这些保护区注重湿地和水域生态系统等自然景观的保护，是湿地旅游发展较为正规和较具发展潜力类型之一。

三是湿地生物的多样性，野生动物种类繁多。湿地生态旅游资源是湿地资源的重要组成部分，同时也是湿地生态旅游的基础。黑龙江省广阔的湿地孕育了丰富的生态旅游资源，具体体现在湿地文化、景观和生物的多样性。

黑龙江省湿地幅员辽阔，自然条件特殊，湿地生态系统多种多样。湿地生态系统的多样性、环境的异质性，又为众多野生动植物栖息、繁衍提供了基地。在这些湿地生长着大约1 100多种草本植物，其中包括250余种药用植物，100余种山野菜类、70余种饲料植物，54种纤维植物。湿地野生动物种类也极为丰富，其中脊椎动物558种，鸟类361种。黑龙江省拥有湿地高等植物689种，其中包括国家一级重点保护野生植物东北红豆杉，以及11种国家二级重点保护野生植物；全省拥有湿地脊椎动物326种，其中包括17种国家一级重点保护野生动物，66种国家二级重点保护野生动物，例如丹顶鹤、白鹤、灰鹤、大雁、天鹅、中华秋沙鸭等；国家重点保护兽类主要有东北虎、紫貂、马鹿、熊等。

第三节　黑龙江省湿地生态旅游的发展现状

一、黑龙江湿地生态旅游现状

黑龙江省委十二届八次全会奋力开启社会主义现代化新龙江建设新征程，全会指出“十三五”时期我省“六个强省”建设呈现新气象，产业结构优化升级步伐加快，创新能力显著增强，文化软实力持续提升。全会提出了到2025年，全面振兴、全方位振兴将取得新突破，在现代产业体系建设、农业现代化建设、创新驱动发展、全面深化改革、更高水平对外开放、生态文明建设、城乡区域协调发展、社会文明程度提高、民生福祉改善、社会治理效能10个方面取得新突破；到2035年，全面建成工业强省、农业强省、科教强省、生态强省、文化强省和旅游强省。

黑龙江省文化和旅游厅与联合国世界旅游组织（UNWTO）编制的《黑龙江省全域旅游发展总体规划（2020－2030）》《黑龙江省冰雪旅游产业发展规划（2020－2030年）》中显示，未来将黑龙江省打造成“国际冰雪旅游度假胜地、中国生态康养旅游目的地、中国自驾和户外运动旅游目的地”的目标，大力发展冰雪游、森林游、边境游、湿地游、避暑游，以供给侧结构性改革为主线，推动旅游高质量发展为指导思想。

黑龙江省地貌特征为“五山一水一草三分田”。地势大致是西北、北部和东南部高，东北、西南部低，主要由山地、台地、平原和水面构成。有黑龙江、松花江、乌苏里江、绥芬河等多条河流；有兴凯湖、镜泊湖、五大连池等众多湖泊。黑龙江省具有生物多样性保护功能的生态功能区有29个，分别分布在大、小兴安岭、张广才岭地区，三江平原及松嫩平原的部分地区也有分布，面积共约29.83万平方千米。

黑龙江湿地资源富集，湿地面积占全国湿地的1/8，有湿地类型自然保护区113处，湿地公园78处，形成了全国最大的省级湿地保护管理体系。黑龙江推出哈尔滨太阳岛风景区、哈尔滨白渔泡国家湿地公园、齐齐哈尔扎龙国家级自然保护区、齐齐哈尔龙腾国际生态温泉度假庄园、黑龙江富锦国家湿地公园、黑瞎子岛国家湿地公园、大庆龙凤湿地自然保护区、鹤鸣湖湿地温泉风景区、兴凯湖湿地公园、珍宝岛湿地国家级自然保护区、黑龙江东方红湿地国家级自然保护区、黑龙江安邦河国家湿地公园、雁窝岛旅游度假区、七星河国家级自然保护区、黑龙江新青国家湿地公园、黑龙江黑河坤河国家湿地公园、黑龙江大兴安岭漠河九曲十八弯湿地公园、大兴安岭嫩江源景区等19个湿地休闲旅游目的地。

依据2019年黑龙江统计年鉴数据显示，从2013年开始，第三产业成为地区生产总值增长的第一拉动，对地区生产总值贡献率跃居第一位，并且对地区生产总值贡献率首次超过50%，达到52.9%，并连续保持较快速度增长，2018年达到了73.1%。旅游业因为带动性强、关联性广等特点在第三产业中占据非常重要的地位，黑龙江旅游业经过几十年发展，所带来的收入在国民生产总值中已占有举足轻重的地位。

但黑龙江旅游发展地域差异较大，北部以大小兴安岭为代表，原始森林资源丰富，开展森林生态旅游，打造森林氧吧。南部以哈尔滨市为代表，高品质旅游资源众多，风景名胜区如太阳岛、中央大街、亚布力等闻名遐迩，有力推动了周边旅游业发展。东部边境游方兴未艾，东南部雪乡闻名海内外。西部和中部湿地旅游资源丰富，中部以三江平原为代表，西部以松嫩平原为代表，但是旅游业发展速度较慢，市场占有量相对较低。

北国好风光尽在黑龙江，黑龙江将立足新发展阶段，加快开发冰雪旅游、生态旅游、户外运动三大全谱系旅游产品，优化全域全季旅游服务，吸引全世界的游客来黑龙江旅游。

二、黑龙江湿地生态旅游发展存在的问题

黑龙江省湿地生态资源丰富且多样，是以国家公园的自然保护地体系及天然林资源为主体的保护工程，切实保护好绿水青山。但因该资源所在地理位置存在生态敏感及脆弱性，再加上湿地生态资源保护与开发过程中存在开发利用不当等情况，使得黑龙江省在湿地生态旅游发展过程中暴露出了一些问题，具体表现为以下方面。

（一）开发过度

由于湿地资源具备开发成为天然生态旅游的条件，为了满足湿地生态旅游资源的开发，促进旅游业发展，建设了大量的酒店、交通、娱乐及住宿设施。由于湿地旅游资源的开发缺乏科学的计划，还存在缺乏保护意识等问题，使得基础设施建设对湿地自然景观及环境承载力产生了一定的破坏。湿地生态环境周边为便于开展旅游会有大量的基础设施建设，如道路建设，架桥等，这都对湿地环境中的植被及动物生态环境产生较大影响，造成一定程度水土流失。

湿地数量的多少和面积大小都会对生态环境发挥巨大的安全保障作用，湿地资源的过度开发，不仅破坏了湿地生态的安全保障功能，还会引起一系列的连锁反应。如哈尔滨湿地保护工作面临着盲目开垦和改造、生物资源过度利用、湿地水资源利用不合理、污染加剧、泥沙淤积、面积萎缩、碎片化等严峻的问题。

对经济效益最大化的追逐，使得湿地资源开发利用过程中会存在不合理利用甚至是侵占的现象。湿地环境一旦被破坏，会造成长时间的大范围内退化，治理恢复更是难上加难。围垦开田、过度人工干预等，导致湿地面积大片的极减、断片化甚至消失，丰富的物种大量减少。

湿地生态资源做为国家级保护区、湿地公园、旅游度假区或者旅游景区向国内外旅游者进行湿地休闲旅游目的地来进行推介，大量游客的到来，产生大量的固体废弃物、生活垃圾从而造成水域污染、空气污染等，严重的可能超过湿地生态环境的承载力。再者，游客旅游过程中一些不文明行为也会对湿地生态环境产生较大影响，如随意践踏湿地植被，不按照规定旅游路线游览，打扰和破坏动植物生活习性，非法狩猎，如对湿地水禽、兽类、鸟类等国家野生保护动物进行大量捕杀等行为。

（二）管理不善

湿地资源对生态环境具有生态功能的作用，所以保护措施、保护标准及保护资金都应该比一般资源要求更高，但现实中黑龙江省湿地生态环境的局部地区却遭

到严重破坏。湿地资源的公共及国有属性,使得该资源归置于多部门共管状态,各部门之间沟通不畅,且大多以本部门利益为主,所以容易出现利益分配都想要,责任追究又找不到主管单位的情况。政府部门作为湿地资源的管理者和保护者,为了追求当地的经济利益,会对湿地生态旅游资源进行掠夺式开发,最大程度实现其经济价值。

个别地区进行重复式、粗放式、低层次的旅游项目开发,在湿地资源环境中开展大面积的基础设施及旅游设施建设,导致旅游垃圾大量出现,固体废弃物、空气污染、水污染等情况层出不穷,再加上城市工业废水和生活污水未经净化直接排入,致使湿地水质环境受到污染,破坏动植物生存环境,最终破坏湿地环境,影响到湿地生态旅游发展。

湿地生态系统较为脆弱,一旦破坏就很难恢复。所以不论是城中湿地、湿地公园、自然保护区还是旅游景区,都应该对周边居民及游客的生活垃圾排放标准更加严格,水域质量标准更高,对游客的活动范围限制更加明晰,确保湿地环境不会受到污染,或者受到较轻程度污染,让湿地环境可依靠其自我修复机制进行恢复。

湿地生态旅游资源开发比起其他旅游资源形式开发所需资金量相对较少,但是资金不足问题会造成资源的闲置和浪费。且湿地生态旅游资源开发的资金渠道来源单一,以政府投入为主,又加上盲目开发,产品雷同无特色无新意,缺乏吸引力,导致湿地生态旅游开发陷入恶性循环。已投入的资金无法回收,原有的湿地保护区、湿地公园及景区等还需要维护运营,这都使得湿地资源开发和保护难度加大。

(三)缺乏共享机制

黑龙江省湿地生态旅游资源开发过程中,为了进行旅游资源更好的开发,一般都采用居民外迁的形式,这使得周围居民对开发建设的参与度降低,再加上旅游收益分配严重不均,进而对湿地生态旅游资源开发的积极性普遍不高,湿地保护意识不强,甚至会有破坏行为的发生。

政府在湿地保护和管理方面都承担主要责任,因为缺乏社区居民共享机制的建立,社区居民作为湿地生态环境保护的重要社会力量被忽视,所以使得政府的保护措施和宣传工作都无法通过社区居民去发挥应有的作用,增加了湿地保护工作的难度。

三、发展黑龙江湿地生态旅游的对策

黑龙江省是全国湿地资源比较丰富的省份之一,淡水资源主要分布在湖泊湿地、河流湿地、库塘湿地和沼泽湿地中,湿地维持着大概 650 亿吨淡水,其中大部分为可利用淡水资源。充分利用好黑龙江省的湿地资源以达到合理开发生态旅游项目的目的,首先要加强生态保护,建立绿色旅游开发机制。加强法制建设,依法管理湿地旅游，要把生态效益放在首位，保护和恢复自然生态资源，兼顾经济、社会效益，对坡度大、土壤瘠薄、水土流失严重、公路两侧可视范围内和自然保护区内非法开垦的林地、湿地应优先还林、还湿。坚持生态旅游科学开发管理，减少粗放式开发，防止低水平开发，杜绝破坏性开发，实现开发与保护的统一，达到旅游与经济、文化、环境协调和谐、可持续发展。

美国学者 Fennell 和 Eagles 分别提出的生态旅游资源保护性开发的概念，他们认为生态旅游的核心是生态旅游资源的保护。旅游资源开发模式将以“保护”作为开发的根本前提，是湿地旅游资源保护性开发新理念产生的基础。保护性开发的理念，在“可持续发展理论”“生态学理论”和“环境伦理学”等重大理论研究中都有明确的论述，保护性开发是以实现可持续发展为目标。合理规划旅游点（线），避开生态敏感区，旅游点（线）严禁与核心区交错。在生态旅游活动中，充分发挥以保护生态旅游资源为目的的宣传、教育等功能并合理地进行功能区划分。为实现湿地生态旅游资源保护性的开发利用，必须进行科学合理的规划设计，做到保护核心区域，开发试验区，划分旅游区。注重环境治理，严防污染破坏。将湿地生态系统完整、代表性较高的区域划分为核心区，该区是各种原生性生态系统保存最完好的区域，是动植物最好的庇护所，对此应以严格保护，不对外开放旅游。在边缘地带可划分旅游区开发生态旅游业务。

科学合理地评价湿地生态旅游环境承载力（也称旅游环境容量），是发展旅游业与保护环境之间矛盾的核心理论问题。自然保护区生态旅游环境承载力综合评价指标体系，将旅游环境承载力分为自然环境承载力、社会环境承载力和经济环境承载力 3 个层次。自然环境承载力评价指标体系主要包括生态旅游对旅游景点（区）内的水体、土壤、大气、噪声、生物、景观 6 个层次的影响。社会环境承载力评价体系主要包括社会心理、人文环境和社区参与 3 个层次。经济环境承载力评价体系主要包括基础设施、管理水平、效益水平 3 个层次。其中，基础设施又包括交通、生活、游乐、安全、卫生等亚层次指标体系。

利益因素是社区居民保护湿地生态旅游资源最强的动力。实行社区参与激励机制，使社区参与其中是解决湿地生态旅游资源保护性开发的有效途径之一。通过社区参与的方式，提高周围居民的文化素质、环保意识及生活水平，或者以让他们参与入股投入资金并获得旅游利益的回报，让他们明白旅游资源是获取经济效益的基础，保护了这一基础，就意味着保护了他们的经济收入。

深入改革生态旅游资源开发管理体制，将湿地生态旅游资源保护性开发引入多种形式的融资渠道。同时国家或地方应投入必要的专项基金，加强湿地生态旅游资源的保护。合理开发和利用湿地资源，遵循保护与利用相结合的原则，切实增强治理的系统性、科学性和前瞻性，进一步优化环境质量，真正将生态文明建设成果转变为城市的软实力。

第四节　大庆市湿地生态旅游的开发

一、大庆市湿地现状

大庆市位于黑龙江省西部，辖萨尔图、龙凤、让胡路、红岗、大同5区，肇源、肇州、林甸3县1个杜尔伯特蒙古族自治县，总面积21 000平方千米。该地区水系不发育，属于安达闭流区，低平原的大部分地区为嫩江、松花江、乌裕尔河、双阳河和明水县、青冈县坡地来水的洪泛区，由于地形复杂，降水形成的径流被地面储存，形成了许多封闭的洼地，积水而形成泡沼。大庆地区湿地总面积12 000平方千米，总蓄水能力9亿立方米左右，市区有湖泡156个，成为城中湿地，对调节区域气候、降解污物、美化城区环境，有着不可替代的作用。王继富等应用3S技术统计了不同类型湿地在各区、县的分布情况(表6－4)。

大庆地区湿地集中分布在乌裕尔河下游的林甸县西部、杜尔伯特蒙古族自治县北部以及嫩江下游、松花江干流沿岸地带，约占全市的60%。湿地保护区面积广、价值高，扎龙国家级自然保护区57%的面积和核心区67%的面积位于该市，并且拥有龙凤省级湿地自然保护区和小黑山市级自然保护区，黑龙江省有关部门对大庆湿地估价每年生态价值840亿元。由于该地区历年气候干湿变化等原因，湿地水面、水位变化较大，洪涝年份水积汪洋，干旱年份泡水干涸，水质偏碱多盐，如东北最大的微咸水湖——连环湖矿化度达1.79 g/L。湿地生物资源丰富，天然植物有509种，隶属于70科，经济植物有183种；野生动物中鸟类有273种，隶属于17目48科，其中国家一、二级保护鸟类分别有7种、44种。

二、大庆市湿地开发存在的问题

在油田开发以前，大庆地区的湿地资源基本未遭破坏，但随着油田的大面积开采和经济建设，改变了以草原、芦苇、农牧业为特征的草原生产模式，湿地资源也受到严重威胁。主要表现在以下几方面。

1. 湿地面积缩减

油田建设、人口增长、城市化进程的加快以及经济的发展给资源和能源带来巨大压力，生活垃圾和废弃物的占地，以及鱼塘的改造、农田开垦等，使不少沼泽地被填埋，特别是近年来气候干旱加剧，使湿地面积，特别是生产力较高的优质湿地面积锐减。另外，大量植被和生态系统的破坏，气候异常，风沙等不利因素，使湿地周围水土流失严重，湿地日趋萎缩，面积逐年减少。1986年到2001年间，大庆市不计盐沼的湿地总面积由$0.63\times10^4km^2$(平方千米)减少到$0.45\times10^4km^2$(平方千米)，

表 6－4　大庆市湿地面积统计/hm^2($1\ hm^2 = 0.01\ km^2$)

区、县	沼泽湿地	沼泽化草甸湿地	湖泊湿地	江河湿地	盐沼湿地	人工湿地			县区合计
						库　塘	水　渠	稻　田	
萨尔图	4 142.55	—	1 773.47	—	53.83	3 391.21	1 088.20	—	10 449.26
龙　凤	4 838.29	—	2 020.82	—	2 688.55	762.83	815.26	105.50	11 231.25
让胡路	6 957.57	—	2 933.66	—	2 735.06	1687.82	925.32	—	15 239.43
红　岗	1 636.22	—	2 154.42	—	16 944.28	607.32	957.03	—	22 299.27
大　同	6 734.53	—	15 739.67	—	39 899.26	10 127.57	2 350.67	—	74 851.70
肇　源	26 542.18	34 111.05	13 357.55	10 514.21	33 885.44	7 955.42	1 893.10	40 316.25	168 575.20
肇　州	3 608.97	—	3 524.33	—	32 547.68	145.65	1 441.90	182.96	41 451.49
林　甸	41 155.37	5 109.10	1 439.56	423.84	7 514.75	685.25	2 183.58	5 129.84	63 641.29
杜尔伯特	73 339.08	11 790.14	66 163.00	3 797.06	53 691.52	18 584.30	1 624.87	4 521.45	233 511.42
总　计	168 954.76	51 010.29	109 106.48	14 735.11	189 960.37	43 947.37	13 279.93	50 256.00	641 250.31

净减少 28.7%。

2. 湿地景观破碎化

由于受到油井、油气田道路、油气运输管道和泵站等石油开发设施的建设,以及沼泽湿地开垦,江河筑堤的影响,隔断了湿地之间的水力联系,沼泽湿地斑块密度指数由 0.36 个/km^2增至 0.42 个/km^2,岛屿化、破碎化现象严重,生态系统稳定性减弱,抵御干扰能力降低。

3. 湿地污染加剧

环境污染是大庆油田地区湿地面临的最严重的威胁之一,污染面积已达 5 000 平方千米,涉及 170 余个湖泊。从水体环境质量监测结果看,大庆市境内湖泡水体大多为V类或劣V类,普遍存在着 pH 值偏高,COD、Cr、BOD、N - NH_4、总磷、石油类等严重超标的现象,一些湿地还存在严重的重金属污染。原因有三个方面:油田生产和建设由于突发性事故等原因向湖泡排放含油污水,影响水质;生活污水处理率低、封存的化工污水部分外排、个别企业无污水处理设施,据统计 2000 年大庆市生活污水处理率仅为 37%,大多企业排放的污水不符合地面水环境质量标准,致使地面水体污染;农业生产中残留的化肥、农药随地表径流进入水体,造成水体富营养化。

4. 水源补给不稳定、生态需水得不到保障

为发展地方经济,自 20 世纪 90 年代以来,松嫩平原修建了许多水利工程,导致引嫩工程供水紧张,没有富余水量供给,造成湿地水位下降,许多鱼类因水浅而无法安全越冬;再加上连年干旱和地下水位下降,导致湿地植被因水分减少产生"水域→沼泽→沼泽化草甸→草甸草原"逆向演替,而草甸和草原则是人类农业开发的最主要对象。由此,湿地面积越来越小,在较长的时间内,如不加强防护,原始湿地的功能将可能逐渐丧失甚至消失。由于湿地得不到环境用水的补充,水体底泥日积月累,导致环境容量越来越小,自净能力也会越来越差。

5. 湿地生产力下降

湿地生态系统既有高生产力、多样性、过渡性的特点,又具有脆弱性、对外界干扰的抵抗力较弱、极易退化的问题。由于受人类经济活动的影响,湿地的生物资源受到了不同程度的破坏。被污染的湖沼生物种类逐渐减少,生态系统结构遭到破坏,不仅植物、动物产量明显减少,而且品质严重下降。在著名的扎龙湿地,灭绝性捕捞给鱼类资源造成极大危害:历史最高鱼产量(1963 年)达 801 t/a(吨/年),而目前产量据估计不足 10 t/a(吨/年),衰退十分严重。鱼类逐年减少,个体越来越小,已严重威胁了水禽的食物来源。大量湿草甸和盐沼类型也因为石油开发破坏、过度放牧等原因使草地不断退化,草层高度降低,并向光秃碱斑方向发展。

6. 湿地功能严重退化

湿地退化导致湿地生态系统的结构性、整体性和自然性的破坏,进而导致其功

能发生变化，抗干扰能力下降、不稳定性和脆弱性增大、生物多样性和生产力降低。湿地所具有的生产芦苇、羊草、鱼类和人工繁殖珍稀水禽等提供直接实物产品的功能，旅游服务、科学研究与文化功能，固碳、涵养水源、调节气候与水文、降解污染物的功能，以及作为鸟类及其他一些物种的栖息繁殖地等功能均已逐渐退化。由于湿地周边被破碎为农田等人造景观，过渡带边缘效应增强，其他物种侵入生态系统，导致原有物种（尤其是珍稀濒危物种）的生存繁衍受到威胁。如进一步的影响，还会改变生态系统的性质。

三、大庆发展湿地生态旅游的对策

大庆地区湿地分布广、面积大，又有相当大的一部分处于城区之中，发展湿地旅游对该地区生态环境建设有着重要的意义。

1. 加大湿地保护的法律法规建设和政策执行度

自 1992 年我国加入《湿地公约》以来，湿地保护受到各级政府的关注。《中国湿地保护行动计划》《全国湿地保护工程规划》《国务院办公厅关于加强湿地保护管理的通知》《黑龙江省湿地保护条例》《大庆市湿地资源及其保护规划》等为大庆地区湿地保护和合理利用提供了准则和依据。按照大庆市湿地保护规划目标，落实政策，实行责任制管理，同时做好各个方面、各个项目行动的协调统一。对于各种违法违纪问题，应该加大普法力度，加强环境监督管理，健全环境监督体制，对未被开垦的湿地一定要禁止垦殖和采掘，禁止捕鱼、打猎和收割芦苇等，违反规定的一定要严惩。

2. 控制湿地污染，治理污染湿地

大庆石油开发过程中落地油、钻井泥浆、洗井废水、工业废水和城市分散性生活污水对湿地水体、土壤的污染仍未得到完全控制和有效解决，应本着先控制后治理的原则，严格管理措施，防范和制止跑油、漏油、排放污染废物等事件的发生；提高生活污水处理率，增加小型企业污水处理设施，使企业排放的污水符合地面水环境质量标准；增强农业生产技术指导，合理使用化肥、农药，减少面源污染。

湖泊是相对的静水水体，自净能力较弱，尤其是水体底泥中的毒物很难自行消除，仅切断污染源是很难实现水质修复的，因此还需要进行污水深度处理及生态调控。对因污染而导致功能退化的湿地，应在恢复生态学原理指导下，遵循自然法则和社会经济技术原则，按水量与水质恢复、景观恢复、生态环境恢复、生态系统结构与功能恢复、生物种群恢复的阶段性生态恢复为目标，退地还水，提高湿地面积；开凿人工沟渠，提高城市内部湿地斑块连接度；人工种植耐低温、耐碱性、具有净化功能与观赏价值的水生植物，恢复湿地的植物群落。

3. 引入清洁水源，保障湿地生态用水

水是湿地生物赖以生存的要素，大庆市各主要湿地及其周边地区，特别是上游地区的降水量、径流量、蒸发量及其时空分布，以及地表覆盖等方面的变化，导致大庆市地表水资源时空分布改变和湿地面减少，某些地区地下水位明显下降。为了改善湿地环境，在进行污染源控制、污水截流的基础上，还需引入清洁的水源，对湖泡湿地进行补水，以保障湿地水量供给平衡和水质良好。

虽然大庆市年大气降水量在 440 毫米左右，陆地年平均地表水蒸发量为 1 600 毫米左右，是降水量的 4 倍，且降水量分布不均，但是该地区地表水资源丰富，嫩江和松花江流经该市，为地表水的储集提供了广阔的空间与通道。嫩江年径流量为 $59.2\times10^{8}\ m^{3}/a$（立方米/年），松花江年径流量为 $305.2\times10^{8}\ m^{3}/a$（立方米/年）。如充分利用目前的财力、物力和人力，合理、有效地重新调整水利设施，就可以搞好湿地水资源的调配工作，保证湿地生态系统的结构稳定性和功能的持续性。

4. 增设湿地保护区和综合治理示范区

城市湿地具有受公众普遍欢迎的景观特质、自然生态特质（自然特色浓郁、景观丰富多样、生物多样性丰富、生态效益显著、功能复合全面）、社会效益特质（游憩活动性质明确、历史文化内涵丰富、教育功能突出）和经济效益特质。在湿地受人类活动干扰和破坏日趋严重的情况下，除现有湿地自然保护区外，增设湿地自然保护区和综合治理示范区是保护现有湿地的有效途径。可根据不同区域湿地资源的实际特点，借鉴城市公园建设的成功案例，参照《中华人民共和国自然保护区条例》的要求，加强重点区域湿地建设和管理，建立综合治理示范区，因地制宜地采取物理、化学、生物措施进行治理，在取得一定经济效益和生态效益后，再申请各级别湿地自然保护区。

5. 建立可持续发展的湿地管理体制

由于湿地属多种类型土地资源，是涉及土地、水域、野生植物、航道、农田等的综合体，其保护与管理涉及多个行政部门，甚至多个行政区划，易产生资金的浪费和管理混乱。建议按照国务院办公厅关于加强湿地保护管理通知的精神，建立统一的协调与管理部门，将湿地保护纳入经济和社会发展计划，做好湿地的登记、确权、发证等基础工作，在大庆甚至黑龙江西部地区湿地生态建设上实现统一领导、统一规划、合理布局的有序管理局面。同时明确不同区域的湿地功能区的划分，通过对各区域资源和管理现状评估，编制保护区的管理计划，确定目标，分期实施，提高保护区管理的规范化水平；开展保护区人员的培训，提高管理人员的生态监测、野外保护、社区教育、科研和执法等方面的能力。

6. 加强湿地的研究工作

应积极整合相关科研院所、高校的力量进行湿地保护研究。可从以下几个方面开展工作。

（1）湿地政策和立法；

（2）湿地的调查和监测；

(3)湿地生态与效益研究;

(4)湿地功能的作用过程、机理研究;

(5)湿地影响评估和评价;

(6)湿地数字化研究;

(7)湿地鸟类与栖息地研究;

(8)湿地合理利用与区域可持续发展;

(9)湿地生态系统的恢复和重建;

(10)湿地入侵物种;

(11)湿地文化价值;

(12)湿地管理经验交流、社区教育和公众意识;

(13)石油污染湿地生态系统恢复的关键生态过程与技术;

(14)湿地征占用补偿、补助制度。

7. 加强湿地保护宣传教育,提高公众环保意识

在我国,人们对湿地的生态环境价值和可持续利用重要性还缺乏认识。湿地保护是一项群众性事业,需要社会各界的广泛参与才能完成,因此必须在全社会逐步树立新的资源环境观,让人们认识到湿地保护对于人类生存和经济社会发展的重大意义。在开展湿地保护的过程中,必须做好宣传教育工作,动员和利用一切必要的宣传力量和手段,营造浓厚的宣传氛围,广泛宣传湿地的功能、作用和湿地保护的重大意义,宣传党和国家相关决策和方针措施,让广大群众认识和理解开展湿地保护的重要性和积极意义,增强对湿地保护与监督的自觉性,从而使其成为每个人的自觉行动。

参考文献

[1] 马广仁. 中国国际重要湿地及其生态特征[M]. 北京:中国林业出版社,2017.

[2] 宋薇. 湿地旅游的美学思考[M]. 北京:人民出版社,2015.

[3] 邹婧. 黑龙江省湿地旅游产品开发研究[D]. 哈尔滨:黑龙江大学,2012.

[4] 程岭,孔祥伟,付松华,等. 黑龙江省湿地保护与生态旅游开发[J]. 国土与自然资源研究,2003(3):57-58.

[5] 张杰. 黑龙江省湿地生态旅游资源开发对策[J]. 湿地科学与管理,2007(1):48-51.

[6] 轩福华. 黑龙江省湿地自然保护区生态旅游可持续发展对策分析[C]. 2011 International Conference on Applied Social Science(ICASS 2011 V3). Changsha,China:智能信息技术应用学会,2011.

[7] 张杰,那守海. 黑龙江省湿地旅游资源与开发对策[J]. 东北林业大学学报,2004,32(3):91-93.

[8] 石长波,徐艳红. 黑龙江省湿地旅游资源开发与保护对策[J]. 对外经贸,2016(9):59-60.

[9] 石长波,王玉,汤姿,等. 生态文明视角下黑龙江省旅游业发展研究[M]. 北京:旅游教育出版社,2015.

[10] 戴放. 黑龙江省安邦河湿地自然保护区生态旅游资源评价[D]. 哈尔滨:东北林业大学,2006.
[11] 何颖. 基于生态优势的黑龙江城市湿地公园旅游文化产业发展的对策研究[J]. 文化月刊,2021(1):132-133.
[12] 杨丽娜. 基于生态优势的黑龙江城市湿地公园旅游文化产业发展的对策研究[J]. 大众文艺,2020(23):72-73.
[13] 王亚南. 大庆市湿地生态旅游开发研究[J]. 黑龙江科技信息,2012(4):120.
[14] 郑涛,崔守斌,裴仲旭,等. 黑龙江七星河国家级湿地自然保护区生态旅游开发的 SWOT 分析[J]. 哈尔滨师范大学自然科学学报,2011,27(5):68-72.
[15] 王燕华,冯安峰. 黑龙江省嘟噜河湿地旅游开发构想[J]. 理论观察,2010(3):128-129.
[16] 张春丽,闫万山,佟连军. 农户参与湿地旅游意愿的影响因素分析:以黑龙江省三江国家级自然保护区为例[J]. 湿地科学,2009,7(4):363-367.
[17] 曾涛. 兴凯湖湿地生态旅游资源分类评价、遥感监测与利用研究[D]. 哈尔滨:东北林业大学,2010.
[18] 韩吉权,杨志达,张嘉亮. 萝北县嘟噜河湿地生态旅游资源开发对策[J]. 黑龙江科技信息,2009(25):125.
[19] 吕东珂,于洪贤. 安邦河湿地自然保护区旅游环境承载力时空分异分析及调控策略[J]. 黑龙江农业科学,2008(6):60-63.
[20] 刘芳芳,于洪贤. 七星河湿地自然保护区旅游资源评价[J]. 黑龙江农业科学,2008(1):63-66.
[21] 张海鹰,任建群. 齐齐哈尔市湿地旅游资源开发对策[J]. 黑龙江环境通报,2006,30(3):14-16.
[22] 吕建树,刘洋,张祖陆,等. 鲁北滨海湿地生态旅游资源开发潜力评价及开发策略[J]. 资源科学,2011,33(9):1788-1798.
[23] 陈钰. 基于 SWOT 分析的湿地生态旅游可持续发展策略研究:以张掖市国家湿地公园为例[J]. 中国农学通报,2011,27(4):483-487.
[24] 曾涛,邸雪颖,杨光,等. 湖泊湿地生态旅游资源评价:以兴凯湖国家级自然保护区为例[J]. 东北林业大学学报,2010,38(5):110-113.
[25] 陶奎元. 盐城湿地与生态旅游[J]. 火山地质与矿产,2001,22(2):150-156.
[26] 董明辉,朱有志,庄大昌. 洞庭湖区湿地生态旅游资源保护与开发研究[J]. 资源科学,2001,23(5):82-86.
[27] 张运来,那守海,张杰. 乌龙国家森林公园生态旅游资源评价与开发[J]. 东北林业大学学报,2002,30(1):51-53.
[28] 庄大昌,董明辉. 洞庭湖区湿地生态旅游资源开发模式研究[J]. 人文地理,2002,17(1):73-76.
[29] 仇昊. 江苏海滨湿地生态旅游可持续发展模式研究[D]. 南京:南京师范大学,2003.
[30] 庄大昌,丁登山,任湘沙. 我国湿地生态旅游资源保护与开发利用研究[J]. 经济地理,2003,23(4):554-557.
[31] 王保忠,何平,李建龙,等. 南洞庭湖湿地文化遗产的生态旅游价值研究[J]. 北京林业大学学报(社会科学版),2004,3(4):10-15.
[32] 胡远东,许大为,缪丹. 大庆市湿地生态旅游资源的保护与开发对策[J]. 国土与自然资源研究,2005(1):65-66.

[33] 胡远东. 杜尔伯特蒙古族自治县湿地生态旅游可持续发展对策的研究[D]. 哈尔滨:东北林业大学,2005.

[34] 吕咏,陈克林. 国内外湿地保护与利用案例分析及其对镜湖国家湿地公园生态旅游的启示[J]. 湿地科学,2006,4(4):268 - 273.

[35] 吴相利,臧淑英. 伊春市森林生态旅游开发模式[J]. 经济地理,2006,26(6):1071 - 1075.

[36] 徐菲菲,万绪才,杨达源. 湿地生态旅游开发模式[J]. 生态学杂志,2007,26(5):771 - 774.

第七章　黑龙江省生态旅游的可持续发展

第一节　生态旅游可持续发展的概念与内涵

一、生态旅游可持续发展的概念

生态旅游是自然旅游的一种方式，与可持续发展密切相关。生态旅游可以促进旅游业可持续发展，是保护环境、维护生态平衡的最佳旅游方式，是实施可持续发展战略在旅游领域的最佳选择。旅游业的可持续发展对生态旅游在保护旅游资源及其环境、保护生物的多样性、提高民众生态意识、规范民众道德和行为等方面，具有比其他旅游形式更高的要求。所以，生态旅游本身就是旅游业可持续发展的重要基础，是可持续旅游发展的核心，也是可持续旅游的一种方法。

为了了解生态旅游与旅游业可持续发展的关系，首先一定要弄清楚生态旅游可持续发展的概念。生态旅游可持续发展是什么？它与通常的可持续发展有什么区别？简而言之，生态旅游可持续发展就是在生态旅游区内，以生态旅游方式，实现旅游可持续发展的过程。也就是说，它是以生态学理论为指导，采取对环境负责任，对旅游资源予以合理、有序、科学开发的，使历代人都能获得享受的一种旅游活动。

严格地说，生态旅游与可持续发展是两个不一样的概念，两者既有相似之处也有不同之处。其相似之处包含：使对环境的制约最小化，不损害自然环境，维持生态环境的可持续性；使地方经济收益最大化，尊重当地的文化和传统；使旅游者的满意度程度最大化；使区域或地域文化很少受到干扰；使旅游者为环境保护做出积极贡献；形成适宜的经济管理体制。其不同之处在于，生态旅游是满足未来可持续发展的一种形式，属于一种可持续的旅游活动，属于实际运作活动；而可持续发展是一种全面的思路，协调发展人类社会和经济环境，它是旅游业可持续发展的指导思想、方针政策，是发展目标和方向，具有整体运作和理性思考的特征。

生态旅游的可持续发展具有以下显著的特征。

（一）生态旅游可持续发展的运作场所

生态旅游可持续发展的运作场所是自然当中的生态旅游目的地，包含自然保护区的试验区、以森林公园和自然景观为主的景区、湿地和文化旅游项目，这些生态旅游区和景点以生态旅游为基础，形成了保护生态环境和生物多样性的区域单位。

（二）生态旅游是旅游可持续发展的最佳方式

可持续旅游发展最好的方式是生态旅游，这是一种对环境负责的旅游方式。在众多的旅游方式当中，很多都和可持续发展没有直接联系，许多传统旅游方式忽视对环境的保护，片面追求经济利益，破坏了生态环境。总结旅游开发的经验和教训，人类开始认识到一定要有一种既能直接接触自然，又能保护生态环境的旅游方式，这就是把环境保护作为主要责任和义务的生态旅游。

但有人持不同的观点，认为生态旅游也会破坏生态环境。造成这种误解的原因，主要是对生态旅游的概念不清晰，混淆了生态旅游与自然旅游二者的概念。事实上，生态旅游是以保护生态环境为主要任务的，提出在享受生态乐趣的同时，一定要用实际行动保护环境免受破坏。研究生态旅游可持续发展的概念，一定要把它与旅游方式视为一个整体来考虑。

（三）生态旅游可持续发展是合理、有序、科学开发旅游资源的过程

所谓旅游资源合理、有序、科学的开发，就是要坚持适度原则，合理开发利用旅游资源，尤其是在脆弱的生态区域。区域环境被破坏后很难恢复，因此一定要坚持适度的原则，不能对资源进行破坏和掠夺性的开发。只有对自然资源进行合理开发，才能使生态环境良性循环，完成旅游业可持续发展的目标。合适、有序、科学地开发旅游资源，一方面可以使当代人享受旅游资源，另一方面可以确保后代旅游和开发的权利不被损害。

二、生态旅游可持续发展的内涵

参考可持续发展的概念，生态旅游的可持续发展可以总结为在确保后代享有旅游资源的同时满足当代旅游者的需求，借助于对现有旅游资源的可持续开发，确保文化的完整性，生态过程、生物多样性和生命支持系统合理、有序地运转，实现生态旅游的经济效益、社会效益和审美需要三者的相互统一。进一步讲，生态旅游的可持续发展主要包含下面几点。

（一）生态旅游的可持续发展的重点要求在维持自然生态系统的可持续发展上

生态旅游的目标是整个自然生态系统，自然生态系统的可持续发展将成为生态旅游可持续发展的主要内容。生态系统是生物群落及其环境在给定空间内相互作用的连续统一的整体，由生物和非生物两个主要部分构成。系统内的生物群落即生命系统，包含生产者、消费者、分解者；非生物环境即非生物系统，包含阳光、空

气、土壤、水、无机材料等,两者构成了一个相对稳定的系统结构。在这个世界上,不管是哥斯达黎加的热带雨林还是肯尼亚的野生动物保护区,或是澳大利亚的原始土著部落、欧洲各国和新西兰的国家级公园,假如这些地方没有丰富的自然资源,没有独特的生态系统,没有多样性的生物和迷人的自然风光,怎么能吸引大批的旅游者?我国拥有森林公园、风景名胜区、世界自然遗产等 1 146 个自然保护区,他们构成了生态旅游的主要地区。因此,优美而丰富的自然环境是生态旅游的主要资源。自然生态系统经不起耗竭性消费,因此不管是旅游开发者、经营管理者还是旅游者,都不能推卸保护自然生态环境的责任,一定要在生态旅游实践中去了解自然,保护自然。这种生态环境保护包含自然生态系统的正常发展改变和周期稳定性的维持,同时保持人与自然的和谐,尊重地方文化。

(二)生态旅游的可持续发展包含促进区域旅游可持续发展的目标

推动生态旅游经济和社会的可持续发展是生态旅游的核心目的。具体体现在旅游景区内,个人的个体标准和社会的经济、文化标准两个方面。旅游区的居民是旅游社会文化的核心组成部分。要维持好自身发展,当地居民直接参与管理服务是必要的。从经济视角看,一方面,会增加他们的经济收入,从而为发展出力;另一方面,开阔他们的眼界,提高素质,进一步与现代文明接轨。

从全面性来看,一方面,生态旅游的健康发展有利于推动经济的不断增长,不断地为当地的经济发展和改革注入新的资金和活力。另一方面,增强旅游开发和管理人员、旅游者和当地居民对保护自然环境的认识,这能够使旅游者和当地居民自觉地保护自然环境,还有利于促进社会福利的公平分配,增加就业机会,有效地促进生态旅游以及社会和文化发展的全面进步及协调发展。

三、生态旅游可持续发展的要求

为了实现自然生态系统的可持续发展和旅游目的地的经济和社会发展,生态旅游的可持续发展一定要达到以下三个标准。

(一)生态旅游对环境的制约作用要控制在适当的范围内

把生态旅游对环境的制约控制在适宜的范围内,是生态旅游可持续发展的核心所在,也就是对环境承载力的控制。承载力是指在一定条件和一定的时间内人类活动的自然环境或生态系统的缓冲阈值。人们对于环境系统的自我调节水平,直接关系到自然环境的发展和旅游资源的开发。它是生态旅游可持续发展的核心指标,是从方针政策目标向具体目标转变的关键。尽管生态旅游的可持续发展也和其他指标有关系,如当地居民的生活质量有没有因为生态旅游的发展得到提高,资源消耗和资源的贡献是不是得到优化等,但从本质上说,这些指标是由环境的控制力和约束力直接或间接影响的。所以,在生态旅游的发展过程中,一定要确保可再生资源系统的恢复,以及在可以补偿恢复的范围内减少消耗。假如损耗超过了再生能力，可再生资源最终将被耗尽。非可再生资源要尽可能地减少消耗，适当地进行重复利用，并用高科技水平发展它的替代品。只有实现对生态资源的有效利用，才能确保生态旅游的可持续性，既达到当代生态旅游的需要，又不损害子孙后代的利益。

（二）实现旅游地经济效益、生态效益、社会效益三者的协调与统一

生态旅游应推动经济与社会、资源与环境的协调发展，完成经济、生态、社会“三者利益”相互和谐发展的首要条件是获得适当的经济利益。如上所述，旅游业的一个核心目标是提高人的生活质量。生态旅游作为旅游业的核心组成部分，在经济发展中发挥着核心作用。发展生态旅游，借助于适当开发、利用环境资源，获得一定的经济收益，一方面能满足旅游者对于旅游经济的需要，另一方面也能满足旅游开发者及当地居民的需要。在发展中国家，经济发展是实现可持续发展的核心条件，也是生态旅游可持续发展的核心因素，如果没有投资者和开发者的经济支持和帮助，单纯地保护环境工作是很难完成的，但是如果不能解决对资源的浪费和过度使用问题，那可持续发展也是不可能实现的。

其次，减少对自然资源的使用和浪费。开发生态旅游要坚持适度原则，尽量保证生物环境的完整性和一致性，从而取得良好的社会效益。生态旅游主体由旅游者、开发者和当地居民三部分组成。旅游者直接从旅游中获得更高的生活质量，满足追求知识的愿望，完成自我完善和享受的目的；旅游开发者和当地居民则更多地分享旅游收益。当然，这个份额应该是公平的，只有三个主体的需求都得到满足，生态旅游才可能获得可持续发展。

这三个利益一方面相互促进，另一方面又相互制约。良好的经济效益和社会效益是获得生态效益的基础；优化生态效益和经济效益，又能进一步促进社会效益的增加。其中任何一方受到影响都会在短期或长期内对可持续发展的其他两个领域的发展产生影响，进而制约旅游的可持续发展。与此同时，因为生态旅游可持续发展的特殊要求，三者之间如果出现矛盾的话，首先要把保持良好的生态效益放在第一位。

（三）充分发挥生态旅游对生态环境伦理教育的功能

生态旅游作为一种旅游产品，具有核心的生态理论教育意义。其一，生态旅游活动的主体众多，包含决策者、开发者、经营管理者、生态旅游者、当地居民，因为宣传和教育的作用，教育的目标是非常多的；其二，生态旅游环境教育效果比其他方式更直观、生动、有趣，它为旅游者提供感官上美的享受和神秘的冒险旅行经验，向人类展示自然科学的美景，为旅游者提供了一个接触大自然的机会，使旅游者对自然生态的复杂性、多样性，人与自然的共生，脆弱的自然环境有深入的理解和认识。生态旅游环境教育，有助于培养和增加人们对环境保护知识的了解，增强旅游者的环境保护意识，提高人们的整体素质，使人们在享受自然美的同时，树立自然和谐

的生态伦理观念。因此,具有非常深远的教育意义。

总而言之,生态旅游是当代旅游的发展方向,它是以自然生态系统为主体思想理念,关注环境保护,承担某些生态责任。与通常的旅游一样,生态旅游是经济、社会、文化等的综合体,因此,旅游目的地的经济、环境、文化等领域会受到一定的影响。可持续发展自从实施以来,因为对生态旅游的进一步发展和保护,推进了旅游业的可持续发展,所以对于旅游业和社会的进步具有重要的意义,不容忽视。

四、生态旅游可持续发展的目标

(一)生态旅游可持续发展思维目标模式

1. 二维目标模式

在生态旅游发展的早期,生态旅游可持续发展的主要矛盾是“保护”和“发展”。也就是说,要完成生态旅游的可持续发展,就一定要协调好保护和发展两个维度的关系。因此,可以建立一个保护和发展的生态旅游的二维目标模式。

2. 三维目标模式

随着生态旅游的进一步发展,从可持续发展的思想和理念出发,可持续发展是经济增长、社会变革、自然生态环境保护三者的结合。要完成生态旅游可持续发展的目标,需要完成经济、社会、生态环境的三维目标。因此,形成了生态旅游经济、社会、生态环境的三维目标模式。

3. 四维目标模式

生态旅游可持续发展的“二维模式”和“三维模式”都是基于当前可持续发展的共识,缺乏对于生态旅游的针对性。生态旅游是一种以生态旅游系统为基础,真正表达其生态旅游目标、方式、特征的生态旅游的基本理论。从“四体生态旅游系统”的视角看,生态旅游系统包含生态旅游的四个方面,即生态旅游者、生态旅游资源、生态旅游业和生态旅游环境。

(二)生态旅游“可持续”差异目标状态模式

生态旅游可持续发展的目标是一种理想状态,而对理想状态的理解不同引起了不同的“可持续”目标状态模式的形成。

1.“静态可持续”模式

“静态可持续”指的是生态旅游的可持续发展目标维持或保持在现有的平衡状态。从“静态可持续”的视角来看,专家希望生态旅游的发展不以牺牲环境为代价,生态环境的恶化会引起旅游活动的变化,这不是生态旅游的初衷,生态旅游的发展目标更适合于原有的自然区域,也就是说,在几乎原始的自然区域内,生态旅游的发展要求更易达到。为了完成这一目标,相关部门应采取一系列办法,如尽量减少开发和建设人造设施、建筑物，限制旅游活动或者旅游者在边缘区域活动。但是，有专家认为“静态可持续”的观点过于保守，“静态可持续”的生态旅游目标模式被认为是一种保守的生态旅游模式。

2.“动态可持续”模式

“动态可持续”模式有别于“静态可持续”。一种新的观点认为，生态旅游可持续发展的目标是改变不好的现状，寻求可持续发展和更高的可持续发展的一个新的平衡点，这被称作“动态可持续”模式。这种观点认为，相关部门应该为生态旅游的发展提供资源和空间，从生态旅游开发获得经济效益，用来保护和维持甚至增强自然生态环境的经济支撑。借助一些有效的办法来完成“持续增长”，如旅游者可以直接参与植树造林项目，为旅游目的地提供捐赠和资金，甚至提供志愿服务，这一模式更适合文化环境中的生态旅游发展。因为在文化生态环境当中，人们可以借助强化环境科学原则与生态科学的技术路线来改善环境。很多专家和学者认为，与“静态可持续”对比，“动态可持续”的模式相对更可取，更容易被接受，并且它也代表更加积极的态度。奥拉姆斯把“动态可持续”的目标模式看作是“积极生态旅游”。

（三）生态旅游可持续发展目标实现的途径

可持续发展目标的多样性和生态旅游的差异性，决定了生态旅游可持续发展目标的复杂性。可持续的生态旅游发展目标，既满足生态旅游的利益，同时也能实现自身的利益，这样生态旅游可持续发展的目标才可能实现。

1. 生态旅游可持续发展多主体受益者体系

Swarbrooke 认为，生态旅游的受益者不是唯一的，而是一个体系。生态旅游重点关注的是地方社区以及政府组织机构、旅游业、旅游者、保护机构、志愿部门、专家和媒体等相关受益部门，如地方社区的受益者也包括直接和间接在旅游业就业的人员、地方企业人员；政府机关受益的既有地方政府机关，还有中央政府机关等。

2. 生态旅游受益者的利益共生是实现其可持续发展的最佳途径

多目标的生态旅游和多主体的受益者，决定了要完成可持续发展的目标，一定要协调好客体与主体之间的关系。在完成受益者目标的同时，还一定要达到最佳、最持久的整体效益。生态旅游与主体众多的受益者协调发展是一项复杂的系统工程。从自然生态系统协调发展规律看，自然界协调发展的例子很多。“共生”的思想观点和理念是协调发展的核心。在此，借助“共生”的思想观点和理念引入生态旅游目标的可持续发展，探索生态旅游可持续发展的最佳方式——多目标和多主体共生。

（1）“共生”理论及其应用

“共生”是生态学的一个基本概念，指的是生物之间的生态联系，除了竞争、寄生、掠夺和原有的合作联系，还有一个重要的关系，即"共生"，指的是"互利共生"。共生的概念是由德国真菌学家 Dahary 在 1879 年的真菌研究中提出的。在理论方面来说，共生意味着两个不同的物种紧密地联系在一起，双方在共同的生活中获得利益，共生的结果往往使双方往更适合的生存环境发展，这促进了生物学的发展。科学家发现，自然界存在广泛的生物共生现象植物，最典型的如地衣，它借助真菌、藻类两种生物得以生存，而真菌、藻类各司其职，藻类负责光合作用，制造有机物提供给自己和真菌；真菌负责吸收水分、无机盐和二氧化碳供给藻类。犀牛和牛鹭也是典型的共生例子。

共生在哲学中的应用。在当今人类生存环境的危机面前，在寻求人与人、人与自然之间的正确联系方面，世界各国的科学家在回答这个问题的时候，虽然表达的方式不同，得出的结论却是一致的，即"人与自然共生"。俄罗斯专家认为"技术圈和生物圈"互利共生。1945 年，维尔纳茨基指出，人与自然的联系应该是借助于人与自然的共同努力来完成，将"生物圈"建成"智慧圈"来实现。马克西莫夫进一步完善了"智慧圈"的思想和理念，认为技术圈不应破坏生物圈，应该按照生物圈的规则标准，形成"技术圈"和"生物圈"的"共生现象"，即"智慧圈"。在"智慧圈"当中，技术圈代表人的主观能动性，生物圈代表着自然环境，也就是人与自然的关系应该建立一种理智、符合客观规律且能发挥人的聪明才智的、人与自然互利、技术圈与生物圈共生的关系。英国专家提倡自然和社会经济系统之间的相互调节和共生，如 Bennott 和 Chorley 合作撰写的《环境系统》一书，致力研究共生和环境问题，认为自然和社会的相互作用分为调节和共生。事实上，调节系统是基于小规模的能源和原材料，并在短时间内，小范围的人工改变和优化；共生系统是人们长期监测的结果，对于大规模的物质和能量，他们束手无策，只有借助于"共生"进行处理。我国的马世骏也提出了"符合生态系统"概念，探讨了生态系统的共生与协调发展。

在经济学中，袁纯清的《共生理论——兼论小型经济》认为，共生一方面是一种生物现象，另一方面也是一种社会现象；共生一方面是一种自然的状态，另一方面也是一种具有可塑性的状态；共生一方面是一种生物特征的识别机制，另一方面又是一种社会科学方法。因此，他将共生应用于小规模经济研究，得出了创新性的结论。

(2)生态旅游多目标的共生

共生应用于生态旅游是一种思想和理念的尝试，生态学中的共生联系通常是指二者之间的联系。可持续的生态旅游的目标系统有"二维"的目标模型，还有"三维""四维"的目标模型。应用共生思想和理念解决两个层次以上的目标是困难的，而继续对其进行研究的主要目的是进行思想和理念的探索，从而促进生态旅游的可持续发展。

从之前的研究来看，生态旅游可持续发展的目标是多维度、多层次的。思想和理念上有两个维度、三个维度和四个维度，每一个模型都是多层次的。因此，生态旅游一方面完成了单一层次的具体目标，另一方面完成了多层次、多目标的共生。从生态旅游的“二维”目标系统的可持续发展来看，从第一层次的目标分析，包括“发展”和“保护”两个方面；从第二层次来看，有旅游企业、当地社区、目的地国家、旅游体验四个子目标。同样，为了生态旅游的目标系统的可持续发展，生态旅游也一定要完成第一层次的目标，同时还要完成各自子目标的互利共生、进而完成可持续发展的最终目标，确保整个生态系统可持续发展。

(3)生态旅游受益者多主体的共生

如前所述，生态旅游受益者有八个，包含政府机构、旅游业、旅游者、当地社区、学术界、志愿部门、保护机构和媒体，这八个主体具有共同的特征——从生态旅游当中获得利益，即都拥有生态旅游利益；不同之处在于角色不同，承担的责任和义务不同。

五、生态旅游可持续发展的概况

旅游业因为优异的经济收益、较强的关联性和强大的驱动力，在全世界经济发展中起着核心作用。尤其是第二次世界大战后，国际环境得到改善，经济持续繁荣，各国之间的交流逐渐扩大，旅游业呈现出强劲的发展势头，逐渐成为国民经济的核心产业。20 世纪 80 年代，旅游业是全世界增长最快的产业，国际旅游收入年均增长率达 9%。在中国，因为改革开放的深入，旅游业在过去的 40 年中迅速成长，大量游客的刺激促进了旅游区经济的快速发展。许多地方的展览和旅游取得了显著的经济和社会效益，成为对外开放的核心产业。

在旅游业快速发展的过程中，因为旅游业特别的吸引力和发展的可持续性，生态旅游已成为游客最喜欢的旅游方式。生态旅游作为旅游业的核心组成部分，在全世界旅游业和中国旅游业中占有核心地位。在美国、法国和日本，每年去森林旅游的游客人数分别达到 3 亿、6 亿和 8 亿。1993 年，全球最大的亚马逊生物圈自然保护区和古巴萨帕塔沼泽保护区，旅游收入同比增长了 10%。哥斯达黎加生态旅游的收入占旅游总收入的 95%。最新资料显示，生态旅游已成为国际旅游业中增长最快的产业，每年 7% ~10% 的增长率，占旅游总收入的 20%。所以，发展生态旅游对于区域、国家和全世界都有着极其重要的意义。

在中国，生态旅游是一种新兴的旅游，始于 20 世纪 90 年代。1995 年，全国第一个生态旅游研讨会在云南西双版纳举行，标志着生态旅游得到充分关注。2000 年底，中国的森林公园有近 1 000 个，年平均接待游客人数达 5 000 万，创造收入 10 亿元。未来中国将成为全世界最大的旅游国家，预计每年将有 1.37 亿人参加生态旅游和交流。

生态旅游的发展对旅游业和整个国民经济的发展有着重大影响。在许多领域,生态旅游的发展不可避免地对社会环境有一些不利影响。但从总体来看,开展生态旅游获得的“利”要远远大于它所带来的“弊”。

六、生态旅游可持续发展的优势与前景

目前,中国的生态旅游虽然面临着一系列的问题和挑战,但从长远来看,旅游资源和环境条件的优势显著,发展生态旅游具有很好的市场前景。

(一)资源优势

中国在南北纬上跨越50度,东西经上跨越60度以上,地质条件复杂,地貌、气候多样,河流、湖泊等不计其数,1 500条河流流域面积超过1 000平方千米,有2 800多个面积在1平方千米以上的天然湖泊。中国还有大量的物种和生物群落。其中,高等植物近30 000种,占全世界总量的10%,居第3位,蕨类植物2 600余种,苔藓植物2 100余种。中国的动物资源也很丰富,包含414种哺乳动物,1 175种鸟类,196种两栖动物,315种爬行动物和2 100种鱼类,其中有很多是中国特有的。就陆地生态系统来说,除赤道热带雨林外,几乎拥有所有北半球的植被种类。这些分布在自然保护区、森林公园、风景名胜区和全世界自然遗产保护区的丰富资源,是生态旅游极佳的游赏对象。

截至2016年,我国设立的自然保护区的数量为2 750个,自然保护区的面积为147.33万平方千米,自然保护区占辖区的面积比重为14.9%。其中,国家级自然保护区的数量为446个,较2015年增加了18个。

除了丰富的自然资源、文化资源和生态旅游资源,中国独特的地理环境所形成的丰富多彩的生产、文化、信仰、社会礼仪、节日、居所、饮食、婚姻、丧葬、宗教等人文生态,同样是属于良好的资源。

(二)客源优势

中国有一个庞大的国内和国际旅游市场客源。随着国内经济的发展和居民家庭条件的提高,国内旅游业变得更加活跃。截至2016年,国内游客为444 000万人次,较2015年增长了44 000万人次。

在海外的旅游市场当中,欧洲、美洲、西亚、东南亚地区的人们对中国悠久的历史、自然、文化资源以及美丽的风景普遍有着较高的兴趣,每年都有大量海外游客前来旅游。其中,相当多的旅游者是生态旅游者。他们大多是在生态旅游中积累知识,到中国之后,多以欣赏自然、了解自然为目的,常深入偏远村庄、深山森林、村落进行科学考察。

（三）其他优势

除了资源和客源的优势外，生态旅游优异的外部社会条件也必不可少。在中国，国家旅游局、环境保护总局、林业局、中国科学院以及各省（区、市）人民政府、旅游管理单位，都对生态旅游事业给予很大的支持，对生态旅游项目倾注了极大的心血。这些重视和关心，加上当地的文化传统和社会条件，共同为生态旅游的发展创造了优异的外部环境。

生态旅游超越了传统的旅游思维方式，满足了当前人们的现实需要，因此，具有很强的发展前景，具体而言，主要表现在以下几方面：旅游具有较强的规划性，需要按照环境的要求和法律的规划进行，随意性不大，思想上不是以人类的需要为中心，而是以公平的态度来考虑人与自然的联系；随着社会的发展，人们的环境意识越来越强，这是生态旅游运作管理的一个巨大的潜在因素，但也决定了生态旅游将成为当代旅游的一支核心力量，引领旅游发展新潮流；生态旅游的发展前景是从保护到利用再到保护的循环过程，与可持续发展的自然经济和社会系统相符合，是一种新的旅游发展方式。

总之，人类社会在发展和前进，人类环境意识渐渐觉醒，旅游业的发展必然要走上可持续发展的道路，实现向“3E”模式——environmental integrity（环境完整）、economic efficiency（经济效率）、equity（公正秩序）的转化，即旅游业的发展要追求生态环境、经济和社会三者的可持续，而生态旅游的发展恰好符合这方面的条件与要求，因此发展前景十分广阔。

第二节　国内外生态旅游可持续发展现状

一、国内生态旅游持续发展现状

（一）维护三项国际桂冠的生态极品旅游胜地——九寨沟国家级自然保护区

1. 世界上最壮丽、最神奇的自然生态旅游之地

九寨沟国家级自然保护区（以下简称九寨沟）位于四川阿坝藏族羌族自治州九寨沟县中南部，东北距县城40千米，在岷山山脉中。景区由三条总长80多千米的沟谷构成，沟内因有荷叶、树正、则查洼等9个藏族村寨而得名。整个景区集翠海、叠瀑、彩林、雪峰和藏羌民俗文化于一体，动植物资源异常丰富。作为一个神奇的自然风景胜地，九寨沟被人们称为“世界第一水景”“神奇的绿宝石”，令人神往

的“童话世界”“人间仙境”等。1992 年被列入《世界遗产名录》,1997 年纳入“世界生物圈保护区”,2000 年成为中国第一批国家 AAAA 级景区其中之一,2001 年荣获“绿色环球 21”证书,2007 年经国家旅游局正式批准为国家 AAAAA 级旅游景区,成为世界上唯一同时具有三项国际桂冠的生态极品旅游区。

2.“保护性开发,规范性建设和人性化管理”的典范

九寨沟管理者为了保护这个已获得三项国际荣誉的生态旅游胜地,坚持“保护性开发,规范性建设和人性化管理”的可持续发展理念,使九寨沟能够维持竞争和发展优势。九寨沟人认为:“环境不是从祖先那里继承下来的,不能自由处理这些遗产,而是在后代那里借来的,我们起到了守护的责任,不能去损害和毁灭。”九寨沟人采取的生态保护办法包含以下三个方面。

(1)护林防火

在九寨沟景区的消防工作方面,他们首先成立了一个将珍稀植物引入园林的消防监控系统,制订了森林火灾预警的消防计划,成立了消防指挥部、专职消防队、巡山队、义务灭火保护站,投入巨资建设消防设施,坚持对当地居民进行森林防火的教育,坚持对游客进行九寨沟旅游信息须知的宣传,截至 2018 年九寨沟创造了连续 31 年无重大森林火灾的佳绩,截至 2017 年九寨沟的森林覆盖率为 49. 49% 、森林植被覆盖率为 69. 75% 。

(2)保景富民

卢卡斯博士说:“合适解决风景区居民生存与风景区保护之间的矛盾,是保护全世界风景区的一个重大问题,九寨沟人巧妙地解决了它。”九寨沟采取的主要办法如下:九寨沟景区内所有酒店关闭,在景区外规划建设了“九寨沟民俗文化村”,坚持景区内玩、景区外住的原则。近年来,九寨沟每年拨款约 800 万元作为景区居民的生活保障费,人均每个月不低于 600 元,同时安排 600 多名当地群众从事保护、管理和服务工作,妥善协调了“人民致富”和“环境保护”的关系,落实了可持续发展的方针。

(3)限量旅游

2001 年 7 月,九寨沟率先实施“限量旅游”的策略。根据规划和科学计算,九寨沟最大的环境容量是每天 12 000 人。九寨沟坚决按此环境指标操作,真正体现了九寨人“保护至上”的发展理念。“九寨归来不看水”是对九寨沟景色真实的诠释,也是对九寨沟人爱护环境、保护生态资源的最佳回报。

3. 坚持保护与开发双赢,实现生态可持续发展良性循环

九寨沟人也认为,旅游发展与环境保护应该是和谐一致的,只有以保护为前提的运作管理,才能实现双赢的发展,才能实现可持续发展的良性循环。九寨沟为了更好地适应自然环境和旅游景区的生态承受力,尽全力维持景区的自然形态和风貌。主要办法有以下几点。

(1)坚持特色建筑

九寨沟一方面有现代化的建筑风格,另一方面有当地藏羌民族的建筑风格。在形态和体量上,坚持与自然环境高度和谐的理念,把旅游中心、旅游转换中心建设成生态广场、停车场,这为九寨沟增加了一道亮丽的风景线。

(2)开辟绿色通道

九寨沟从1999年初,开通了绿色观光车,实现了旅客出行的循环统一,这比欧洲国家的绿色环保汽车计划还早了10年。与此同时,在60余千米的风景公路上,铺设了一条“黑色”沥青路面,建成了和景区颜色一致的观景亭。这种绿色通道一方面确保了旅游者的安全,另一方面减少了灰尘污染,解决了景区汽车尾气对环境的污染。

(3)强化排污治污

九寨沟景区和环保产业公司进行合作,在国内引进先进的全自动无水智能环境保护生态厕所,采用电子控制,自动更换清洁袋,自动打包区域排泄物,还配备了环保移动厕所;不仅彻底解决当地居民的生活垃圾和污水处理的问题,还建设了全景区统一的污水处理系统。

(4)实施人性化管理

管理是旅游品牌的保证。九寨沟为实施人性化管理目标,在风景区已通过ISO 9000质量管理和ISO 14001环境体系的评审认证。

(二)保护与发展并行,人与自然和谐的生态旅游区——黄山

1.“人类生态第一山”

黄山位于风景秀丽的皖南山区,横亘于黄山市歙州区、太平区及休宁、黟县之间,是我国赫赫有名的自然生态旅游区、国家级风景名胜区、自然保护区和森林公园。黄山位居我国十大名山之首,被誉为“世界公园”“人类生态第一山”。明代旅行家徐霞客在游历众多名山之后,对黄山的评价是“五岳归来不看山,黄山归来不看岳”。黄山生态优美,物种繁多,峰林地貌独特,冰川遗迹丰富,1990年12月被列入《世界遗产名录》。联合国专家考察后指出:“黄山的自然美和自然文化世界罕见”“在我看过的山中,它是最特殊,最绝妙的。”

2.黄山自然环境遭受破坏的苦难经历

黄山开放以来,旅游者逐年增多。20世纪80年代初,黄山旅游者每年仅40多万人次。没过几年,就达到100多万人次,至90年代已快速发展到200多万人次。游人增多,设施增量,带来的环境问题越来越突出。黄山风景区虽然采取过很多措施进行控制,但生态环境的破坏仍然有增无减。有关资料显示,在20世纪90年代以前黄山在水环境、大气环境、生态、生物多样化、文化遗物等领域均遭受了不同程度的破坏或污染。

（1）水污染源调查

水污染主要来自旅游者及管理服务设施所排污水、污物，如生活污水、粪便、垃圾，这些污水和污物未经处理直接排入各溪流，污染了水质。例如，1984 年温泉、北海、玉屏楼三处排出的生活污水分别达 3.32 万吨、2.98 万吨和 1.45 万吨。为了解决山上缺水问题，黄山在云谷寺和西海分别建设了三座水库。通过对这三座水库水质取样监测，发现西海水库 pH 值超标，并有微弱气味。云谷寺水库 COD（chemical oxygen demand，化学需氧量），NH_3-N（氨氮含量指标）的含量比其他两个水库稍高，这是因为云谷寺水库受到来自玉屏楼、天海等地生活污水和垃圾堆淋溶水的污染。黄山有几条纳污溪流，其中，逍遥溪受纳温泉区、黄山管理局及其宿舍等排出的污水，丞相溪受纳玉屏楼、天海污水，莲花沟受纳玉屏楼分部和玉屏楼的排污。经监测，逍遥溪污染严重，COD 明显高于其他溪水，尤其在温泉区一带溪水有微弱的臊气味，水微浑浊，时见食品包装物。温泉区 BOD5（biochemical oxygen demand，生化需氧量）每年的排放量为 470 千克，COD 为 565 千克。

（2）垃圾状况调查

黄山生活垃圾主要来源于旅游者和管理服务人员抛弃的生活废物，包括塑料瓶盒、废纸、金属罐头盒、玻璃瓶、果皮、残剩食物、煤渣等。这些在温泉区和云谷寺区的垃圾已集中运到风景区外的白亭垃圾场处理；山上各服务点的垃圾因不便清运，多堆放在山沟和凹地，共有 10 多处。另外，散布于路旁、水中和沟涧的零星垃圾随处可见。据调查，1985 年黄山景区形成的粪便 3 001.12 吨，多直接排入莲花溪。在 1985 年 1 月至 9 月温泉区形成生活垃圾 2 765 吨；在 1983—1985 年三年内沿山道路和山顶景区堆放垃圾 3 379 吨，1983—1985 年 7 月全山烧煤 4 536.2 吨，形成煤渣 3 000.4 吨。

（3）大气环境质量调查

黄山景区的主要污染源为生活燃料排出的废气和交通运输车辆的扬尘。据调查，温泉区至云谷寺和温泉区至慈光阁两条公路长 9.02 千米，为砂石路面，汽车扬尘量较大，使局部大气总悬浮微粒严重超标，尤其是揽胜桥头扬尘极为突出。全山大、小锅炉 15 台，排放烟尘 135.9 吨，用煤形成的烟尘未经处理直接排入大气中，结果造成大气总颗粒物质和 NO_x（氮氧化物）的检出率均为 100%。黄山宾馆 SO_2（二氧化硫）的检出率高达 31.5%，北海为 21.05%。整个黄山风景区的总颗粒物质浓度范围为 0.12 ~ 0.36 mg/m^3（毫克/立方米），NO_x 的浓度范围为 0.006 8 ~ 0.07 mg/m^3（毫克/立方米），总悬浮微粒的日均值都超标。桃花区超标率 100%（5 天超标）；黄山宾馆及北海景区各有 4 天超标，为 80%；云谷寺和玉屏楼各有 3 天超标，为 60%，逍遥亭有 1 天超标，为 20%。

（4）生态环境破坏状况调查

在 1985 年以前，黄山山林每 20 年有 5 次火灾，烧毁森林 2 平方千米；因为森林遭砍伐，森林覆盖率由1955年的75%降至1987年的56%。北海万松林年均砍伐500立方米，1979年砍伐1 200立方米，因为修路采石、掏砂、取土，温泉区至云谷寺公路胡老四桥段两处山体破坏面积为6 100平方米，采石达上万立方米。汤河口大桥处冰川漂砾，被洗劫一空；修建温—云公路造成山体裸露面积达3 600平方米；二龙桥至芙蓉居的公路破坏面积达4万~5万平方米；云谷寺—白鹅岭索道长2 804米，共毁坏山体面积9 370平方米，并在修索道和掩埋电缆时，毁林24 850平方米；埋设电缆破坏登山石阶和山体2 000平方米；修建西海水库，使树干胸径少至10~20厘米，树龄百年以上的黄山松以及杜鹃花、天女花、四照花、灯台树等均遭到破坏；在修建黄山车站、道班、逍遥亭家属区住宅时，毁山场植被达9.3万平方米；云谷山庄占地7 600平方米，在工程施工中损坏山场面积达2.2万平方米；光明顶修气象雷达工程，炸平山体100平方米。由上可见，黄山遭受破坏的创伤是惨痛的，这就给治理黄山、保护生态环境、实施可持续发展的规划提出了很高的要求。

3. 黄山立足于人与自然和谐发展的生态治理和保护措施

黄山自1990年被列入《世界遗产名录》后，就开始按照“严格保护，统一管理、合理开发，永续利用”的方针，切实、有效地对黄山这一世界双遗产的真实性和完整性进行保护性开发。黄山风景区明确提出：“保护风景名胜区自然地貌，使其不受破坏；保护风景名胜区自然生态环境系统，使之永续利用；保护景区内原生物种资源，使之不致减少和灭绝；保护人文古迹和景观资源，使之不受破坏。”在保护的前提下，立足人与自然的和谐统一，对景区进行合理开发。

（1）保护森林生态系统及生物多样性

①护林防火。黄山是“华东植物宝库”，天然植物有1 805种，因此，一定要保护森林免受破坏。为此，黄山成立了森林防火指挥部和专业的防火队伍，并制定了《黄山风景区森林防火工程规划》，实行全天候戒备，严禁旅游者携带火种进入景区，从根本上杜绝火灾隐患；成立天平矼和马鞍山两座防火瞭望哨；与中国科技大学联合设计计算机图像的“火灾报警系统”，制定火灾科学技术标准；在森林防火指挥部成立了中继水网工程，有效解决了生态保护区防火的问题；与指定景区周边消防区以及周边地区消防签订协议，实行联防，共保黄山风景区。

②防治松树“艾滋病”。松材线虫病被称为松树的“艾滋病”。朱镕基曾批示：“松材线虫要注意，黄山奇景要保护。”黄山为防此病虫进入，专门成立了森林防虫害指挥部，成立植物检疫站，按照执行检疫标准，拒绝一切松木和制成品进入景区。为提高防虫科技含量，与安徽农业大学等合作开展了景区监测预防松材线虫的课题研究，获得了安徽省科技进步奖。与此同时，还组织实施了生物隔离带工程，在黄山风景区周围形成了一个宽4 000米、长100 000米的非松树林防护隔离带，以截断其传入渠道。

③保护古树木。首先对古树名木的生长环境、分布规则、土壤特点等进行研

究。其次,制定了保护制度,成立了科学技术保护档案。2001 年,对列入世界名录的 54 棵名松古树,确定了日程监护和科学技术管理负责人,实行分级挂牌管理;对景区古树采取竹篱笆围护;向专家咨询解决树木生长弱等问题,采取复林措施恢复古树活力;对迎客松进行特殊护理,确定专人进行全天候的守护。

④保护生物多样性。黄山市生态旅游区野生猴谷管理中心成立,对我国特有的二类保护动物短尾猴实行专业化、科学化的保护和管理;狮子峰、丹霞峰、莲花峰等几个景区先后进行了一般为两年的轮休,更好地促进生态恢复和环境的休养生息。与此同时,对华东地区现存的一块高山沼泽地实行科学保护。

(2)治理生态环境污染

①改革能源。为防止污染生物资源,自 20 世纪 90 年代以来黄山进行了四次能源革命。最初是改烧柴为烧煤,再由煤改成油,由油改气。后来,风景区斥资 6 000 万元,建设了输变电站,全山完成保洁电能供电。

②强化环卫工作

景区加大对环境卫生的投入力度,组建了一支近 200 人的“黄山美容师”环卫专业队伍,在登道旁依山就势设置简易垃圾池 700 余个;全面实行垃圾袋装收集、分拣及处理,做到日产日清;并按国际卫生标准改建了 8 座旅游公厕。

③水污染处理。黄山先后投资 5 000 万元,成立了一个清洗中心、洗菜中心和垃圾处理站,并实行全山净菜上山,垃圾下山,散装的洗涤剂和废弃物全部在山下进行处理;景区狠抓污水的处理设备,投资 1 000 多万元建设污水处理设施;在山上的酒店建设先进的环保水系统,所有的污水地区都需要进行净化。

④分片保护。管理部门把黄山分成 6 个游览区、5 个保护区、1 个缓冲保护带,明确规定了游览区内不得随意建设。

(3)强化环境监测

环境监测站建设在黄山的最高处,对全山的水质、大气污染、噪声等多个生态环境因素进行常年的实时监测;并与安徽环境监测中心合作,编写了《黄山风景区环境质量评估与可持续发展方战略研究》,建立了环境质量化指标体系。经过不懈努力,使黄山森林覆盖率由 20 世纪 70 年代的 56% 提高到现在的 83.4%,植被覆盖率达到 93.6%。

(4)保护黄山文化遗产

黄山文化底蕴丰富,现有摩崖石刻 200 多处,历史上各个时期修建的古道、古桥、古亭有近百处,历代歌颂黄山的诗赋达两万首,以黄山为题材的“黄山画派”已成为文化遗产。黄山坚持自然和文化并重的原则,有计划地对文化遗产进行挖掘、修复、管理和保护。

(5)以游客教育中心为载体进行教育普及

在黄山温泉景区的慈光阁,建立了黄山资源保护宣传教育中心,组织游人观看黄山资料片，参观黄山历史展览。世界知名环境专家在黄山考察后赞道："黄山的管理水平是国际先进水平，一些办法似乎很笨，但很有效，有效的才是先进的。"并欣然题词："人类生态第一山，永葆其'甲天下，秀春秋'"。

（三）生态环境保护的宏伟行动——"东方伊甸园"武夷山

1."秀甲东南"的生态旅游佳地

武夷山位于北纬27°32′～27°55′，东经117°24′～118°03′，总面积999.75平方千米，包括武夷山风景名胜区、武夷山大峡谷生态公园、武夷山自然保护区和闽越王城遗址区四个部分，是目前我国最大的世界文化和自然双遗产地。

武夷山以"碧水丹山"之美，秀甲东南。其峰劈地而起，秀拔奇伟，峭拔峻丽，曲水净碧，是典型的丹霞地貌风景区。同时文化底蕴深厚，被称为历史文化名山，是集碧水、丹崖、幽谷、林木、寺庙、宫观、书院、悬棺、摩崖石刻等为一体的自然、人文融合型风景区。武夷山有36峰、72洞、99岩，以及人文景点共108个景观，有"三三秀水清如玉、六六奇峰翠插天""武夷山水天下奇，碧水丹山处处诗"之称。

2.武夷山的环境质量监测系统

1999年12月，武夷山与山东泰山、安徽黄山、四川峨眉山和乐山大佛等都被《中国文化遗产》收录其中。武夷山风景区管理局按照世界遗产地和自然保护区的要求，开展系统的自然环境监测和评价工作，成为我国生态旅游区启用科技手段研究和保护生态旅游资源、合理使用和可持续发展的典范。

（1）对空气负氧离子含量的测定和评价

武夷山从2002年开始进行生态环境调查，测定空气负氧离子是环境监测的一个核心内容。众所周知，负氧离子对人体健康有诸多益处，如对降低血压、增强心肌、改善睡眠、振奋精神、激活肌体多种酶、促进新陈代谢、增加镇痛作用、增强身体免疫力和抗病水平等都有明显的效果，故被人们称为"空气维生素与生长素"。它是评价空气清洁程度的指标，也是无形的旅游资源。武夷山管理者为了把握这种无形的旅游资源，积累相关的科学资料，选择了14个测点，进行空气负氧离子的测定。监测资料显示，武夷山的负氧离子旅游资源有如下特征。

①空气负氧离子水平各点普遍高。据14个测点观测结果显示，空气负氧离子平均值超过10 000个/立方米的有红河谷、翡翠瀑布、云窝雪花泉等10个地区，平均值最高的青龙瀑布达66 034个/立方米，该点最高值能达112 000个/立方米。全景区超过60 000个/立方米的测点有3个。

②瀑布周围负氧离子含量最高。瀑布在下跌中，可击碎空气中的氧分子使之分解为带正负电荷的正、负两离子，这就是人类所说的雷纳德效应（又称喷筒效应）。经实测，武夷山瀑布周围负氧离子平均达52 087个/立方米，在各测点保持最高含量。以下依次是：小跌水处为20 424个/立方米，溪流处为2 753个/立方

米，树林为1 839个/立方米，人工草坪为925个/立方米。

③所有测点CI(air cleaning index，空气清洁度指数)值都达到清洁标准。武夷山所有测点CI值均大于0.7，已达到适宜旅游的标准含量。

(2)大气污染物的监测和评价

武夷山风景区管理者在天游峰与陈村汉城遗址区布设了两个大气污染物监测点，分别于2001年第三、第四季度及2002年第一、第二季度对大气和总悬浮物颗粒进行了监测，结果显示，两地均优于《环境空气质量标准》(GB 3095—1996)中的一级标准。

(3)地表水质监测与评价

武夷山风景区管理者按照地表水环境监测要求，在景区内布设了六个采样点，对20项指标进行了监测分析。其结论：武夷山地表水达到《地表水环境质量标准》(GHZB1-1996)的Ⅰ类标准，其他大部分指标也优于国家一级标准。

(4)噪声环境质量监测与评价

在噪声环境监测方面，武夷山共布设了105个测点(500×500米网格中心为一测点)。测得噪声结果：平均值为42.99分贝，其中6个测点的噪声分贝值超过《城市区域环境噪声标准》(GB 3096—93)中的“0”类标准，其余点位噪声值均达到“0”类标准(即白天50分贝，夜间40分贝)。

3.生态旅游运作管理前景的全面评价和建议

武夷山在对负氧离子、大气、地表水和噪声环境进行了科学研究和监测后，参考武夷山生态旅游运作管理实际，提出了本风景区生态旅游运作管理的评价意见。

(1)武夷山风景区森林密布，水资源丰富，空气中负氧离子含量高，空气清洁。

(2)武夷山风景和环境好，是开展生态旅游的好地方，可申报国家级生态旅游示范区。运作管理时，在负氧离子含量高的地段，应建立负氧离子资源介绍标牌，并可策划负氧离子呼吸区。

(3)在云窝—天游景区和武夷山生态公园大峡谷可以开辟漂流旅游线。

(4)在红河谷和翡翠谷可以开辟空气负氧离子生态旅游线路体验。

4.启动世界遗产保护二期工程

2002年，武夷山市政府和武夷山风景区管理者对武夷山景区的可持续发展和高质量的旅游发展进行了充分的论证，提出了武夷山世界遗产保护工程建设的两个想法。该项目包含基础设施建设、智能计算机管理、旅游、环境保护、观光车等，基础设施建设包含道路网建设、终端建设、景区植被优化、服务设施、景区改造等建设。智能计算机管理系统是集订票、售票、调度、服务、娱乐等为一体的一卡通系统，线路全长35千米。该系统包含售票系统、预订系统、调度系统、信息系统、办公自动化系统、财务会计系统、智能监控系统7个子系统，借助这个管理系统，武夷山风景区实行封闭式的智能化管理。观光车使用欧洲旅游标准的绿色汽车，游客乘坐观光车进出景区"世界文化遗产"保护项目,将"保护"放在第一位,力争每一铲、每一挖都要体现出可持续发展,体现出武夷山的环境保护措施。武夷山管理委员会主任说:"我们做的一切,都是为可持续发展,只有可持续发展才是硬道理,我们所做的一切都是为了使武夷山成为'中国人的永续利用自然资源的象征',让其永远成为'世界环境保护的典范'。"

(四)生态教育的核心示范基地——三亚南山文化旅游区

1. 旅游区概况

三亚南山文化旅游区是海南省重点建设项目,投资总规模为60亿元,规划面积34.7平方千米。1995年11月正式动工后,经两年半施工,于1998年4月建成七大主题公园之一的佛教文化苑,并正式向社会开放。按照规划设计,该园是融汇中国民族和民俗文化、热带海洋风光、生态环境保护、佛道文化为一体的,能够进行旅游观光、度假休闲、学术交流、文化考察、生态教育等全方位、多层次的国际性文化旅游园。

2. 保护生态环境和发展生物多样性为建园目标

三亚南山文化旅游区从项目建设初始就十分重视项目与景观环境的协调,严格控制项目建设中的污染问题,坚持保护生态环境和发展生物多样性的原则。两年多来,该园共种植和移栽8 000多棵大树、数十万株小树和鲜花,铺设25万平方米草坪,整治排水沟,禁止乱伐滥砍树木,在恢复和保护生态领域投入资金5 000多万元。昔日荒山秃岭,如今已绿草茵茵、树木郁郁。1997年8月3日,海南省国土环境资源厅授予南山"生态环境恢复和保护示范工程"的称号;1998年1月,确定它为海南省生态环境恢复和保护示范区;1998年2月,在海南省国土环境资源厅和中国环境科学院主持下,把南山列为在全世界旅游区中第一个实施ISO 14000环境管理系列国际标准的景区。现在,海南省教育厅把南山文化旅游区设立为"海南南山生态环境保护教育基地"。总之,三亚南山文化旅游区对本地和全社会生态环境保护意识的提高具有深远意义。

(五)严格限制上山游人数量的云南丽江市玉龙雪山风景区

与众多自然风景区不同的是,丽江市玉龙雪山风景区的经营管理者并不认为旅游者越多越好。他们认为应做好环境保护工作,严格限制旅游者数量,并对旅游者携带的物品进行严格把关。

1. 玉龙雪山概况

玉龙雪山位于云南省丽江市,是全世界纬度最低的海洋性冰川分布区。这里有大、小山峰70多座,主峰扇子陡,海拔5 596米,终年白雪皑皑。玉龙雪山所处纬度低,从山脚干热河谷植物景观到山顶现代冰川积雪带,共有7条自然景观带,境内森林覆盖率达43%，拥有20余种国家保护的珍稀濒危植物、800多种种子植物模式标本产地的植物和800余种药材，被人们称为“罕见的植物王国”。

2. 以保护生态环境为旅游项目设计原则

1993年，玉龙雪山被云南省确定为省级旅游开发项目后，开发者在建筑旅游设施时，首要设计原则就是生态保护。他们经过3年考察，从120条上山线路中选择了1条对原始森林破坏最小的线路；从7条线路中选择了1条对森林破坏最小的上山公路线。

3. 严格控制上山游人数量

为了保护生态环境，玉龙雪山管理者坚决采取限制游人上山数量的办法。为使雪山风貌不因游人过多而遭到破坏，上山索道的设计指标限定在每小时420人左右，并且不允许旅游者自备交通工具上山。为此，管理人员准备了6辆“巴士”免费运送游客。旅客可以把照相机带到山里，行李、饮料、香烟、打火机和火柴等其他物品不能带到山上。玉龙雪山的生态保护措施受到世界人民的赞誉，人们称之为“国内旅游风景区环境保护意识最强、生态旅游最好的风景旅游地”。

4. 面对新的开发问题

近几年来，科学家经过对玉龙雪山冰川的研究发现，玉龙雪山上的积雪急剧减少，雪山旅游前景堪忧，在海拔4 200米以上地方，分布着大小19条冰川，由于在北半球距赤道最近的地方，所以对气候环境的变化反应最为敏感。现在冰川每年以近30米的速度在减少，而雪山上常年堆积积雪的雪线也在以每年15～20米的速度上升。有关专家认为，造成冰川规模减小的因素有两个：一是全球气温升高，二是旅游的过度开发。特别是索道开通后，上山的游客总量增加了，旅游设施也相应地增多。丽江地区热量散发得多，必然造成区域性的“温岛效应”，雪山随之受到影响。雪山冰川的后退、积雪减少的现象已引起丽江旅游部门的关注。为了解决这一问题，他们采取控制玉龙雪山旅游者数量，增加区域植被覆盖面积，建设人工湖泊等办法，强化雪山生态旅游资源保护。

（六）广东肇庆星湖风景区的生态文明规划

1. 肇庆星湖风景名胜区概况

肇庆星湖风景区由七星岩和鼎湖山两大景区组成。七星岩景区因七座岩峰列峙如北斗七星，故得名。七星岩总面积8.23平方千米，有五湖、六岗、七岩、八洞之景。湖面约6.49平方千米，占整个景区的近80%，湖堤划分为五个湖：东湖、青莲湖、中心湖、海波湖、里湖。鼎湖山是我国成立最早的国家级自然保护区，有“都市原始森林”之称，联合国“人与生物圈”机构在此建立生态定位研究站，它位于肇庆市东北部，包含鼎湖、三宝、凤来、鸡笼、伏虎、青狮等10座山峰，面积11.33平方千米，主峰鸡笼山海拔约1 000.3米，山势雄伟，为岭南四大名山之一。这里层峦叠嶂,绿荫蔽日,山幽气清。据实测,负氧离子高达 105 600 个/立方米,是现在我国最为著名的"大氧吧",区内生长着 1 856 种野生高等植物,200 000 平方千米生态收益林,1 000 多种野生动物,被誉为"天然动植物王国"。

2. 继承保护生态环境的历史文化传统

鼎湖山山幽水美,空气清新,这与历史上的禁山禁伐有直接联系。这里有两块禁伐护山碑,一幅摩崖题刻。一块是清乾隆八年(1743 年)鼎湖山白云寺众僧与山主梁氏共同签订《护山碑》,文曰:"为使山清水秀,树木森蔚,僧俗应齐心协力,卫护山场,不得擅伐竹木,禁止在山上做工、采柴,以保护祖宗百年树木。言出必行,断不徇情。"另一块是清光绪十九年(1893 年),肇庆官府在鼎湖山竖起《禁伐树碑》,文曰:"鼎湖山左右树林,既经迭次封禁,周围所植树木,应永远封禁,擅行砍伐,严惩不贷。"一幅巨大摩崖题刻是明朝地方官员刻于七星岩的岩峰上的,文曰:"岩石勿伐",意思是禁止砍伐树木、破坏岩石。

3. 投巨资划界立碑,确定风景区保护范围

要保护生态环境,一定要正确处理好下列关系,即景区资源保护与城市建设的关系、人与自然的关系、景区管理与经营的关系。其中,解决好景区地界、卫生环境保护和文明经营三大问题是难中之难、重中之重。过去,星湖风景区的用地权属一直不太明确,由此造成了管理混乱等问题。1995 年,原肇庆市旅游委员会耗资 2 500 万元统征土地 8 700 平方千米,收回非法占地 2 000 平方千米,并通过全面调查取证,勘界和协调工作,在风景秀丽的国土边境上设立了 99 个界碑,办理了该景区的国有土地使用证,使星湖风景区成为全国唯一树立了景区界碑,并取得了合法地证的国家级风景名胜区,从而解决了保护风景区资源和生态环境的最根本的问题。根据环境保护的规定,景区拆除了乱搭乱建建筑物近 400 间,并将这些"窝棚区"改造为生态优美的植物观赏区。

4. 严抓卫生环境保护,实施文明经营

七星岩风景区管委会为保护好 6.5 平方千米的湖面和 7 座奇异的岩山以及这些"湖中湖"的水质,采取了一系列环境保护办法,如对景区内酒店等有污染源的单位所排出的污水实行全部净化处理;在景区的村庄建起了环村道路排污设施,防止生活污水入湖;采取局部干湖、清挖湖泥的办法,长期坚持清捞湖面水草、杂物,以改善水质;在湖堤大量种植蟛蜞菊植被来过滤湖堤上的污水等。自 1990 年以来,旅游委员会共投入 1 000 多万元用于景区的环境整治和湖水净化工程建设。目前,景区的空气质量达到国家一级标准,水质达到国家地面水二类标准,噪音控制在 55 分贝以下。此外,景区内环境卫生机构健全,队伍整齐,设施齐备,并对保洁员实行了与效益挂钩的路段责任制管理,保证了景区环境的卫生整洁。在文明经营方面,景区采取了有效的管理办法,如对迎宾员、导游员进行职业培训,在商业经营网点设文明经营监督岗等。

二、国外生态旅游持续发展现状

（一）国外生态旅游可持续发展概况

一般认为，生态旅游最初是从欠发达国家开始的，因为它们有着丰富而独特的资源。其中，非洲的肯尼亚和拉丁美洲的哥斯达黎加是发展生态旅游的先行者。非洲肯尼亚素有“自然旅游的前辈”之称，是生态旅游发展较好的国家之一。事实上，肯尼亚最初发展生态旅游是被迫的。肯尼亚以野生动物数量大、品种多而闻名。20 世纪初，在殖民主义的统治下，野生动物被大量猎杀，狩猎人员和受益者大部分是白人。1977 年，在肯尼亚人民的强烈要求下，政府宣布全面禁止狩猎。于是，一些因此而失业的人开始开辟新的旅游方式，并提出“请用相机拍肯尼亚”的口号。自 1988 年以来，旅游业已成为肯尼亚最大的外汇收入来源。1989 年，吸引了 65 万游客。

哥斯达黎加是拉丁美洲开展生态旅游比较好的国家，这个国家开展生态旅游是以保护森林资源为初衷的。该国于 1970 年成立国家公园管理局，设立了 34 个国家公园和保护区，开展了非破坏性的森林生态旅游活动。国家对开展生态旅游活动。制定了严格的法律，设立了专门机构来监督其执行情况。到 20 世纪 80 年代中期，旅游业的外汇收入已成为这个国家最大的外汇来源，取代了传统的咖啡和香蕉的地位。

此外，在经济发达的国家中，美国是开展生态旅游比较成功的国家之一。美国黄石公园是世界上第一个国家公园，开辟了世界国家公园的先例，每年有成千上万的旅游者到黄石公园旅游。欧洲各国及日本、澳大利亚、新西兰等国家和地区的生态旅游也开展得丰富多彩，它们制定了相关的法律和规范，以确保生态旅游业的发展和进步，并培养了一批从事生态旅游商品开发和经营的专业机构、公司。

虽然“生态旅游”的概念和说法越来越普及，并且越来越多的报道或各种的旅游宣传材料层出不穷，但这种旅游产品远未到成熟期。在全世界旅游市场份额当中，它只占 3% ~7% 。生态旅游的概念始于 20 世纪 80 年代，并在 20 世纪 90 年代得到传播和发展，生态旅游的研究也随之发展和延伸。

1980 年，美国著名科学家 Hawkins 出版了《旅游规划与开发问题》的论文集，并且收录加拿大学者 Moulin 的一篇题为《有当地居民和社团参与的生态和文化旅游规划》的论文。这篇论文虽然使用了“ecological tourism”（生态旅游）的概念，但它是针对乡村旅游发展中的自然环境和人文环境而言的。乡村旅游当中的“软旅游”概念，可理解为“将旅游者与风景、生活方式、氛围和风俗习惯融为一体但并不破坏它们”，它没有严格意义上的概念。

20 世纪 80 年代中期以来，人类对自己所生存的环境越来越关注，旅游业发展对环境影响的研究也越来越多。1986 年,在墨西哥举行的国际环境会议中,讨论了生态旅游的未来发展。1987 年,世界自然基金会(World Wide Fund for Nature or World Wildlife Fund,WWF)对拉丁美洲和加勒比海地区的 5 个国家发展生态旅游的情况进行了分析,并于 1990 年发表了一篇名为《生态旅游:潜能与陷阱》的分析报告。该报告分析了这些国家的旅游开发的发展进程、策略方针政策和管理,并且此报告对这些地区乃至世界的生态旅游发展产生了重要影响。

1991 年,美国商务部经济发展局在密克罗尼西亚组织召开了题为"太平洋地区的生态旅游与小生意"的研讨会。出席会议的一位澳大利亚学者在会议后说:"在会议上,讲生态旅游的银行家多于生态学家,讲生态旅游的开发商和建筑师多于生态学家,讲生态旅游的州长多于生态学家,讲生态旅游的官员多于生态学家。"他感到了责任所在,认为"是生态学家和环境保护者控制生态旅游语言使用的时候了,将生态学植入生态旅游中去是个急切的任务"。他试图强调生态旅游和传统的探险旅行甚至简单的自然旅游不是一回事。生态旅游的特点是在享受自然的同时,要为保护自然做出贡献。

20 世纪 90 年代以来,生态旅游国际化分析不断深入,越来越多的专家认为,生态旅游本身并不能拯救正在消失的生态系统。

生态旅游是在自然旅游的基础之上发展起来的一种特色旅游服务项目。生态旅游和其他形式的旅游有很大的区别和不同,理解这些不同是非常重要的。生态旅游本质上是一种大众旅游。但是,生态旅游与大众旅游在旅游的吸引力、旅游资源的基础、旅游者的需求和旅游方式等方面存在较大不同。大众旅游的主要特点是旅游人数众多,旅游的路线为大家所熟悉,产品标准化程度高。旅行社经营者往往采取薄利多销的策略方针,而生态旅游则恰恰相反,它最突出的特点是旅游产品的特殊设计。

生态旅游与自然旅游的区别。生态旅游是在自然旅游的基础上发展起来的,其相同的地方:大自然是这两种旅游形式的资源基础。但是,后者以使用自然资源吸引旅游者为重点,而前者在更关注自然享受的过程中还可以帮助保护自然。例如,狩猎旅游可以是自然旅游,但它不满足生态旅游的标准。观鸟旅游就是生态旅游,其前提是不得损害或干扰鸟类的正常生活。

生态旅游与可持续旅游的区别。生态旅游是一种旅游形式。可持续旅游是在可持续发展观点指引下,按照旅游开发管理服务规则,适用于长期发展进程中与自然、社会、文化环境和谐发展的旅游形式。生态旅游可以作为实现可持续旅游的一种工具,而可持续旅游不限于生态旅游。

生态旅游应以相对不受干扰的自然区域为基础,对自然区域进行保护和管理,不断做出直接的贡献,并受到足够和适当的管理系统的约束。

（二）国外生态旅游可持续发展案例

在生态旅游可持续发展的实践中，世界上一些国家和地区针对面临的主要保护问题取得了一些成功的经验。

1. 功能分区开发——加拿大班夫公园案例

加拿大把国家公园作为生态旅游的主要对象，是目前世界上生态旅游搞得比较好的国家之一。政府于1930年颁布了《国家公园法》，把保护看作是国家公园三大功能中的首要功能。

班夫国家公园位于加拿大的落基山脉北段，始建于1887年，是加拿大最早的国家级公园，原名叫落基山国家公园，后来更名为班夫国家公园，占地面积4 000多平方千米。在公园的旅游开发当中实行功能分区开发，具体分为五个不同的区域，各区的功能不同。

（1）绝对保护区

该地区具有珍贵的自然景观和珍稀濒危的生物物种，约占公园总面积的4%。这一区域严禁旅游活动，旅游者不准进入。

（2）杜绝人类干扰的荒野地区

班夫国家公园里的荒漠区面积是非常大的，占公园面积的93%，多为陡坡、冰川和湖泊。这一地区也属于保护的区域，但相对于绝对保护区而言，可以适当地进行一些野外考察和远足活动。

（3）自然风景观光区

这一区域有独特的自然景观，但面积很小，只占公园面积的1%，主要开发功能是发展旅游业。该地区可以修建简单的酒店和其他设施，但为了保护大自然的原始环境不受污染，在交通上，只允许行人和非机动车辆进入。

（4）娱乐区

这个区域主要用于娱乐项目的开发管理，面积非常小，仅占园区总面积的1%。此处开发建设了很多的户外娱乐活动，如滑冰和游泳。该区域还修建了道路，允许机动车辆进入，并且拥有完整的旅游设施。

（5）旅游城镇区

这个地区主要是班夫市区和路易斯湖游览中心，占地面积非常小，不到1%，其也是公园旅游业务管理中心，主要负责公园里游客的食宿、娱乐、购物等。

2. 调动社区居民积极性——赞比亚野生动物保护案例

位于非洲南部的赞比亚地区以其“世界七大自然景观”之一的维多利亚瀑布吸引着全世界的旅游者。近几年兴起的观赏野生动物和有限的狩猎项目对旅游者最具吸引力，但这一项目存在一定的隐患，因为随着项目的发展，野生动物的数量在急剧减少。

赞比亚政府的全面保护思想开始从保护野生动物转移到了本地旅游业可持续发展的核心性上。在进行保护和旅游开发活动的成功经验的基础上,引导本地社区居民积极参与其中。为了制止旅游者在国家公园进行钓鱼活动以及保护野生动物,政府出资成立了野生生物保护区,专门保护大象、黑犀牛等重要的珍稀野生动物,通过这种让旅游者前往野生生物保护区的方式去观看这些野生动物,用旅游得来的收入资助本地居民的社区发展,如建设学校,成立诊所,建立净化饮用水系统等。最后,该地区最高行政区的长官担任野生动物管理区的主席,确保把每年旅游收入的35%给当地社区。

3. 分离旅游者——西班牙乡村旅游案例

旅游资源及环境的破坏,最大原因之一是旅游超载,解决这一问题的重要方法之一是分流旅游者。现以西班牙的成功经验为例来说明。

西班牙的“三 S”(太阳 sun、海滩 seabeach 和海洋 sea)旅游资源是吸引旅游者的重要原因。为保护沿海旅游资源和环境不受到破坏,西班牙政府在阿斯图里亚斯、纳瓦拉和安达卢西亚三个区域开辟了对旅游者有吸引力的乡村旅游,以达到保护海滩资源及环境的目的。各地的经验如下。

(1)阿斯图里亚斯

1989 年,阿斯图里亚斯开始发展乡村旅游,吸引旅游开发管理商进行开发和管理。其旅游吸引力有如下两方面。

①具有农村特色的住宿设施。当地政府将有地区特色的家庭建筑进行适当恢复,设为接待游客的酒店和餐厅,使旅游者拥有“原汁原味”的“回归”的舒适感觉。

②乡村旅游中心。当地政府在三个地方建立了乡村旅游中心,中心设有信息办公室,还有体育设施设备(登山、滑翔伞、山地自行车)等。

(2)纳瓦拉

纳瓦拉的成功实践经验是把农村生活与乡村旅游管理、投资与恢复相结合,为乡村旅游提供了促进农业活动的场所和内容。该区域的旅游供给非常均衡地分布在五个地区。

(3)安达卢西亚

1988 年以来,安达卢西亚通过综合开发为旅游者提供了 1 566 套住宿设施、5 686 个宿营等完整的旅游产品,之后开始全面发展。这些成就是借助以下办法完成的:

①分析制定旅游发展的协调开发规划;

②为旅游接待而对旧建筑进行修复;

③旅游帐篷的建造;

④旅游村的成立;

⑤建造酒店和餐厅;

⑥成立乡村旅游办公室。

4. 提高价格限制旅游者教量——不丹自然和文化资源保护区案例

不丹王国位于世界之巅的喜马拉雅山东部，优美的风景和丰富的传统佛教文化吸引了来自世界各地的旅游者，从而提升了国民经济的发展和进步。与此同时，本地政府也意识到，旅游者无限制地到来将造成社会、文化和环境等一系列的问题。因此，采取提高旅游价格的办法，严格控制旅游者进入量。不丹借助以下两项办法，来减少旅游业对自然生态环境和文化遗产造成的损害：不允许以个人的方式进入不丹王国，只允许预先安排的旅行队或者组织进入；规定了每个旅游者每天的最低花费。

5. 调整对资源环境的旅游开发——美国雷姆村克雷持湖国家公园案例

美国雷姆(Rim Drive, Grater Laker National Park)村克雷特(Grater)湖国家公园建于1910年至1925年，主要旅游接待设施均建在湖滨沿岸。随着旅游业的发展，湖泊水污染、大气污染、植被破坏、土壤污染等一系列问题开始逐渐地影响到旅游资源。为保护资源环境，公园开始进行调整，具体办法如下。

(1)减少污染源

克雷特湖国家公园作为一个湖泊生态系统，通过控制汽车的进入量(原来旅游旺季时每天有1 000～1 500辆机动车进入雷姆村)、生活废水的排放量和扫雪机的数量，来改善整个生态系统的大气环境质量和湖泊水体质量。

(2)轮歇旅游地以恢复其自然状态

克雷特湖国家公园将已经开发的129平方米旅游区减少至48平方米，在81平方米旅游区域内禁止旅游者进入，使被破坏的旅游区域恢复到较为自然的状态。

第三节 黑龙江省生态旅游可持续发展的策略

一、生态旅游可持续发展的对策

在当前的经济和社会环境下，发展生态旅游是必然的，但怎样解决发展中的问题和矛盾，怎样实现可持续发展，就需要从我国的具体情况出发，加大环境保护力度和政府部门的宏观调控水平，全面发挥社会团体、旅游媒体的宣传作用，使生态旅游可持续发展的理念深入人心；有规划并且有重点地开展生态旅游经济系统的建设，使经济活动和环境保护相互结合，从而达到经济、社会、生态环境和综合收益的最优。

要实现生态旅游的可持续发展，必须坚持保护第一和开发第二的方针。生态旅游发展进程中的保护和发展是相互关联、相互依存，但又相互矛盾的。

保护是发展的前提。生态旅游资源是生态旅游活动的物质根本,盲目对其开发管理和肆意使用可能会使它被破坏或摧毁。事实上,从某个视角来看,中国是一个具有丰富生态旅游资源的国家,但按照现在社会经济发展水平、科技水平和人力资源的综合发展水平来看,还难以保证对其达到有效保护,特别是一些特殊的资源在经济和科学技术条件还不成熟的今天,我们要在生活中落实保护环境的政策,在生态旅游中要以保护为先。保护一方面是发展的前提,另一方面也是贯穿于整个开发和利用过程中所必须时刻谨记的原则。任何形式的开发和使用都会带来一些负面影响,但环境保护意识的提高可以把这些负面的影响控制在可承受范围之内。

保护不是被动的机械式的保护,而是积极的保护。发展是中国当前最核心的任务。只有发展才有希望,而落后的社会条件不利于资源的保护,靠山吃山、靠水吃水,这样落后的生存方式存在了很长时间。因此,只有在资源有效开发的情况下,才能全面发挥其作用和功效,从而改变该地区的落后面貌。

事实上,后期合适的开发、利用和先进的管理并不是对旅游资源的损害,而是一种保护。合理使用资源,对资源进行改造,不仅能够延长旅游产业的生命发展周期,也可以借助各种形式的旅游经济收益进一步增加对旅游区的投资,在一定意义上来说,科学、适度的开发也是一种保护措施。

鉴于此,可持续发展的实现,必须首先遵照保护第一、开发第二的原则。针对目前我国旅游发展所面临的一些问题与挑战以及其中错综复杂的矛盾,本章从思想、体制、教育、科技、法制、生态伦理等方面探讨相应的对策和办法。

(一)更新价值观念

要摆脱和解决当前生态旅游所遇到的问题和挑战,我们要以科学发展观和党的十九大精神为指引,摒弃旧思想,将可持续发展的思想引入生态旅游,树立起正确的资源观、产业观、价值观,建立起全新的观念体系,并且在生态旅游主体层,即决策者、经营管理者、旅游者、当地居民 4 个层面上形成符合各自身份、各有侧重的观念表现。

面对世界形势和中国旅游业的发展,生态旅游开发、利用的思想必须建立在理论和实践的基础上,以可持续发展观为指导,以市场经济为背景,引入科学文化内涵,进而构建全面正确的社会体系。

1. 以可持续发展的思想为指导

可持续发展是一种新的发展模式,它以持续的资源环境为支持,将经济发展和环境保护紧密联系在一起,以环境保护来衡量发展水平的客观标准。生态旅游发展产生的巨大经济收益对促进社会发展和生态环境有积极作用,这决定了它的意义和旅游开发价值。因此,在生态旅游发展进程中,首先要落实可持续发展观点。

2. 以市场经济为背景

在市场经济日趋成熟的形势下,发展生态旅游应以市场经济为背景。在现有的经济条件下,没有市场调研的决策行为很难被市场认可。因此,生态旅游发展的新观点一定要立足于现实的经济环境,适应市场经济的发展。

3. 科学文化内涵的引入

生态旅游是以现代科技为根本的产业,目的是不断满足大众的生态文化需要。在生态旅游商品的规划、设计、开发、运营和管理方面以及科学文化要求方面,比其他任何形式的传统公共旅游要高。科学技术的支持以及科学知识的普及为生态旅游优质的服务提供了保证。它也为资源的可持续发展提供了根本保证。科技文化内涵的引入对生态旅游活动主体的观念转变具有十分重要的作用。观念上的更新具体到实践中,有以下 4 个层面的表现。

(1)决策层

目前中国生态旅游的决策层主要是政府机关,转变观念首先是决策者要认识到不能把经济最大化作为生态旅游的第一个目标,而应该将促进区域经济的可持续发展作为首要目标。从这个视角看,任何决策都一定要以促进经济、社会和生态环境三大效益的提高为目标,重视生态环境的可持续,不要片面追求单一的经济效益。

其次,决策者要真正认识到生态旅游同其他产业一样也会消耗资源、产生垃圾,但它绝不是传统意义上的"无烟产业""低投入高产出劳动密集型产业"和"非耗竭性消费";还要认识到生态旅游对资源、环境可能产生的负面影响及其他客观存在的某些不可持续的特性。只有这样,决策层才能用客观辩证的观念来解决生态旅游发展中的问题,改革目前发展中的不合理部分,制定出切合实际、合理有效的新政策。

最后,决策者须改变旅游是单一性产业的观念,树立大局的思想,在宏观决策和调控上寻求各级的协调。在从省、区的生态旅游发展到县、乡的过程中,不仅要把握全局,还要考虑到县城和乡镇的发展。从行业角度来看,要照顾旅游组织机构以及中介的利益,如景点管理、旅游组织机构和其他相关利益,旅游业的发展离不开与旅游相关联行业的配合,如交通、服务和投资等,要全面重视关联行业的发展。只有树立"整体"的思想,才能做出科学、合理的决策。

(2)经营管理层

生态旅游的发展在很大程度上依靠经营管理者的科学管理与良好经营,为此经营管理者必须首先改变资源无价值的观念,强化生态成本意识,自觉地将生态成本纳入经营管理成本。只有这样,才能使经营管理的每一个环节都朝着有利于环境保护的方向发展。实现这一观念的转变,一方面须依靠教育宣传;另一方面是通过改革现行的不合理体制,从而使这一观念走向深入。

其次，经营管理者应改变对旅游者有求必应的传统观念，特别是当旅游者提出过高要求，如享受娱乐和生活设施设备、高档食品、高档住宿和其他不符合生态旅游的需求时，管理者应予以拒绝。这与“客户是上帝”的宣传思想是有很大差别的。

(3)旅游者

旅游者是生态旅游活动中的消费者，观光、游览、考察、学习、疗养等是他们的旅游动机。旅游者生态平衡观的确立，即主动放弃傲视自然的态度，树立起尊重、保护自然，与自然和谐相处的观念，这是旅游者对保护生态与环境资源的最基本观念，否则，旅游者对自然的欣赏只会更多地停留在观光的肤浅层面，而很难深入对旅游资源进行主动保护。因此，生态旅游的参与者应建立起以保护环境为己任的新观念，努力增强环境保护意识。

(4)当地居民

作为生态旅游开发的重要受益者，除了同旅游者一样应树立起生态资源平衡的自然观之外，更应强调树立全新的资源观。比如，沙漠、戈壁、雪野、森林、草原、高山、峡谷、民居、古城等一些对旅游者来说极富吸引力的旅游资源。因此，让当地居民确立起这种全新资源的观念是很重要的一项内容。

旅游地居民应树立起资源持续有效利用的观念，从当代人及后代人的角度出发，保护好、利用好资源。只有当地居民的自我环境保护意识增强了，才能从自身做起，从而促进生态旅游资源的有效利用和保护。

(二)体制、机制创新

在生态旅游发展中会面临制约问题和存在不足之处，因此，必须不断加快行业创新的速度，用可持续发展的观点为生态旅游营造出优异的外部环境，具体包括以下几方面的改革和创新。

1. 经济制度、机制的改革与创新

为了在宏观和微观环境中实现生态旅游的良好发展，我们一定要明晰产权关系、改革成本核算方法和收益分配体制，增加项目资金的投入和管理。

(1)明晰产权关系

有效配置经营权和所有权，可以解决产权关联不清、权利和责任不明等问题。景点的开发和管理要逐步实行企业化运作，政府部门要尽快从具体的管理中脱离出来，以更好地行使服务、规划、管理和监督的职能。在有条件的地方，可按照自身的现实状况，引入承包经营等不同的经营开发模式。例如，开展生态旅游的浙江浙西大峡谷、白马崖等景点，就是由私营业主进行经营，政府职能部门负责运行过程中的监督和管理。

(2)改革成本核算方法

目前生态旅游同其他旅游一样，在成本核算上存在一些缺陷，即资源开发经营中的环境成本没有纳入成本核算体系，这是造成环境问题的一个机制根源。在环境经济学中，环境成本是指某一项商品在生产活动中，从资源开发、生产、运输、使用、回收到处理商品，解决环境污染和生态破坏所需的全部费用。在生态旅游发展的过程中，环境成本主要是指在旅游资源开发和利用过程中造成的直接资源损失代价、环境污染和生态破坏，进行治理和恢复的费用的总和。改革目前的成本核算方法就是要建立起综合性的环境资源与生态经济核算体系，进行科学的资源评估，把这部分环境资源成本纳入生态旅游成本核算体系，真实地反映出生态旅游成本和生态旅游产品的价值。

(3)调整收益分配制度

生态旅游收益包含直接收益和间接收益。直接收益，也就是门票、景点内部的旅游服务收益；间接收益，即生态旅游关联产业的经济收益。调整目前的收益分配制度，一是要在旅游开发管理者和当地居民之间制定合理的政策，使收益向当地居民倾斜，如给予居民适当的补贴；与此同时，积极吸纳当地人参与景点的各项事务，使他们迅速摆脱贫困和落后。二是要减轻经济负担，即适当降低和减少景区压力，即减少旅游区缴纳税收的压力；要加大反馈的强度，用旅游业带来的税收来促进投资发展。

(4)增加保护资金投入

在生态旅游发展中，可加大资本投资保护力度，借助股票市场或其他市场经济方式来实现投资者的多元化。此外，我国还应争取国家有关的投资项目，增加旅游收益水平，增加资金来源方式，确保生态旅游资源资金的通道顺畅。因此，政府部门应控制好保护区的旅游收益水平和比重，有效控制生态旅游开发的规模。

(5)其他的方法

在生态旅游发展中，可利用税费等其他经济手段进行有效调控，如按照中国的国情对环境资源税收体制进行分析和研究，如森林资源税、水资源税、环境生态补偿税等。此外，支持和帮助生态工程的实施，制定有效的保护办法，对管理好的公司进行鼓励和适当减免，也可利用金融、信贷等经济杠杆调动旅游开发经营部门保护环境和治理污染的积极性。

2. 管理体制、机制的改革与创新

改革目前生态旅游发展中管理体制、机制存在的问题，主要从资源管理，开发规划管理、经营管理三个方面进行探讨。

(1)资源管理

资源管理体制的改革，首先是把一些生态旅游资源作为资产进行配置和管理，尽快从计划管理分配资源模式转化为资源的市场配置模式。生态旅游资源主要由各类景观要素构成，即植物、动物、水、空气、土壤，地形、化石及其他景观要素，按照不同的特点将这类资源划分为可再生资源、不可再生资源以及恒定资源。生态旅游的自然资源有以下特点:第一,它能够被经营,可以给所有者带来社会、经济和环境效益,这就是其作为资产的主要特征;第二,生态旅游资源的性质、周边的地理环境和文化区域的特点,只有在特殊的区域才可以再现和创造出来,并在以前的基础上呈现出不一样的景致,所以有限的生态旅游资源具有稀缺性;第三,不同国家和地区的生态旅游资源的所有权是明晰的。然而,因为传统的价值观和资源管理方式根深蒂固,自然资源的资产管理理论本身还不完善,实践经验也在一定程度上制约了资产管理进程。总的来说,这是生态旅游资源管理的发展方向,对这种资源进行资产化管理,有利于解决生态旅游资源被无偿使用的问题。

其次,要进行认真、细致、有效的环境影响评价论证。环境影响评价即环境效益评估(Environmental Impact Assessment,EIA)。如果 EIA 能有效应用于旅游资源的开发管理中,就可以在一定程度上减少没有发展潜力或者产生大量消极环境作用的生态旅游开发项目的实施,通过环境影响评价可以降低项目的运营成本,减少投资损失,同时还可以帮助确定环境容量,这对于生态旅游开发的实时监控和环境评估等后续管理具有十分重要的意义。

最后,建立区域环境容量监测系统,测定游客承载量。通过对区域环境承载饱和度的测定,一方面可以确定资源目前的承载状况以及是否受损害,以便及时对游客的流量进行有效控制,保证资源利用在承载范围内波动。另一方面,可以有助于制订生态旅游产品促销计划,有效避开客流高峰,促进淡季销售,实现淡旺季均衡。

(2)开发规划管理

发展规划是一项全面的系统工程,涉及经济、社会、环境资源等方面的问题,按照生态旅游资源的特点进行科学的规划和合理的布局,是实现生态旅游可持续发展的第一步。要实现可持续发展,一是要保护生态环境的多样性、物种种类的多样性、自然景观的多样性和资源的可持续性;二要实现生态旅游的社会、经济和环境的协调发展。

首先,在布局上要对旅游资源进行详细的调研、分析和评价,通过对资源的基本构成的分析,在充分考虑资源的状况、特性和空间分布的同时,综合旅游资源环境容量、资源潜力和环境敏感性及其他限制条件,适当地选择开发规划的模式。由于我国各地具体条件的不同,开发规划模式的选择应结合实际情况进行本土化的调整,使之符合当地的具体情况。

其次,在产品的设计和规划研究中,要在环境容量允许的条件下进行适当的设计,这对吸引和有效转移游客具有非常重要的意义。特殊的地理位置是影响规划的根本条件。特定的地理环境可设计出具有不同情感表达特色的生态旅游商品,在旅游商品规划营销和推广计划当中,依据景观设计的标准和规则,可设计不同的作用区。例如,加拿大国家公园的生态旅游功能分区包括自然环境区、集中游憩区、野生游憩区和野生保护区等。

最后,在开发范围与程度上,要以科学技术知识、文化水平、人们对自然环境和经济形势的认识和需求为参考,从自然生态的可持续发展的视角,合理有序地进行深层次多方面的分析和探讨。

(3)经营管理

经营过程中的管理方式对生态旅游的可持续发展有着重要的影响,主要表现在旅游服务和旅游者行为的管理上。

旅游服务管理包含设施服务、餐饮服务和导游服务。生态旅游服务的目标主要是为旅游者和旅游的展览活动提供一个积极快乐的生态旅游环境,并对自然环境的损害保持在最小限度之内。因此,在全部的服务管理流程当中,要全面综合地使用生态学基础原理和方法,尽可能实现生态化管理。旅游设施管理生态化的具体表现:从旅馆的建设到使用都遵循生态学原理,设施的规模小,与周围的自然环境相协调,利用太阳能、风能、水能等生态手段,以避免产生大量污染。餐饮服务生态化的重点是将产生的废水、废物等进行及时的生态化处理,避免垃圾堆积、污水横流,对景区造成污染损害。导游服务生态化则需要引入大量的生态、环境知识,所以要求对导游进行专业培训,使其具有一定的生态学、环境学知识,如辨识动、植物,了解地形地貌成长过程;熟悉当地具有特色的自然文化知识和环境保护知识,以便为游客提供周到的生态服务,如介绍生态知识,引导游客学会欣赏景区的独特风光和丰富的自然、人文景观,倡导环境保护理念,促进游客自觉地维护景区的生态环境等。

旅游者行为的管理同样也是旅游管理的核心组成部分。旅游者在旅游过程当中的行为会对当地的旅游环境产生直接的影响。旅游的管理方式包含宣传教育、制度约束和服务示范。宣传教育是最为直接的方式,如树立导游牌、知识牌,以及导游的讲解、宣传资料的发放等都可以对旅游者起到有效的教育宣传作用。制度约束即制定相应的规章制度,明确规定旅游者的权利与义务以及违反相关制度的后果,这可以在一定程度上对旅游者起到有效的约束作用。服务示范是指经营管理者理顺权责,在为旅游者提供优质服务的同时,做出生态管理的榜样,为生态旅游做出贡献。

3. 建立综合决策机制

每一项制度的实施都是借助某一个特定的方式和相关的政策来完成的,因此,建立科学、合理的决策机制是非常重要的。综合决策是指生态旅游政策的制定必须综合其他社会经济政策、环境政策和管理规划政策,经过全方位系统考虑后再做出决定,使各项决策既符合经济效益和社会公平的需要,同时又能保证生态旅游的可持续发展。具体到旅游资源环境政策的制定,一要综合考虑资源环境的承载力及政策实施后可能产生的不良影响,并制定配套的补偿措施;二要从实际出发,注意区域经济的实际承受能力。为使综合决策更为科学、合理,在决策时须加大公众参与力度。另外,决策群体的组成应考虑到各相关人员,既要有旅游管理部门、资源环境部门的决策者与管理者,还要有相关学科的专家、学者,既要有一线旅游从业人员,还要有旅游者和当地居民的代表。只有这样,才能保证决策群体的合理和规范,才能有效地打破部门分割的局面,实现科学决策。

当然,影响科学、合理决策的因素还有其他,诸如决策群体的资源环境意识、科学知识水平等因素。但目前首先要解决的是决策的机制问题,只有机制问题解决了,高素质的决策者才能够在决策中发挥作用。

(三)加强宣传教育

宣传教育对生态旅游的可持续发展具有重要的内在驱动作用,它会直接影响到服务水平的高低,因此,应针对以下两方面进一步增强生态旅游可持续发展的宣传力度。

1. 教育内容和渠道

主要包含:更新教育的具体内容,增强大众的生态旅游可持续发展的思想和观念,为大众不断地提供更丰富的科学技术知识、环境保护科学技术和系统的科学知识,及时弥补知识框架和结构的缺陷和不足。与此同时,加强景区的生态职业教育,使更多人知道生态旅游最基础的概念和内涵。扩大人们接受教育的渠道:专业技能的定期培训;借助报纸、电视、网络、广播等媒体进行全面的宣传,完善人们的生态环境保护意识;旅游广告牌、多媒体传播以及导游的及时宣传等。

2. 教育对象

加强对四大旅游主体的教育,即决策者、旅游从业人员、旅游者和当地居民。总体上应通过学校教育来实现,同时对不同的主体还应采取不同的方式:对决策者主要通过高级研讨会,专题讲座等形式,强化其生态旅游可持续发展战略思想;对旅游从业人员和当地居民主要通过长、短期学习培训,提高其生态旅游的从业能力和素质修养;对旅游者则主要是通过多种媒体进行宣传和引导,帮助其确立正确的生态伦理道德观,从而形成自觉的生态化旅游行为。

(四)强化科技支撑

科学技术是第一生产力。对于生态旅游发展也是如此,因此,增强科学技术的支持是生态旅游可持续发展的又一重要对策。

生态旅游的发展综合生态学、生物学、经济学、市场营销、社会学、管理学、可持续发展观和系统科学等,不同学科的发展直接为生态旅游的发展提供智力支持和帮助。从规划时的基础调研,包括动植物资源、风景名胜资源以及旅游价值的勘查,到管理中的环境监测,包括建立资源动态数据库、气象监测、环境监测、生物资源消长变化、地貌保护、动植物保护、安全保护、景点选址保护,再到生态恢复、燃料结构调整等,没有一个能离开科学技术的支持而进行。所以,必须加强相关科学技术的理论研究与实践应用,只有这样,才能及时、科学地解决生态旅游发展过程中产生的各类问题。

为了加大科技支撑的力度,一要从思想上高度重视科学技术对生态旅游发展的重要作用,大力普及有关科技知识,增强人们的科学意识,提高人们的知识水平;二要加大科研投资力度,促进相关科研工作的顺利开展;三要加快科研成果的转化,通过建立示范区、同步教育与培训等手段进行实践活动,为成果的大规模转化创造条件。

(五)健全法制保障

中国的旅游行业是一个巨大的产业,它对环境的影响是日积月累的,该行业现在处于起步阶段,面临非常多的机遇和挑战。因此,借助法律的方式来规范和引领生态旅游的内容设计和发展方向具有非常重大的意义。

首先,生态旅游行业的法制不够健全,应该加快制定相关的法律制度,实现发展与规范同步及时有效地解决措施在执行过程中产生的问题。按照当地的自身条件和在相关体制下的发展现状,结合环境自身的制约因素和未来发展潜力,不断地积累经验,实时地处理管理中出现的问题,并及时补充和修改相关法律条款,借助现场问卷调查和座谈会的方式,对相关问题进行优化和调整,满足人们持续变化的需求。

其次,在执法过程当中,对严重违反法律、法规的行为要做到执法必严,对不符合可持续发展理念的行为,一定要进行严厉的制裁,用法律的武器来保护生态旅游环境。

(六)弘扬生态道德

旅游业是以人为对象而开展的服务业,因此,旅游业需要在生态旅游思想的指导下,按照生态旅游的规则和标准来实现旅游业未来的可持续发展的要求。生态道德的实质是一种“危机道德”,其思维方式是将人与自然统一起来。人的行为凡是有利于人、社会、自然生态系统进化的就是道德的,反之就是不道德的。生态道德承认自然物有其自身固有的权利和价值,这些权利和价值是不以人的意志为转移的。自然界有其自身的运行规律,这些规律对人类来说是不容亵渎的。

在生态旅游的全过程中,对旅游开发者、经营者、旅游者等人群要积极倡导以下生态道德理念:首先,在旅游的过程当中,旅游者需要提升自身文化和道德水平,自觉地担负起保护生态平衡的责任;其次,旅游开发者要认识到,旅游资源及旅游环境既有为人类旅游服务提供天然生态环境的义务,又有自身不可剥夺的权利,尤其是在旅游资源的运营管理和保护方面,旅游资源与环境的开发不得超过旅游环境的容量,不能超过旅游资源本身的可再生能力;最后,对旅游经营者来说,不能以单纯追求经济效益为目标,要认识到旅游资源与环境的非经济价值,特别是在审美、认知、科学研究、文化、教育、心理和精神陶冶、人格塑造等方面的精神价值,以及在维护生态系统平衡方面的固有价值。

良好的生态道德可以使人们在受到规章制度约束的同时,自觉地考虑自身行为对环境的影响,依靠自身内在的信念和社会舆论的作用,运用生态道德的规范和原则,自发地调节自身的行为,从而在保证自身享受环境、认识环境的同时,还能达到保护环境的目的。所以说,构建生态道德观念是推动生态旅游发展的重要保障。

二、生态旅游可持续发展的反思与超越

生态旅游是一种具有责任心的旅游方式,可以促进旅游业的可持续发展,同样它也是旅游业可持续发展的最好方式。中国生态旅游的起源和发展离不开可持续发展的观点,旅游的可持续发展是生态旅游的核心目标和要义。我国的生态旅游不能生搬硬套国外的成功案例,它不等同于发达国家的国家森林公园体系,也不能照搬欠发达国家的原始本真生态旅游模式。我们可以借鉴和学习国外探索成功案例的思路,来寻找适合中国国情的、具有中国特色的生态旅游道路。我们必须以科学的生态旅游发展观为指导,结合中国的实际国情,促使当代中国生态旅游的发展朝着更加健康、积极、可持续的方向前行。树立科学的生态旅游发展观,具体来讲,就是坚持以人为本,树立全面、协调、可持续的科学发展观。

(一)树立“以人为本”的生态旅游理念

这里的“人”主要是指生态旅游者和当地的居民,旅游的开发和经营需要以旅游心理学和旅游文化学等理论为指导,认真研究旅游者的心理倾向、审美偏好、消费理念,切实关注与广大旅游者自身利益紧密相关的问题,如旅游中的服务质量、旅游安全、民俗文化等问题,为游客提供充满人情味的高品质的旅游服务。

传统的旅游一直关注的是经济效益,忽略了生态环境效益的发展。生态旅游可持续发展的目标是增强大众的生态思想和社会责任感,以此来维持后代的生态旅游环境水平,促进旅游业未来的发展,使中国生态旅游一直维持着盎然的生命力。社会上一部分人认为发展旅游业的目标是促进经济增长,只要是能赚钱的,就达到旅游的意义了。这种庸俗的观点影响了旅游学术研究的健康发展。曾经一段时期,研究旅游的学者更关注的是怎样进行营销,而忽略了消费者的需求。真正的旅游研究应关注旅游学科的综合分析,在旅游研究中提倡文化关心,旅游者在旅游过程中是最大的消费群体,从购买旅游产品到旅游体验的就餐、游玩、娱乐等,都有很多空间进行消费,无疑是旅游活动过程中的重要组成部分。与此同时,任何一种

旅游活动都是一种体验,借助旅游活动的经验,可以促进人的全面发展。生态旅游者与传统旅游者和环境保护人士不同的是,传统旅游者不注重生态的思想和环境保护知识的获得,只是追求旅游体验;环境保护人士关注环境的保护工作和活动,而忽略了旅游带来的体验和作用;生态旅游者是需要具备环境保护的思想和环境保护的意识,他们购买生态旅游产品,对服务的需求不高,并且积极和当地人沟通,学习当地的民俗文化,积极主动地参与环境保护工作。

科学发展观是以人为本的,这里的人指的是生态旅游者,生态旅游的分析要全面地体现以生态旅游者为核心的思想,而不是只关注旅游公司经济收益的增加。从世界旅游业发展的视角来看,欧美国家生态旅游的发展是为了让公民的整体素质和生活水平可以不断地进步和发展,而不是简单地追求经济收益,或盲目地以赚钱为目的开发当地的旅游资源,发展旅游业是为了创造美好、和谐的生活环境,促进人和社会的共同进步与和谐发展。科学发展观的以人为本不但体现在经济管理的概念当中,还从文化社会学、哲学、心理学与行为科学的角度中全面体现出来。

在中国,专家和学者较少对生态旅游进行专项分析,大多数专家仍在关注或分析旅游产业的发展或者生态旅游资源的开发。因此,我国生态旅游科学的研究要进行深刻的自我反思和改变,如关注生态旅游的开发价值、意义和人的发展,还要多关注哲学、社会学、文化学、美学等的分析研究,从而在源头上解决旅游中体现的功利主义问题。

(二)加强环境保护与教育的生态旅游宣传

环境保护的宣传教育是生态旅游管理的重要任务,也是增加大众对生态旅游重要性了解的一种方式。现在,我国生态旅游正处于一个新的发展阶段,人们对生态旅游环境认识不足,部分开发商片面追求经济效益,忽略环境的保护。因此,需要高度重视生态旅游的宣传教育工作。具体有以下几方面内容。

1. 思想和理念的培养

在生态旅游中,针对旅游者进行生态环境教育活动最重要的目标之一是培养旅游者的环境保护思想和理念,使旅游者知道什么样的错误行为会对生态环境造成损害,怎么做是正确的。因此,要对旅游者进行生态环境教育,如在生态旅游区设立专门进行生态环境教育的组织机构或者教育部门,通过专业的讲解员将生态环境保护注意事项进行现场的宣传和讲解。

2. 开展对当地居民的生态环境宣传教育工作

加强当地居民对环境保护的认识,生态旅游需要当地居民的积极参与,同时,应积极改善当地人的生活条件。因此,专家、学者要定期对当地居民进行生态旅游资源和环境保护知识的普及工作,引导当地居民保护环境和资源,共同维护旅游地生态环境的可持续发展。

3. 对外来投资者进行生态环境的宣传和教育工作

生态旅游区需要并欢迎外来投资者，但是，要加强对外来投资者的生态环境宣传教育工作，让投资者知道哪些行为既损害了旅游区的利益，也损害他们自己的利益，使投资者认识到生态保护的重要性。

(三)树立科学的生态旅游消费观

生态旅游的发展一方面要保护本地的自然资源和自然环境，另一方面要为促进经济和社会的发展做出贡献。生态旅游的发展要以实现经济增长和资源节约的平衡为目标。科学的生态旅游消费概念是指满足旅游者本身的需要，维持生态旅游观点、消费方式、消费框架和消费行为。从生态旅游市场的现状来看，迫切需要提高生态旅游者的素质和生态旅游活动的水准，培养在旅游中科学的消费观，抵制奢侈和享乐主义，回归旅游的真正意义。

树立科学的消费观，首先要转变生态旅游的消费思想，推广和普及健康的消费思想和消费方式。其次，树立可持续旅游消费的思想。旅游是一个崇尚健康，回归自然、珍爱环境和资源、节约能源的活动方式，旅游者一定要树立积极的消费思想，要进行可持续的旅游消费。随着旅游活动的进一步普及，旅游业的发展将出现多元化趋势，同时也不可避免地会出现旅游异化的现象，因此，对旅游异化现象要从不同的角度进行全面的探索，从根源上限制该现象的发生，充分发挥旅游在促进人的全面发展、构建和谐社会中的作用，以确保旅游业的可持续发展。

(四)合理控制生态旅游区的容量

为了实现生态旅游环境能够长期和谐的发展，一定要调节好生态旅游环境的承受力，全面关注生态旅游区的环境容纳程度。在旅游开发之后，如果当地的环境得不到很好的保护，这种平衡就会被破坏。通常是到了旅游淡季，就需要花费人力、物力和财力来修复旅游旺季所带来的损害，使生态系统得以恢复，迎接下一个旅游旺季的到来，维持旅游景点的接待水平。

总的来说，一方面政府需要积极地推进“带薪休假”制度，减小旅游旺季带来的因旅游者较多而产生的压力，使旅游者不再受可支配收益水平和闲暇时间的制约。在相关方针政策和法律规定允许的范围内，生态旅游区可以采取调整价格的措施，使一些潜在的旅游者因价格变化而改变自己的出行计划。另一方面，在旅游旺季的时候，通过大众媒体开展生态旅游区的宣传活动，根据旅游交通运输和负荷的状况，对旅游区进行科学的预测，提醒旅游者或潜在的旅游者可能发生的状况。旅游者以及潜在旅游者通过媒体了解到可能出现的自然环境和生态损害的后果，让旅游者选取一条合适的线路，如可以选取与生态旅游区相似的地方，有的景区虽然名气不大，但是它们的整体效果相差不多，而且价格又比较便宜，游客也相对较少，因此，选取与生态旅游区类似的景区是分流游客的一个非常好的方法。

此外，还有其他减轻景点压力的方法，避免景点负荷造成的环境损害。比如，旅游景点应调查旅游者的不同需要，让旅游者适当分流，这就意味着旅游者可以合理安排时间，既避免了旅游者的走马观花，又为其提供了自己想要体验的旅游景区，缓解了因旅游者大量涌入对景区造成的破坏。

生态旅游区有多种多样的方式对旅游者进行分流，以减小生态旅游区的压力，包含强化旅游宣传，增加旅游需求和接待能力，缩小淡季和旺季的区别。主要方法有如下三点：首先，引进设施来对人流进行合适的调控，主要在生态旅游景点的门口和售票口等进行设置，景点一旦负荷，就不能继续进入；其次，国家相关部门允许进行合适的收费，这意味着旅游区的费用包含维修的费用，可以按照现实的旅游景点的交通运输、旅游价值和容纳水平等情况进行适当收费；最后，从空间上引导旅游者，防止旅游者借助非旅游的方式进入景区，对旅游者的数量进行一定的控制。

综上所述，恢复旅游景点不是一个临时项目，而是一项长期且持久的工作。该工作一方面需要旅游景区管理者实施正确的指导方针，另一方面需要生态旅游者积极进行协调和配合。旅游景区不仅需要自身的修复能力，还需要相关部门投入人力、物力和财力，对受到损害的生态系统进行维护和恢复，同时，当地居民也要加强与相关部门的合作力度，宣传环境保护的重要性，不断学习环保知识，帮助恢复景区的生态平衡，确保生态旅游环境的持续发展。

（五）严格环境保护的立法和执法

当前，一些旅游开发者打着"生态旅游"的口号，如"回归原始和生态""享受自然的盛宴""享受原始疗法""了解乡土文化"等，以吸引旅游者的注意力。但在实际的旅游项目开发中，开发者不注意保护环境，盲目进行开发，严重破坏了当地的环境。因此，我们需要制定一个适应中国国情的生态旅游标准，对生态旅游市场和环境进行规范。该生态标准应包含生态旅游环境质量、生态旅游的通达性、生态旅游区的酒店服务标准和生态旅游线路的严格评估。对那些不符合标准的要勒令其修复改造，进一步加强法律监管力度。

法律管理是生态旅游区实施有效管理的关键，我国虽已经出台了《中华人民共和国环境保护法》《中华人民共和国森林法》等法律法规，但是在生态旅游方面，还没有出台非常专业的关于生态旅游的法律法规。对核心的旅游区项目应该由地方政府牵头，制定一些区域性法律法规来制约开发者的违法行为。

除进行严格的立法外，我国相关机构也要依据中国有关法律法规办事，坚决制止非法损害生态旅游区的违法行为，对无视生态旅游区法规的人要进行严厉的制裁，情节非常恶劣的，要依照中国的有关法律法规予以惩罚。

此外,旅游理论是旅游业发展的根本,专家和研究者应努力提高生态旅游理论的研究水平,强化生态旅游理论的建设步伐,旅游业假如没有一个完善的理论系统支持,其未来发展将滞后于国家的发展。生态旅游作为一种新型的旅游方式,正在影响着整个旅游业的发展和变化。因此,更应该加强生态旅游发展的理论研究水平。

对生态旅游的理论研究是多方面的,既要包含对生态旅游经济、旅游管理方面的研究,又要有对生态旅游的本质和功能、生态旅游者、生态旅游资源、生态旅游与人类社会发展的关系和生态旅游的可持续发展的研究。我国的生态旅游研究要进一步深化与扩展,必须加强生态旅游理论体系的建设,促进生态旅游理论研究的丰富和发展,从而更进一步推动我国生态旅游的可持续发展。

参考文献

[1] 张玉钧. 可持续生态旅游得以实现的三个条件[J]. 旅游学刊,2014,29(4):5-7.

[2] 江丽芳,王晓云. 从生态旅游到低碳旅游:旅游可持续发展实践的深化[J]. 中国集体经济,2010(6X):126-127.

[3] 刘权. 扎龙自然保护区的生态旅游与可持续发展研究[D]. 大连:辽宁师范大学,2009.

[4] 李仁杰,路紫. 国内生态旅游与区域可持续发展关系研究[J]. 地理科学进展,2009,28(1):139-146.

[5] 成克武,周晓芳,李建阳. 生态旅游与可持续旅游的比较分析[J]. 安徽农业科学,2008,36(28):12427-12429.

[6] 侯满平. 我国生态旅游可持续发展的探讨[J]. 生态经济,2006(10):201-203,207.

[7] 兀晶. 论生态旅游与中国旅游业的可持续发展[D]. 成都:成都理工大学,2006.

[8] 吕敏,闫来英. 浅谈生态旅游规划与旅游业的可持续发展[J]. 九江学院学报(哲学社会科学版),2005(4):61-63,71.

[9] 廖佰翠. 生态旅游可持续发展的问题与对策[J]. 长春师范学院学报(自然科学版),2005,24(2):64-67.

[10] 杨阿莉. 可持续发展理论与生态旅游[J]. 河西学院学报,2004,20(5):81-83.

[11] 李慧欣. 可持续目标下的生态旅游开发研究[D]. 泰安:山东农业大学,2004.

[12] 李红,杨艳翎,王莹. 浅析生态旅游的可持续发展[J]. 学术交流,2004(4):82-85.

[13] 李长荣. 生态旅游必须实施可持续发展战略[J]. 中南林学院学报,2003(6):1-5.

[14] 文军,魏美才,唐代剑. 生态旅游的可持续发展研究[J]. 生态经济,2003(A10):115-119.

[15] 宋伟良. 生态旅游:我国旅游业可持续发展的主要方向[J]. 中南财经政法大学学报,2003(4):55-59.

[16] 朱晓华. 论中国旅游可持续发展战略选择与生态旅游的实施[J]. 地质技术经济管理,2003,25(3):43-48.

[17] 赵海燕. 生态旅游:我国旅游业可持续发展的必由之路[J]. 学术交流,2002(4):99-101.

[18] 丁晓蕾. 我国生态旅游可持续发展问题研究[D]. 南京:南京农业大学,2001.

[19] 高曾伟. 我国生态旅游可持续发展研究[J]. 镇江市高等专科学校学报,2000,13(3):68-71,90.

[20] 骆高远."生态旅游"是实现旅游可持续发展的核心[J].人文地理,1999,14(S1):8-11.
[21] 牛亚菲.可持续旅游、生态旅游及实施方案[J].地理研究,1999,18(2):179-184.
[22] 卢云亭.生态旅游与可持续发展[J].中国科技信息,1998(17):25.
[23] 彭希喜.生态旅游可持续发展对策研究[J].国际市场,1998(3):20-22.
[24] 郭来喜.中国生态旅游:可持续旅游的基石[J].地理科学进展,1997(4):1-10.
[25] 张延毅,董观志.生态旅游及其可持续发展对策[J].经济地理,1997(2):108-112.
[26] 罗明义.生态旅游可持续发展:亚太地区部长级会议述评[J].旅游学刊,2002,17(3):75-78.
[27] 谢彦君.基础旅游学[M].北京:中国旅游出版社,2011.
[28] 冯凌,梁晶.生态旅游与可持续发展[M].北京:旅游教育出版社,2019.
[29] 卞显红,张光生,王苏洁.生态旅游与可持续旅游环境认证研究[J].资源开发与市场,2004(1):66-69.
[30] 杨阿莉.可持续发展理论与生态旅游[J].河西学院学报,2004,20(5):81-83.
[31] 孟铁鑫.文化生态旅游资源的可持续开发研究:以绍兴市为例[J].国土资源科技管理,2006(2):104-108.
[32] 张小利.大众旅游、生态旅游与可持续旅游发展[J].广西社会科学,2007(1):68-70.
[33] 于玲,王祖良,李俊清.自然保护区生态旅游可持续性评价:以浙江天目山自然保护区为例[J].林业资源管理,2007(1):55-58,42.
[34] 陈海鹰.海南省生态旅游可持续发展研究[D].武汉:华中师范大学,2007.
[35] 舒小林,明庆忠,毛剑梅,等.生态旅游、旅游循环经济和旅游可持续发展[J].昆明大学学报,2007,18(2):55-59.
[36] 荣蓉.滨海生态旅游可持续发展评价指标体系研究[D].大连:大连理工大学,2008.
[37] 成克武,周晓芳,李建阳.生态旅游与可持续旅游的比较分析[J].安徽农业科学,2008,36(28):12427-12429.